视觉艺术东方学

文化遗产
信息模型的
虚拟修复研究

铁 钟 著

许 江 主编　　　　　　　　　　中国美术学院出版社

总 序
生长者的根

许江

　　暮春时节，浴乎沂，风乎舞雩，鼓荡的春风令我们想望。在今日教育背景之下，新艺科正在持续发展。新艺科的理念已化入大家的建设视野，深植在工作之中。我想就艺术教育和新艺科建设的人文内涵，谈谈东方艺术学及其内蕴之道。

　　今天，经过学科专业的分类，美术学已经成为许多分立的专业，这些专业往往依其艺术表现的材料语言，构筑起一个自为自洽的系统，也建立起一个个沟壑分明的专业疆域。艺术学专业分类就更为庞杂，互相间缺少深度认识，各说各理，各重各技，少有往来，这是应当引以为警惕的。

　　艺术作为一门独特的人的智性之学，它不仅是知识的传授，也不仅是技艺的培养，它更是关于人的感性和品性的性灵之学。所谓望秋云神飞扬，临春风思浩荡。艺术寄托着人与自然之间的相造相化的关系，跬积而成一条条深邃悠远的文化脉络，熏养和开启着人的自觉自立的文化性灵。这样的艺术教育，是以艺术的经验、审美的经验作为基本方式的文化教育，其核心是文化观，是关于世界的价值观。

　　上述的这番话，如果今天你去向ChatGPT发问，它也能如是回答，很正确，但不是真理。为什么？因为它没有真理生成的感性纲缊的东西。它只是字典检索一类的答案，而没有伴着这答案一路走来的性灵感人的存在，也没有真理开蔽之时感彻人心的天地人神合一的境域。这个性灵感人的绵延存在，就是艺术。ChatGPT让我们意识到教育中知识传授的问题，是到了我们重新重视艺术教育的时候了。

　　两年前，我在"中国艺术大讲堂"上说"价值观"的"观"字。观的繁体写作"觀"。它左边的"雚"是"觀"的本字。雚,甲骨文即是一只大鸟。上部是两只大眼,下部是鸟的胸廓,整个字就是一只大眼睛的猛禽。它翔于天,俯察大地,无所不见。这样的"观"字已然形象地表明了某种独特的洞察力。这种洞察力不仅观看世界,而且代表了感知的经验和能力。它是化生在我们肉身之中的感受力和体验;是浸润在以茶米为食、麻丝为衣、竹陶为用、林泉为居的生活方式中的兴意与品味;是看好书画,吟好诗词,在湖畔烟雨中听芦荡笛声,在云山苍苍、绿水泱泱之中追慕人文的山高水长的揪心感受和诗性境界。这正是ChatGPT所没有的。它只有答案,却没有这样活生生的生命感受以及由这种感受所织成的悲欣交集、痛彻连心的境域。这种自觉自立的、贴心连肉的价值观是一个民族赖以维系的精神纽带,也是我们建设新艺科,建构东方艺术学共享同感的智性基础。

东方艺术学当然不是萨伊德批判的西方知识体系内的"东方主义",而是东方艺术历史性和当代性的自我建构,其基础是以中国文化为核心的东方艺术的创生之学,是中国传统与东方艺术根性在当代人的精神土壤中的重新生发。东方艺术学作为特殊的智性之学,如何超越其丰繁葳蕤的现象,把握其基本的缘构观念是今天中国艺术教育的核心内涵,也是新艺科教育的重要的启蒙性思想。其中,我要强调三个方面的根源之道:

第一,礼乐之道。孔子在院子里独站着,孔鲤趋而过庭,被问:学诗了吗?孔鲤答曰:未也。孔子说:不学诗,无以言。孔鲤退而学诗。他日,孔子又在院子里独站着,孔鲤又路过,被问:学礼了吗?孔鲤答:未也。孔子说:不学礼,无以立。鲤退而学礼。礼,不仅是祭祀之中的规范和由此生发的社会秩序,同时也是可供日常操习的行为仪轨。如何将祭祀礼拜中的行为落到日常举止之中,使人获得一种优雅大方的风仪,正是孔子所言"不学礼无以立"的意思。"礼"贯穿在器物、空间和仪式等艺术现场,维系着上古国人的精神空间与生活世界,是人的价值观和行为举止的规范。如何让这种仪轨活化,活成日常行为?我们的开学和毕业为什么要有仪式,要着专门的服装?我们的校庆和大师纪念日为什么要有庄重的典礼,要立碑纪念?就是要让这种仪典之礼浸润青年的心灵,以切身的在场之感来熏养和培育举止的品性和力量。中国美术学院的新生一进校,收到的第一份礼物,是几支毛笔、一叠宣纸、一本智永的《真草千字文》。这并不是我们要把每一个学生都培养成书法家,而是希望所有的学生通过摹写,来体察中国文字书写的内涵，进而体验轻重、提按、使转、疏密、急徐、聚散以及心手、技艺之间的诸般关系，收获最初的礼乐之道的训练。

每所大学都有校门，这是一道礼仪之门，不是防疫中的安保之闸，是代代学子的家门。远在孔子治学的学苑里，他曾问理想于众弟子。最后问到鼓瑟的曾皙。曾皙果断地停下手上的弹奏，铿止，答曰：暮春时节，春服既成，吾与冠者五六人，童子六七人，浴乎沂，风乎舞雩，咏而归。那正是我们今天的这个时节，着新成的春服，在沂水中沐浴，迎着风舞蹈，高歌而还。孔子听后不禁喊道：吾与点也！我要和曾皙同往。孔子欣然赞赏的正是曾皙的无名之志。而这种志向正是中国人与自然长相浸润、与时同欢的生命礼乐和生命艺术，也是我们新艺科终极关怀的气度与意境。

第二，山水之道。中国人的心灵始终带着一种根深蒂固的对山水的依恋。何谓"山"？山者，宣也。宣气散，万物生。在中国文化中山代表着大地之气的宣散，代表着宇宙生机的根源。故而山主生，呈现为一种升势。于是，我们在郭熙的《早春图》、范宽的《溪山行旅图》中看到山峦之浩然大者。何谓"水"？水者，准也。所谓"水准""水平"之意。"盛德在水"，"上善若水，水善利万物而不争"。相对山，水主德，呈现为平势、和势。于是我们在王希孟的《千里江山图》、黄公望的《富春山居图》中看到江水汤汤，千回百转。山水之象，气势相生。所谓山水绘画，正是这种山水之势，在开散与聚合之中，在提按与起落之中，起承转合，趋同逆异，从而演练与展现出万物的不同情态、不同气韵。

山水非一物，山水是万物，它本质上是一个世界观，是一种关于世界的综合性的"谛视"。所谓"谛视"，就是超越一个人的瞬间感受的意志，依照生命经验之总体而构成的完整的世界图景。这种图景是山水的人文世界，是山水"谛视"者将其一生历练与胸怀置入山水云霭的聚散之中，将现实的起落、冷暖、抑扬、阴阳纳入世界观照之中，踌成"心与物游"的整全的存在。德国诗人里尔克有一段话可以帮我们更好地理解"山水化"对于人的意义。他说，在这"山水艺术"生长为一种缓慢的"世界的山水化"的过程中，有一个辽远的人的发展。这不知不觉从观看与工作中发生的绘画内容告诉我们，在我们时代的中间，一个"未来"已经开始了；人不再是在他的同类中保持平衡的伙伴，也不再是那种将晨昏与远近归于己身的人。他犹如一个物置身于万物之中，无限地孤独，一切物和人的结合都退至共同的深处，那里浸润着一切生长者的根。里尔克说的是绘画，那音乐、戏剧、电影、舞蹈、歌唱，何尝不是这样，何尝不是以"世界的山水化"来启迪和熏养人的生长。在那艺学的深处，浸润着一切生长者的根。这个根应当惠及整个新艺科。

第三，言意之道。今天，我们常说宋韵。宋韵的特点在哪里？严羽《沧浪诗话》说：如空中之意、相中之色、水中之月、镜中之象，言有尽而意无穷。以有限的言，抒发无穷的意，这是诗和画要达到的境界。在中国理学的观念中，真理只能为有悟性的心灵所辨识。当卓越的心灵映印出自然影像、自然音响，这比未经心灵解释的自然更加真实。

曹魏时期的才子王弼有一句名言："君子应物而无累于物。"有为之人要充分地面对万物，应对万物而不受万物的摆布与役制。这位18岁以《老子》思想注《易》的神童的最大历史贡献，就是通过释《易》，对"言""象""意"三者关系提出精辟的见解。一方面，他强调通过言，理解象；通过象，理解意。所谓"尽意莫若象，尽象莫若言"。另一方面，强调"得意忘象""得象忘言"。明白了意，就不要执着于象；明白了象，就不要执着于言。这些见解对于绘画，对于知古人、师造化、开心源的所有艺术之学，都很重要，甚至对我们所有的有志的学术学研者，也很重要。我们的艺术应当充分研究自身的语言，又不可囿于这种语言，应物而无累于物，澄怀味象，神与物游，让自己的心与万物在艺行中相会。以艺术之言，兴发创生之象；以创生之象，蕴积人文之意。如是，提升心灵的自由，生生而不息。

面向言意之道，多年来艺术教育踔厉风发，进行了有为开拓，在各个艺术的门类中进行了"学"的构建，立足艺理兼修的东方艺学传统，从独特的史学、论学、技法学、材料学、比较学、诗文学、教育学、鉴赏学等多个角度，展开艺理融合的深度研究，催生了一批有影响力的艺术创作和艺术成果，培养了一批艺理兼通的创造型人才。在这里边，这种"学"的创生和研究起了重要的导向性作用，对艺术人才的培养是十分有益的。但此次学科专业的新一轮调整，却把"学"集中起来，囿于理论的一块，所有的艺术自身都只剩下专业。这似乎是对一贯倡导的文理兼通、艺学兼通的一种否定性暗示。专业学位的推出又似乎在专业圈子内部，鼓励重艺疏理，重技疏道的风气。这种调整不能不说是对教育一线实际情况的不了解，与我们一贯提倡的宽口径、大视野的育人思想是不相符的。说严重一点，这种调整将多年艺术教育的学术发展和改革提升打回了原形。的确，许多有为艺者要评职称、要当博导，艺科中许多英才需要高学位，艺科建设也不能因为学位点建设而低人一等。但专业学位决不能代替学术学位在艺术教育中的作用，艺理兼修的人才才是艺术教育人才培养的主方向。

今天面对数字技术、人工智能的迅疾发展，艺术教育也催生着众多变革，很多新的研究方面正在跬积而成新的专业群。这些专业群以当代生活大地为根基，着眼东方艺术的自主构建，以艺术的身心经验的方式，重返民族文化的根源性沃土，探索以艺术为驱动的新的艺术人文体系。中国美术学院近来借建院九十五周年之机，提出打造国学门。以文字、器物、山水、园林等文化核心点，调动新文科的所有学术力量，向着相关的人文资源、文化高地展开多样性的融合研究。以"文字研究"为例，既有金石学的中国文字考古研究，又有最新网上字体的创造；既有诗书融合的通匠培养，又有以文字为发端的多样性研究。在它的名下，一批新型的研究者组成新的学术之链，面向社会的新发展，重组资源，激活专业，营造新融合、新高度。与此同时，以"乡土为学院"的育人模式也在深化，艺术乡建已不再仅仅是一些乡建的项目，而是面向中国乡土的生活世界、上手技艺的感受力和创造力的培养的一种新模式，是"山水世界观"的观照下身心俱练的育人方式。这种新变化迅疾而又丰沛，值得我们关注和支持。

东方艺术学的建构正处在一个缓慢却又弘阔的过程之中。但它的作用却在坚定文化自信、建构自主体系、构筑当代文化高峰之中，日益明显。它对于新艺科的整体建设的作用，也是日益明晰。这样一个跨域的艺学研究是一种根源性的研究，既要有坚守而丰沛的艺术创造为基础，又要有集新艺科整体之力来打造人文的总体集结；既要有艺学本身的感人建树，又要有赖以维系民族心灵的价值观的塑造，我们当心怀使命，素履以往。

2023年4月23日

序

　　"人本质上是一种文化存在。"

　　这是巴黎第五大学社会学与人类学教授丹尼斯·库什（Denys Cuche）写在《社会科学中的文化》里的一句话，同为该校社会与文化人类学荣休教授的戴泽（Dominique Desjeux）说，丹尼斯·库什教授是文化研究领域内最好的法国专家之一，就像他的这部著作，从 1996 年初版至今已经再版多次。

　　文化的重要作用，自第二次世界大战以后，再次成为世界各界关注的热点，随之而来的是文化遗产保护与修复运动的兴起。但是，如何保护与修复文化遗产却众说纷纭。在诸多观点中，意大利国家文物与艺术品保护专家、艺术评论家切萨雷·布兰迪（Cesare Brandi）的理论脱颖而出："传承艺术，面向未来，在以物质为基础，美感与历史的双重性中，修复的作用在于让潜在的艺术品成为艺术品。"为此，布兰迪提出了两个基本原则：第一，修复是修复艺术品的材料；第二，修复必须基于真实性前提，并在保护岁月的痕迹中，修复艺术品潜在的统一性。然而有必要强调的是，关于追求艺术品潜在统一性的布兰迪思想，其实源自美国哲学家、教育家、心理学家约翰·杜威（John Dewey）的艺术即体验说。杜威认为："无论多么古老或多么经典的艺术品，只有当它活在某些人的个体体验当中，才能成为具有实际意义的艺术品。"铁钟的专著《文化遗产信息模型的虚拟修复研究》，正是在上述文化背景以及在文化遗产保护与修复的学术宗旨下，结合当下信息化时代和数字化社会体验需求所进行的有益尝试。由于在此著作定稿前，我曾经多次倾听他向我讲述书中内容，所以见证了此著作形成的过程。现在，铁钟递来书稿，嘱我写序，便欣然从命了。

记得铁钟初次来找我是在 2012 年 9 月某日，当时他作为上海工程技术大学艺术设计学院讲师来中国美术学院访学，分配在我名下，计划研究课题是"文化遗产保护数字化采集与展示"。初次见面令我印象深刻是他的姓名，因为铁姓罕见，又名为钟，更是稀罕，所以很容易就记住了。再是他的北京大学软件工程硕士学历背景，让我觉得他从事文化遗产保护数字化采集与展示研究方向，在知识结构方面有先天的优势。时间过得飞快，2013 年他毕业，结业考核成绩优秀。那一年，他提出来希望继续留下来攻读博士学位，不巧当年我的招生名额已满，所以他是在翌年的 2014 年，入学在我名下攻读文化遗产保护与研究方向博士学位的。铁钟是 2019 年毕业获博士学位的，其中 2017 年至 2018 年他去了美国劳伦斯理工大学建筑艺术学院访学，访学方向与文化遗产的数字化保护有关，且偏重建筑遗产方面的数字化保护。因此，他前后完成博士学业的实际时间是四年，这是规定在职教师读博的最短时间要求，期间的 2017 年他晋升为副教授，所以工作和学业都十分顺利。现在，他任职于上海戏剧学院，主要从事动态媒体设计与可视化设计相关理论与实践教学、研究工作，并且一直都没有放弃过对文化遗产数字化保护研究前沿的关注，包括参与很多社会实践项目等。因此可以说，现在是他的学习和经历构成了这部书，因为文化遗产学是一门相当综合与开放的学科，尤其在数字化保护与展示方面，如果没有相应的工科与文科交叉的知识结构背景，以及复合的理论与实践基础，要想写好这部书绝非易事。并且在这个过程中如果没有持续的努力和特殊的天赋，也是不行的。

铁钟非常清楚，文化遗产的数字化保护与修复不只是一种数字化技术，更是一种艺术化体验，国际化和跨界综合是学科发展的趋势，正像他在书中所表述的："文化遗产领域的数字化技术应用催生了虚拟遗产、数字遗产、数字考古、虚拟博物馆、网络考古等新概念，这些研究具有明显的跨学科的综合特性，逐渐形成了文化遗产信息学的研究方向。"同样显而易见的是，今天数字化已经越来越全面地成为我们的文化生存需要，数字化文化同时也在改造我们去适应数字生存环境，这已经几乎成为不可逆转的事实。

我总是对学生说，博士论文研究的课题，首先要是在学科意义上发现人类社会发展中遇到的问题。研究离不开材料、逻辑和观点。但是，材料不仅要竭泽而渔，还要有新材料，方法不仅要比次缜密还要有新方法，逻辑不仅要在缴绕纷杂中厘辩精确还要能竟一韵之巧，观点不仅要在旧说中截断众流还要有新说。铁钟显然是一位既能够把握学科发展脉搏，又能染毫抒翰的高手，所以《文化遗产信息模型的虚拟修复研究》这部著作可以说从文化遗产信息模型研究基础上提虚拟修复理论，及至将可视化作为开放数据链接与定制领域本体的感知模拟、定位跟踪、三维打印、逆向建模与虚拟现实等技术手段建立跨学科的交互性研究框架，都俨然而不失太史公家法。所以，出版此书，应该说是文化遗产学界一件可喜可贺的事。

是为序，并与铁钟共勉。

中国美术学院

郑巨欣

辛丑兰秋月吉日

写于杭城之西沁雅花园

CONTENTS

目录

第四章　虚拟修复的信息模型构建

第五章　虚拟修复的信息重构与解读

绪　论

　　纵观视觉艺术的发展，从史前洞穴中的涂鸦到教堂里精美的壁画，从完全描绘现实的摄影术出现到数字化时代的虚拟现实，对现实再现的每一次革命性变革都对人文领域的各项研究产生了巨大影响。计算机图形技术在视听领域带来革命性变革的同时，也在第一时间影响了文化遗产保护与传播领域，为了适应数字信息技术的变革，有必要重新审视文化遗产研究的思维与方法。20 世纪 90 年代以来，计算机图形学、可视化技术和虚拟现实等技术推动了文化遗产保护领域新的理论和实证方法的发展。可视化技术已经成为文化遗产保护相关领域不可或缺的工具，它帮助学者对现实与过去进行描述与解释，文化遗产信息模型与数字化保护成为该领域最具活力的研究课题。早期与计算机相关的考古学计算方法使用定量计算来记录考古学数据。随着计算机学科的技术进步，虚拟考古学（Virtual Archeology）成为利用计算机图形技术分析考古证据的管理、解释和表达过程的一门学科。文化遗产领域的数字化技术应用催生了虚拟遗产、数字遗产、数字考古、虚拟博物馆、网络考古等新概念，这些研究具有明显的跨学科的综合特性，逐渐形成了文化遗产信息学的研究方向。对于文化遗产的数据记录、存储、归档和分析形成了一套完整的学术框架，为该领域在信息时代的发展提供了保障。

　　文化遗产作为人类艺术或象征物质符号的完整体现，不仅包含有遗产本身的物质属性，还包含所体现出的文化价值，以及与历史背景间的内在联系。对文化遗产进行保护已经被社会广泛认同，并且被以更为清晰的认知方式加以对待，这不仅仅针对文化遗产本身，以历史为中心的系统性管理与保护研究也是值得关注的。文化遗产发展至今，概念的外延已经极大地拓展，从一开始简单地把它看作为社会物质遗产的继承，已经转变为由国家构建的集体文化记忆的身份认同。可以说文化遗产是一种集体意识[1]，它作为一种社会凝聚力，是基于社会活动与文化实践之间的共同信念，同时也成为塑造当今现代社会的重要角色。物质与非物质文化遗产包括了各种类型的遗产形式，数字化技术已经覆盖到了该领域保护实践的每个环节中。数字化技术改变了公众传播和视觉交流的模式，对于文化遗产的评估与保护也不例外，学者将新的技术引入保护实践过程中，数字化彻底改变了我们理解和解决问题的方式，虽然针对该学科的基础认知并没有改变，但是在新工具被引入后学者们也开始使用新的方式与历史进行交互。

文化遗产保护相关研究开展的过程中，对于是否对被损坏或摧毁的文化遗产进行重建或者修复，在社会上产生了巨大的争论。在某种程度上人们总是把"修复"想象成"补旧"，总认为舍弃了旧的事物才能创新，亡羊补牢的事情做起来于事无补，但正是对文化遗产的保护实践，迫使我们的保护技术不断地迭代，并在这一过程中逐渐认识到历史的价值和意义。我们所见到的历史是被历史学家建构出来的过去，除了文本以外，历史是无法企及的，认知历史"文本性"的过程受到了环境和语言的制约，从根本上来说，历史是非叙述性的。无论我们以什么样的认知方式去修复文化遗产都无法达到一种"真实"的过去，只是对历史的重构与转译。修复（Restoration）意味着恢复或者重建（"重建"一词本身在目前的实践中被认为是某种程度的解释确定性，而这种确定性在很大程度上是无法获得的，这存在一种悖论），现代保护运动的发展将"保护"一词的外延扩大，修复也涵盖在这一概念的范畴之内，这是一个复杂的过程，存在着大量的内部与外部变量，这些因素都会影响最终的结果（文献的信息完整性会极大地干预修复的结果）。修复在某种程度上是对被修复对象的价值提升或重现，将被时间遮蔽的内容重新揭示出来。规划师古斯塔沃·乔万诺尼（Gustavo Giovanni）的"科学性修复"（Restauro Scientifico）把修复视作一种如外科手术一样的精密科学，保护实践的

---

1. Durkheim E. De la división del trabajo social[R]. 1967.

过程被认为是纯粹的技术操作，而切萨雷·布兰迪（Cesare Brandi）的修复理念认为修复是一项艺术工作，这是从人文视角审视修复的过程。[2] 本书针对信息时代文化遗产保护的实践提出了虚拟修复（Virtual Restoration）这一概念，这是一种可视化研究的理论框架与技术体系，是对文化遗产的信息模型进行数字层面上的解释与设计。虚拟修复的研究建立在两个层次之上：一方面作为物理性修复的辅助，参与修复实践的过程，作为一种"工具理性"（Instrumental Rationality）的存在；另一方面作为"建构"方法，是以受众为中心的诠释与展示；数字技术的运行模式不同于人类的思维模式，计算的过程忽略了情感和精神的价值，但价值理性的实现，必须以工具理性为前提。虚拟修复不具有工具理性的目的性，对内容的判断和自我的审视应该建立在更为全面的文献与实证基础之上展开。

　　数字化、可访问性和互操作性促使项目间信息共享和责任协同，许多国家与国际组织都在推进文化数字化内容的平台建设，其中欧罗皮亚纳工程(Europeana)[3] 成果最为显著，它是欧洲文化遗产数字化平台，共有 3700 多家图书馆、档案馆、博物馆、展览馆和音像收藏中心提供了 5100 多万件藏品（包括图片、文字、声音、视频和三维资料）被数字化收录。工程利用数字化档案的优势使大众更容易接触到高质量的数字文化遗产材料，同时使用多种语言进行纪录推广，以巩固欧洲公民的历史身份的认同感。[4] 文化遗产机构将得到数字化中心的支持，通过分享技术、

---

2. 尤基莱托 . 建筑保护史 [M]. 北京：中华书局 , 2011:306-310.
3. https://www.europeana.eu/portal/en（工程英文版信息网站）
4. 欧罗皮亚纳工程也在文化遗产、创意和技术专业人员范围内推广数字化和元数据标准化的实践范例，引领文化遗产领域的数字化转型，促进欧洲的跨国合作和数字标准化活动。工程成为文化遗产机构的催化剂和创新者，协助欧盟成员国应对文化遗产数字化转型所面临的挑战，利用数字资源与机遇，最大限度地发挥文化遗产机构活动和推广的影响，包括在"地平线 2020 社会挑战六"（Horizon 2020 Societal Challenge 6）及其"后 2020 计划"下资助的研究和创新活动。工程目标明确面对公众层面，旨在文化遗产推广的范围扩大，同时在经济层面增加了文化创意产业以及旅游业的发展，推广和提高景点与古迹的吸引力。最为重要的是，这种数字化的保护行动将濒危古迹和遗址数字化，以确保通过数字化内容保存并传播给子孙后代，欧罗皮亚纳工程倡议将把整个欧洲联盟的数字化中心建立一套可持续的生态系统，以保护文化遗产、古迹和遗址，促进文化遗产机构的数字化转型。

法律和在线出版等方面的实践案例，充分利用最新的数字技术，并加强不同领域部门间的合作，避免数字工作的重复化采集，使数字化内容可以在未来使用。

2006 年，伦敦大学国王学院举办了三维视觉研究成果透明化研讨会（Making 3D Visual Research Outcomes Transparent），提出了《伦敦文化遗产计算机可视化宪章》（London Charter for The Computer-based Visualisation of Cultural Heritage），以"确保计算机可视化作为研究和交流文化遗产的一种方法的严谨性的一种手段"。该宪章引入了一套原则，当这些原则被采纳时，将确保数字遗产可视化被视为与历史悠久的文化遗产研究和传播方法一样严格。《伦敦宪章》倡导在国际科学背景的透明度下，建立一套科学的方法，所有虚拟模型都必须具有一组数据和信息（元数据和交互元数据），以方便不同领域的专家对其进行验证和评估。从逻辑上讲，这种研究方法必须得到国际科学界的广泛接受。《伦敦宪章》还促使了《塞维利亚宪章》的提出，这是针对虚拟考古学领域提出具体的数字化执行准则。如果三维可视化文件得到了权威性和广泛性的认同，数字化项目的优势不仅在于研究项目本身，而且可以将交互性和实时参与构建到可视化重建中，从而进行"持续对话"。虚拟数字资源可以作为一种媒介，将研究成果特别是新形成的基于证据的假设，与尽可能多的研究领域联系起来。

三维可视化文件的科学化（确定性和完整性层面上）进程促进了交互和沉浸式信息模型的建立，十多年来的技术发展促成了这一技术的实现，用户可以通过外部设备将自己与现实世界进行视觉上的隔离，从而操纵数字虚拟环境，产生一种归属感。这些沉浸式的信息模型，将数字环境"感知"转换为真实环境的度量。2015 年 6 月，欧盟启动的"INCEPTION"项目——欧洲包容性文化遗产三维语义建模（Inclusive Cultural Heritage in Europe through 3D Semantic Modelling）旨在基于 WEB 的解决方案和应用程序实现高效的三维数字化方法，以及丰富语义建模的后处理工具。这是一个复杂的"逆向工程"，必须在不丢失元数据和交互元数据等重要信息的情况下处理数据。通过对文化遗产建筑语义本体和信息目录数据结构的识别，将语义属性与层次式、相互聚合的三维数字几何模型进行集成，实现文化遗产信息管理。

　　由于文化遗产保护实践中，技术、内涵、术语和解释等概念在语义与建模方面存在很大的差异，本书提出了一种综合性研究框架，目的是在指导文化遗产的可视化设计过程中满足模型的特异性需求，同时集成元数据和语义到三维模型中。将文化遗产的语义三维重建与文献信息映射相结合，创建出更易于应用与交互的可视化文档。在沉浸或半沉浸的系统中，收集与其相关的反馈数据，使用户能够参与丰富的语义信息，共享知识，并建立对文化遗产内容更深层次的认知和理解。

第一节　研究现状

　　在文化遗产数字化保护的实践过程中，要得到可量化与透明的数据，要求采用系统化过程，并且操作具有可重复性，但这些量化标准在视觉研究实践中往往不可行或不可取。长期以来，学者们一直质疑数字化研究实践中"客观性"的本质，承认观察、解释和特征不可避免地受到社会的认知与价值体系的影响。尽管视觉研究者可能会注意到他们的创造性理解，但即使是最严谨的交互元数据记录也很难反映出理解背后的潜在影响，将可视化的研究方法应用于人文学科研究就不得不面对量化和透明的问题。文化遗产数字化保护技术与研究方法迭代速度很快，特别是一些针对个案的研究，在设备和技术更新后，对应的研究方法就会变得不合时宜，或者效率更低。

　　文化遗产数字化研究主要集中在 3 个层面，分别是采集、保存和开发。首先，在采集层面研究焦点集中在建档、记录、清单编制和数字化采集，以及采集过程中涉及的透明化问题；对文化遗产进行数字化转化，将对象的所有物理信息进行全方位地记录。随着三维扫描技术的普及，这项工作变得异常繁重，需要记录的内容由于形体、地理位置、周边环境等因素的影响，所采用的方法与具体手段会有着巨大的差别。同时与之相关的文献资料也需要进行数字化转换，在数字技术普及之前所归档资料也需要进行数字化转换。随着三维采集设备变得更为轻便，考古发掘现场的数字化采集也被列入了数字化保护的范畴，考古发掘过程对于文化遗产来说有着不可逆的破坏，现场的数字化记录为日后数字化研究工作的客观性与可逆性提供了基础。采集与记录手段全面的数字化转变，使得研究者不得不认真面对在这一过程中所遇到的问题，传统的通过图片、文字、图纸、录音、录像等手段的采集与记录方法已经转变为全面的、动态的与多维度的采集与记录方法。

其次，在保存层面的研究主要涉及元数据、本体、语义和保存介质等问题。随着文化遗产资源的数字化转换进程加快，数字资源逐渐形成规模化的发展态势，解决数字资源多源性和异构性的特征成为研究的焦点。数据的管理在计算机技术规模化应用伊始就成为研究的焦点，经过几十年的发展，相关数据管理的研究方法已经趋于成熟。在信息管理与信息系统等相关研究领域，元数据、本体和语义等研究已经很好地解决了数据管理的问题，这些研究方法可以直接被应用于文化遗产的数字资源管理，研究主题也多集中在文化遗产数字资源特性和建立领域内统一的系统平台等问题。文化遗产元数据相关研究大多基于国际通用的元数据标准，针对不同类型文化遗产数字资源的特性进行多维度整合，但不同地区和组织使用不同类型的元数据标准，不同标准间的元数据映射也成为研究焦点。由于跨地区国际组织的合作（特别是欧盟），建立统一的文化遗产数据管理标准成为可能，这涉及本体的构建与语义的映射，以及建立通用的语义信息模型。基于本体的语义检索很好地解决了数据访问的问题，以及信息检索时的有效性的问题，将传统和数字数据资源通过映射到语义 WEB 层，实现不同数据库的数字资源查询，以及避免文化遗产内容重复采集的资源浪费。其他研究则是数据保存的介质问题，选择什么样的介质保存至关重要，以及现在所记录的数据是否能被后人应用也是研究的重点。早期使用磁带和胶片记录的数据，以现有的技术标准只能作为参考，并不能为虚拟修复提供直接的数据支持，这涉及诸多的技术问题，同时数据资料的迭代问题也是研究的重点。

最后，近几年在开发层面的研究思路逐渐拓展，包括虚拟现实（增强现实和混合现实）、数据库、人工智能等，这些主题是研究的热点，不同学科的研究人员通过不同的角度进行开发与应用的研究。虚拟现实作为一种媒介，无论是作为考古学的研究工具，还是作为博物馆的传播策略都应该被定义为一种语言和内部系统。媒介环境的设计应该根据其特征来进行，这意味着从数据内容的收集开始，到虚拟现实内容的建模，再到展示的虚拟现实的界面设计都是需要考虑的范围，但是这些内容的"诠释"与"展示"的方法在不同学科中有着不同的标准与诉求，从 2005 年以来部分学者就开始试图建立统一的国际准则来规范展示过程中"原真性"标准，以及解决在交互过程中所体现出的"透明化"问题，这些研究逐渐形成了《伦敦宪章》，这为文化遗产的可视化传播建立了国际准则，虽然文件还没有经联合国教科文组织通过，但是已经有部分学者依照这些准则进行了项目实践。开发层面的研究主要被用作以视觉方式进行交互与学习的工具，也有部分学者将其拓展到导航、测试和实验等不同的理论方向，以验证历史或考古证据。在这一过程中也会用非线性的形式进行模拟与叙述，真实性与准确性可以被放在一种开放性的数据框架内进行探讨。

由于对文献的不同解释，文化遗产数字化研究开始应用于认知、争论和分析性辩论等方向。文化遗产数字化研究在这样的理论语境中具有不同而独立的意义，具体到实践保护项目又分为物质文化遗产和非物质文化遗产，两者保护方法和思路上有着一定差别，物质文化遗产重点在物，而非物质文化遗产重点在人。与非物质文化遗产相关的物并非数字化保护的主体，技艺的传承在于活化的创新，失去了传承人技艺也会跟着消失。在非物质文化遗产领域，研究多集中于信息资源的映射与分类，如国家社科基金重大项目"非物质文化遗产数字信息资源管理研究——以分类存储和语义检索为中心"；国家社科基金重点项目"非物质文化遗产信息资源分类存储研究""基于本体映射的非物质文化遗产本体词汇库研究"等。

第二节　文献综述

1973 年苏珊·拉弗林（Susan Laflin）在英国伯明翰大学成立的考古计算机应用协会（Computer Applications in Archeology，CAA）与 1974 年由安德里斯·范·达姆（Andries van Dam）和 IBM 公司山姆·玛莎（Sam Matsa）在 20 世纪 60 年代中期发起的电脑图形图像和互动技术特殊爱好小组（Special Interest Group on

Computer Graphics and Interactive Techniques）是数字可视化研究最为重要的两个组织。美国麻省理工媒体实验室、剑桥大学数字人文学科、伦敦大学国王学院数字人文学科、意大利罗马第一大学与罗马第二大学等研究机构在该领域一直处于学术前沿（美国与意大利也是该学科高质量论文发表数量最多的国家）。国内相关研究多集中于科研院所（故宫博物院与敦煌研究院数字中心），清华大学与浙江大学在这一领域也有着丰富的研究经验。在文化遗产数字化保护相关领域的研究中主要针对 4 个领域：1. 文化遗产保护思想面对信息时代的批判性研究；2. 文化遗产数字化诠释与展示的研究；3. 文化遗产三维可视化相关研究；4. 文化遗产信息模型相关研究。应用于文化和考古遗产领域的新兴技术促成了虚拟遗产、数字遗产、数字考古学、虚拟博物馆、网络考古学和虚拟考古学等新概念的出现，文化遗产数字化保护前沿研究都基于这些最新的领域。

国内基于文化遗产保护的数字化研究有郑巨欣、陈锋所著的《文化遗产保护的数字化展示与传播》一书，对数字化展示的理论依据与应用实践进行了研究；浙江大学鲁东明、潘云鹤所著的《文化遗产的数字化保护技术与应用》一书中对数字化保护涉及的技术进行了研究；黄永林《数字化背景下非物质文化遗产的保护与利用》《中国非物质文化遗产数字化保护与开发研究》论述了数字化保护的信息理论基础。国内文化遗产数字化保护多偏重于非物质文化遗产的研究，在部分国家级社会科学的重大项目中可见一斑，研究人员多为图书馆情报学方向的专家；文化遗产数字化保护方向偏于技术层面的有周明全《文化遗产数字化保护技术及应用》，而在文化遗产数字化保护方向偏于设计与展示层面的有《基于 AR技术的非物质文化遗产数字化开发研究》《面向剪纸艺术的非物质文化遗产数字化保护技术研究》《文化遗产保护中的信息可视化设计方法研究》（提出了以信息哲学思维为理论的信息可视化设计方法，试图通过优化的设计方法提供一种可以交互的文化遗产数据信息平台）等相关的博士论文。三维可视化的研究集中于医疗与建筑行业，应用于文化遗产保护方向多基于实践项目并没有形成理论体系。故宫博物院、敦煌研究院等科研院所研究人员积累了大量的科研实践项目，可以看到国内学界在第 2 届文化遗产保护与数字化国际论坛上已经对《伦敦宪章》等国际文化遗产数字化原则给予了关注[5]。

　　国外研究的科研人员多来自美国与意大利的科研院所，相关的研究始于 20 世纪。1990 年保罗·赖利（Paul Reilly）首次提出虚拟考古学的概念。这展开了一种新的研究思路，即考古学中对于解释化思考的模式发生的重大转变，并逐渐开始过渡到视觉化交互的方向上（虽然 20 世纪虚拟技术还处于起步阶段）。爱丽丝·沃特森（Alice Watterson）在《考古学中重新思考解释性视觉化》一文中对于视觉解释的主观性与可视化技术的评估进行了多层论证。尤金（Eugene Ch'ng）在《体验考古学：虚拟时空旅行可能吗？》一文中针对虚拟现实技术在修复、保存、重建和可视化等领域的应用，基于计算机图形学、虚拟现实和心理学语境的虚拟修复存在状态进行了分析。他所著的《数字时代的视觉传承》对信息时代视觉化认知的模式进行了解读，除了数据本身，数字时代的视觉提供了新的数字遗产思维方式，书中探讨了有关数据作用以及在管理和保存方面提出的挑战。到了 1999 年，马克·吉林斯（Mark Gillings）在考古计算机应用协会（CAA）会议上发表了一篇文章，展示了虚拟现实的应用所出现的问题，虚拟现实正在被用作一个通用的概念来指代动态交互可视化不断扩大的范围。三维可视化最常见的表现之一是数字重建，"重建"是一个很有内涵的术语，考古重建领域在一定程度上已经发展成为一个"虚拟考古学"的领域。数字视觉技术在考古学和文化遗产中的首次应用可追溯到 20 世纪 90 年代。莫里吉奥·福特（Maurizio Forte）在《考古学中的虚拟现实》提供了考古学中虚拟现实技术的完整概述。然而，最初关于"虚拟考古学"的概念并没有像预期的那样改变考古实践。相反，考古学的传统概念只是通过使用数字可视化技术而得到强化。斯坦科·菲利波（Stanco Filippo）、巴蒂亚托·塞巴斯蒂安（Battiato Sebastiano）和加洛·乔瓦尼（Gallo Giovanni）所著的《文化遗产保护的数字成像：古代艺术品的分析，修复与重建》介绍了文化遗产保护领域数字图像处理、分析和计算机图形学的最突出主题和应用。帕拉纳联邦大学的莱昂纳多·戈麦斯（Leonardo Gomes）所著的《文化遗产

5. Re-relic 编委会. 数字遗产 分享遗产：第二届文化遗产保护与数字化国际论坛·论文集[M]. 上海：远东出版社, 2014.

数字化保护的三维重建方法研究》在三维重建领域进行了深入研究，这是计算机视觉最广泛的研究领域，发展至今仍然存在诸多问题。学者们也逐渐意识到虚拟重建缺乏完整的可靠性、准确性、保真度和确定性等问题。弗朗格·尼科卢奇（Franco Niccolucci）的论文《从 CVR 到 CVRO：文化虚拟现实的过去，现在和未来》和《三维文化对象的本体论》试图通过"量化可信度"解决虚拟现实的缺陷，用于计算相对于原始数据的初始完美状态，增强虚拟重建的可靠性，并强调了科学可信性的重要性。意大利罗马萨皮恩扎大学卡洛·英格尔斯（Carlo Inglese）和罗马大学阿方索·伊波利托（Alfonso Ippolito）所编著的《有形与无形物质文化遗产的分析、保护与恢复》汇集了多篇关于文化遗产的定量方法与数字工作流的创新研究论文。罗马大学阿方索·伊波利托教授所编著的《数字保护与信息建模新兴技术研究》一书中详细论述了最新数字化技术应用于文化遗产保护研究理念与实践，这本著作是对于文化遗产保护模式的一个重要补充，以数字化为基础的保护观念在国外学界已经逐渐形成。麻省理工（MIT）可感知城市实验室的纳斯扎·那宾（Nashid Nabian）等人提出了基于 WEB2.0 的 GEOblog 网络可视化平台，允许用户通过 LBS 共享生成的数字内容放置在空间区域上，其他用户可以通过实时感知位置检索这些空间内容，项目将信息反馈、信息共享、社交网络等元素结合在一起。基于 UGC 的文化遗产研究还有弗里曼·克里斯蒂娜·加德诺（Freeman Cristina Garduno）针对 Flickr 平台[6]和希娜芙·皮埃罗布鲁诺（Sheenagh Pietrobruno）针对 YouTube 平台的研究。[7]与此同时，结合增强现实与 LBS 的技术模式为文化遗产的研究拓展了新的思路，随着虚拟现实技术的普及，结合移动终端的 AR2.0 概念的提出将基于位置信息的移动终端作为增强现实体验的平台，并加以开发。奥地利格拉茨技术大学的计算机图形与虚拟现实教授迪特尔·施迈斯迪格（Dieter Schmalstieg）在《增强现实 2.0》一书中将增强现实的应用领域做了

---

6. Garduño Freeman C. Photosharing on Flickr: Intangible heritage and emergent publics[J]. International Journal of Heritage Studies, 2010, 16(4-5): 352-368.

7. Pietrobruno S. YouTube and the social archiving of intangible heritage[J]. *New Media & Society*, 2013, 15(8): 1259-1276.

以下归纳：1. 个人应用（个人上传或创建信息内容供他人使用，并加以推荐与评论）；2. 文化信息（文化内容通过数字化的方式展示其意义与起源等相关信息，将数字化制作内容精确地叠加在现实物体上从而模拟出新的视图）；3. 艺术策划（建立在真实环境中的虚拟内容将提供一种全新的模式，艺术家可以通过这种模式实现可视化方案，并对公众开放数据，使其有机会参与评论）。塞浦路斯科技大学马里诺·尼德斯（Marinos Ioannides）、南洋理工大学娜蒂雅·麦格耐特·塔尔曼（Nadia Magnenat Thalmann）与克里特岛大学乔治·帕帕基纳克斯（George Papagiannakis）所著的《文化遗产的混合现实与游戏化》提供了对文化遗产和创意产业中混合现实和游戏化互动的技术理论支持。

对于文化遗产数据管理方向，美国资讯资源管理协会主编的《数字化管理：研究与实践的突破》关注了数字材料保存、选择、收集、维护和归档等学术领域研究和实践。希腊开放大学斯特拉·西莱欧（Stella Sylaiou）与英国苏塞克斯大学马丁·怀特（Martin White）等人所著的《数字遗产系统 ARCO 评估》对数字遗产系统的文物的增强表现（Augmented Representation of Cultural Objects, ARCO）进行了系统的评估，针对不同类型的数字遗产系统（包括虚拟博物馆）环境缺陷，进行可用性、存在性和学习性的定性评价。伊斯托·瓦塔宁（Isto Vatanen）在《考古虚拟现实的信息基础设施中的论证路径》与《解构（再）构建：概念化考古虚拟现实诠释的问题》中提出对不透明的虚拟重建问题的解决方案，使用"注释"一词来描述创建和分配论证路径的过程。虚拟重建项目的数据量庞大且内容繁杂，大部分数据都需要进行二次处理。同时，数据通常没有足够的元数据和交互元数据等透明信息。伦敦大学国王学院国王视觉实验室成立了"伦敦宪章倡议组织"解决虚拟资源透明度的问题，其中包括理查德·比查姆（Richard Beacham）和德鲁·贝克（Drew Baker）两位学者。元数据通常通过计算机脚本语言记录，脚本将数据分配给虚拟重建资源或嵌入资源本身。印度克什米尔大学的萨米尔·格鲁（Sumeer Gul）所著的《文化遗产资源库中的元数据多样性》深入地分析了不同类型的文化遗产元数据的特征，以及面对数据异构性所带来的问题，基于不同领域的研究提出了综合性的解决方案。安娜·贝特诺斯克（Anna

Bentkowska-Kafel）、休·德纳尔（Hugh Denard）和德鲁·贝克（Drew Baker）在《虚拟遗产的交互元数据和透明性》一书中讨论了赋予虚拟现实透明度的概念与理论。德鲁·贝克将交互元数据理解为解释数据"蜕变"为可视化信息的过程，认为元数据不太适合描述重建的分析或解释过程。相关的论文还有伊斯托·乌伊拉（Isto Huvila）的《记录智力过程的难以承受的复杂性：交互元数据和虚拟文化遗产可视化》，论述了文化遗产领域解释数据与推理过程的透明性问题。

进入 21 世纪，"WEB3.0"的概念诞生，蒂姆·伯纳斯·李将 WEB3.0 描述为：

所有东西都起波纹、被折叠并且看起来没有棱角——以及一整张语义网涵盖着大量的数据，你就可以访问这难以置信的数据资源。

这些概念也需要软硬件设施的发展与终端网络速度的"进化"（涉及带宽、社区化与程序速度）。归纳起来大致有以下几个发展方向：1. 将互联网本身数据库化，2. 进一步将人工智能网络化；3. 语义网（Semantic WEB）[8]与面向服务的体系结构（Service-Oriented Architecture）的实现。语义网的实现将会推动相关的数字人文研究的发展，在这一相关领域一个最为关键的特征就是数据的高度异构，这也是数字人文研究的难点所在。这种人工智能在于数据间的交互，由物理与数字信号相连接的数据共享，实现资源智能化并转换为可读取和可交互的信息。"你在哪里"（空间信息）、"你和谁在一起"（社会信息）、"附近有什么资源"（信息查询），这 3 个基于位置的服务（Location Based Services，LBS）的基础将不再是屏障。文化遗产的信息框架也将在这一平台共享数据，并且可以根据需要分析、解释、存储和转换不同系统下的数据内容。印度德里大学塔里克·阿什拉夫（Tariq Ashraf）和印度美国中心图书馆纳尔斯·库马尔（Naresh Kumar）所著的《跨学科数字保存工具和技术》分析了面对社区进化语境，跨学科的数字保护技术的

---

8. 蒂姆·伯纳斯·李在 1998 年提出的一个概念，它的核心是：通过给万维网上的文档（如：HTML）蒂姆加能够被计算机所理解的语义（Meta data），从而使整个互联网成为一个通用的信息交换媒介。

发展模式。希腊雅典娜研究中心乔治·帕夫利迪斯（George P. Pavlidis）主编的《国际遗产科学计算方法杂志》（*International Journal of Computational Methods in Heritage Science*，IJCMHS）于 2017 年创刊，探讨了哪些技术正在塑造博物馆、美术馆、档案馆，以及独立的考古学家和人类学家，从事文物科学等专业研究学者的实践方式。其主题涵盖了：文化遗产和知识产权方面的大数据、开放数据方法、数字档案、元数据、国际标准和互操作性、数字重建和文化遗产数据的可视化、基于游戏的学习以及使用文化进行教育的严肃游戏、创新的虚拟展览和博物馆、创新的虚拟现实，增强和混合现实应用、比较研究、学术培训的科学工具等多个数字文化遗产学科的研究热点。该期刊突出了与文化遗产、文化资产数字化、虚拟博物馆和文化艺术品数字化分析相关的重要研究，是文化遗产数字化研究的重要资源。

综上所述，可以看出国外在文化遗产数字化领域发展最为迅速的是欧盟地区，这源于其深厚的文化历史积淀，以及跨区域数字化协调模式上的优势。国内研究也在努力地与国际研究进行接轨，浙江大学早在 2009 年就开始启动国家重点基础研究发展计划（973 计划）研究项目"混合现实的理论和方法"，以及由李清泉主持，清华大学、武汉大学、浙江大学、敦煌研究院联合承担的（973 计划）研究项目"文化遗产数字化保护的理论与方法"，由 6 个子课题组成，分别是："复杂几何对象高精度数字化重建理论与方法""文化遗产色彩的反演与再现""数字化文化遗产的多元数据检索与知识发现""雕塑、壁画类文化遗产的虚拟复原""文化遗产的个性化自适应展示方法""文化遗产保护的方法验证与典型示范"。正是这些项目不断推进国内数字化保护研究的发展。

第三节　研究方法

信息学科和视觉人文学科是研究文化遗产诠释与展示的最佳学科，其研究过程需要理论驱动和实证方法结合起来进行研究，主要的研究方法是利用定性和定量的研究来识别和探索现象并产生假设，本书针对这一领域的研究方法包含了 3

个层次的内容：1. 理论依据层面；2. 程序操作层面；3. 工具技术层面。本书研究方法与内容包括虚拟修复在文化遗产数字化保护领域的范围界定和整体相关性，虚拟修复过程中可视化设计的作用，以及虚拟修复的理论体系框架等。文化遗产信息模型的虚拟修复可以通过 4 个阶段进行实现：第一个阶段是数据化研究阶段，即文化遗产数据的采集，以及从文献中检索和分析出的历史资料，完善信息模型。实地文化遗产数据的取得可以通过传统方法，例如直接测量或使用仪器，也可以通过使用遥感测量、摄影测量和激光扫描仪等数字技术。第二阶段则是对应于研究内容，设计一个符合项目目标的可视化方案，通过分析文化遗产的特征，反思信息界面所需的交互内容，识别出正确的交互隐喻，以及考量用户体验的接受程度。第三阶段是数据的处理与管理。通过计算处理、摄影测量技术或激光扫描仪进行测量，最终的内容通过逆向建模和拓展建模的操作来实现。其目的是开发尽可能精确和适当的传达专业信息的应用程序并建立语义映射。只有这样，历史学家、考古学家和文化遗产专家才能验证所得到的文化遗产信息模型。第四阶段是验证可行性结果并建立理论框架。事实上，虚拟修复的最后一个阶段是在传播过程中，对最初假设的结果在信息模型中进行评估，并对使用情况进行可操作性验证。通过对受众的调查，验证用户对修复内容的反馈，从而确定所修复的虚拟环境的价值，并评估公众对所接收到的历史文化数据的理解程度。

本书采用了考古学、信息学、传播学和社会学等多理论学科的研究方法进行跨学科的综合研究，具体如下：

文献分析法：论文基于大量的国外研究文献，包括各种类型的视听资料，对于虚拟修复所涉及的基础理论与前沿实践进行了梳理与分析，基于传播学的分析方法，分析现代保护理论在信息时代的模式转变，以及虚拟修复理论形成的文献依据，这包括早期部分麻省理工（MIT）针对"网真"与"遥在"的相关研究资料。

田野调查法：研究过程中，走访了案例所涉及的部分美国历史建筑，以及敦煌莫高窟的多个洞窟进行田野调查，除扫描数据外，还详细地调研了每个文化遗产的相关历史背景，并与遗址管理人员进行了深入交流。

跨学科研究法：文化遗产数字化保护研究本身就具有跨学科属性，必须建立在多学科研究的基础之上，运用多学科的理论知识与方法进行交叉研究，并找到其自身的理论依据与发展规律，并加以论证。

个案研究法：论文对敦煌莫高窟 158 窟、赖特建筑作品——Affleck House、袁江《东园揽胜图》和底特律绿野村等多个案例加以分析调查，基于个案的历史与文化价值，分析其发展与特征，并总结出其可视化设计过程中所面临的问题。

信息研究法：利用文化遗产可视化数据内容的普遍信息特征，根据信息论与系统论的原理，对信息进行收集、传播与重构，并应用于建立文化遗产信息模型的数据框架。

第四节　研究目的与意义

《2015 年欧洲文化遗产数字化报告》分析了 1000 多家欧洲图书馆、档案馆、博物馆等机构的数据，全面描绘了欧洲当前的数字化图景。报告的调查数据显示，84% 的机构现在拥有某种形式的数字收藏，无论是纯粹的数字化材料，还是与数字元素结合。欧洲平均有 23% 的藏品被数字化，制定数字化战略的机构数量从 2014 年的 36% 上升到 2015 年的 41%，这清楚地表明文化遗产机构越来越关注数字化和数字档案的创建。数字化作为文化遗产保护发展的必然趋势，部分濒临毁坏的文化遗产已经进行了数字化扫描与记录，当我们得到这些数据后如何利用这些数据变成了一个棘手的问题，同时随着时间的流逝，这些数据如何迭代也是需要面对的问题。这些数据完全不同于传统研究的文献材料，如何提高这些可视化数据的科学价值是学科发展的目标。在项目实践中尝试引用诸如古代文献和考古证据，以及以前的学术研究来增强可视化数据的文献性，把嵌入虚拟环境中的视觉隐喻作为工具，来传达文化遗产项目的概念与关系，并存储在本体中，这就构建了一套基于本体的文化遗产领域的数据可视化框架。虚拟修复的意义在于为文化遗产信息模型建立一种具有交互性的数据传播模式，在这种模式下，可视化数据并不只是一种辅助传播与展示的手段，这种数据本身就具有与物理实体一样的准确性，并且能为相关的理论研究提供佐证。虚拟修复的研究也尝试将多源性与异构性数据整合在一个信息模型之内，使用元数据与交互元数据使文化遗产的数据扁平化，通过编码与解码，以及语义分析，增强信息模型访问的交互性。这种交互性由于区域的信息壁垒还无法使之成为统一标准下的数据网络，但是基于同样的国际标准原则进行数据采集与整理，也是构建这一平台的基础。

在理论层面，国际上的数字人文研究多基于复杂的数据映射系统和图像建模软硬件系统，但复杂的可视化设计会忽略对过去的解释和对上下文的关联，我们要反思数字技术对于理解文化价值的重要性。"科学可视化"和"人文可视化"的发展促使研究人员把计算科学的工具引入人文研究，这种"理性"的探索应该把关注点放在持续的批评理论体系中，传统研究往往将图像放在研究的边缘，认为其难以控制，所以批评应该先于图像的产生，而不是事后证明的手段。文化遗产领域的数字化研究面临两大问题，首先是操作过程的复杂性往往制约了研究人员对数据的应用，在技术层面我们已经可以提取到现在计算机运算能力所不能处理的数据量，但管理与分析这些数据变得异常困难，这主要涉及对于文化遗产的分析、监测、采集、保存、修复、开发、管理等各个环节数据是否具有共通性。其次是研究过程中涉及多学科的交叉，基于计算机的文化遗产可视化研究，其复杂性决定了不能仅由单一类型的专家来解决，艺术家、建筑师、工程师、学者、管理人员等不同领域的研究者进行合作是必然的，这也意味着需要一个共有的数字化平台来进行管理与协作。联合国信息社会世界峰会（World Summit on the Information Society, WSIS）上提出：

> 在建设包容性的信息社会时，必须高度、优先重视以各种语言和格式创作、传播和保存内容，特别注意创造性工作的多样性和对作家和艺术家权利的适当承认。未来信息社会应以包括数字化在内的一切适当方式利用和保护文化遗产。

数据是否能有效共享在于"异构数据"（Heterogeneous Data）问题的解决与否，这其中包括图像、图纸、模型、文档等不同类型的数据源，这些数据资源的同质化也是数字人文领域所面临的问题之一。信息时代已经使这种数据的交互变得异常便利，但数据转化的过程中也带来了成本的提高，研究的必要性是否需要这么大的数据成本作为支撑也是问题所在。

在实践层面，文化遗产数字化平台的建立促使数字模型和数字工具广泛用于文化遗产的视觉科学研究，包括文物碎片的虚拟装配、虚拟环境的协作，以及在文化遗产信息模型中使用文献数据分析古代社会、经济和政治环境等。在这些信息模型中，解释取代了对文化对象的直接体验，信息取代了过去的存在。虽然对文化遗产的精确模拟在再现历史方面发挥了一定作用，但文化遗产的数字研究在从解释性视角向确定性视角的转变方面进展缓慢。20世纪虚拟考古学的发展使我们批判性地观察新兴技术与考古学现有文化和实践之间的关系，以及审视技术所承载的理论假设的必要性。如今这一理念已得到整个人文学科的认可，但技术语言和指导技术发展的理论假设常常不加批判地引入人文话语中。因此，有必要找到一种可行性的方法将新技术纳入我们的学科中，以及一种由我们自己实践得到的理论和方法形成的研究架构，最终促使三维可视化文件同一篇论文的作者姓名、方法论、参考书目和脚注一样，以专业的形态充分发挥在研究中的作用。三维可视化作为记录文化遗产的一种手段，使用链接开放数据和定制本体内容，从过去的静态图片信息，将数据转变为一个开放并协作开发的信息网络枢纽。一方面，通过与不同类型的"环境"在不同的交互级别上进行集成和融合，将真实或虚拟的"三维内容"向虚拟现实、增强现实、混合现实和WEB空间等方向扩展，文化遗产信息模型成为一个"参与式"交互场所。另一方面，交互应用程序同时传递内容的底层数据类型，即三维模型扩展的数据（地图、图像、绘图、历史图像、文献等），通过开放的数据连接，使三维可视化文件拓展成为一个开放的、协作的、虚拟的信息模型。

第一章

修复理念与历史框架

正如历史学家克罗齐（Benedetto Croce）所说："一切历史都是当代史。"文化遗产保护理念是人们对于历史认知的解读，受到了所处时代的经济、政治以及文化的限制，修复模式与方法也承载了当代的社会价值观念。虚拟修复承载了当今社会的技术价值取向，这种认知在半个世纪前是不存在的，当尝试使用新的技术手段去理解历史时，我们总会得出不一样的结论。被标注的历史文化是对历史记忆的重新设计，这种设计抱有对于不同时代的幻想，也是对于记忆的解读。19 世纪末至 20 世纪初，西方开始对理性的技术化进行反思，法兰克福学派的马尔库塞（Herbert Marcuse）认为技术作为一种控制和支配工具，体现了主导性的思考与行为模式。[1] 技术发展的路径对于价值理性产生了影响，工业革命以来这种影响变得更为直接，到了信息时代这种影响的效率达到了顶峰。早在 18 世纪就开始对修复实践进行了讨论，古建筑修复评论家迪德伦（Adolphe Napoléon Didron，1806—1867）概括了早期古建筑修缮原则：

对古代纪念物来说，加固（Consolidate）胜于修理（Repair），修理胜于修复（Restore），修复胜于重建（Redo），重建优于美化

---

1. Marcuse H. Some social implications of modern technology[M].Technology, war and fascism Routledge, 2004: 59-86.

（Improve）。[2]

早期对于修复的理解只限于建筑遗址，对于是否重建并没有过多的讨论，旧的建筑不能居住了，其"第一生命"也就消失了，是否重建并没有人过多地关心，同时代这种情况在中国也是同样的处理方法，再塑金身是功德无量的行为。直到一些知识分子逐渐地意识到了遗址背后所蕴含的文化价值，这些问题才被重新提及，在此之前修复与重建的技术才是被讨论的重点。被重新审视的文化价值也只是包含审美价值，对于复古以及遗址残缺的美感的迷恋，支撑着这些评论家们抨击着建筑修复师。这些冲突在一起开始似乎不起作用，修复师也没有因为反对的声音变得谨慎，可以说这一现代性的转变是几代学者共同推动的结果。

1972 年，世界遗产公约中还是只针对建筑遗产阐述了保护原则，同时期的国际公约也大都以欧洲历史建筑作为构建理论框架的主体。直至 20 世纪 80 年代，欧洲以外的国家开始考虑建筑之外的无形价值，保护范畴变得宽泛，非物质文化遗产的价值被国际公约与组织全面认同，但非遗的保护从模式上讲与物质文化遗产是完全不同的，在建筑遗产与物质文化遗产领域被讨论了两个世纪的矛盾焦点，在非物质文化遗产领域中从一开始就是不存在的。对于建筑遗产的修复反复讨论的焦点就是"原真性"，而非物质文化遗产从一诞生的那一刻都是在不断的"重建"中得到发展的，无论是表演仪式或是传统工艺，新的作品如果还是以上一辈人同样的面貌出现，要么就会被主动地或被动地淘汰，如果只是真实地记录，缺少了"重建"性的传承，那这样的传统和化石是没有区别的，在某种程度上两者的保护模式是矛盾的。虚拟修复的理念在一定程度上中和了两者之间的矛盾，或者说正是其可逆性和模拟性，模糊了两者之间"重建"的概念，随着技术的提高和理论的完善，两者在保护原则上会逐渐趋同。物质文化遗产的保护在于遗产本身以及背后所蕴

---

2. 尤基莱托 . 建筑保护史 [M]. 北京：中华书局，2011: 191.

含的文献证据不变，保持其"完整性"与"真实性"，以及这些价值信息本
身及来源真实可信，在此基础之上的"重建"才被认同，但也同时强调可识
别性。《威尼斯宪章》第 9 条强调了修复的可识别性：

> 任何一点不可避免的增添部分都必须跟原来的建筑外观明显地
> 区别开来，并且要看得出是当代的印记。[3、4]

在具体的实践中，这种对"真实性"体系的维护变得异常复杂，在虚拟
修复中可逆性让这些问题逐渐清晰，但是理解这种转变的基础在于对整个理
念与历史框架的深入理解。

文艺复兴时期人们逐渐认识到古代历史与文化的价值，通过各种形式加
以"复兴"，理性的历史观念推动了文化的发展。思想上的解放使人们走进
了启蒙时代，人们开始用科学的方法研究历史，对于审美进行了哲学上的辩
论。直至现代保护运动兴起，这种理性的态度被继承下来，最终在《威尼斯
宪章》中价值理性被进一步地诠释出来。在这个章节会对现代保护运动的修
复理念与历史框架进行梳理，使虚拟修复的价值内涵逐渐清晰。

第一节　现代保护运动的发展

18 世纪以来对于"遗产"概念的界定，以及与之相关的保护政策的制定，
正是"现代保护运动"（Modern Conservation Movement）的成果，这不仅
仅是对古迹和古代艺术品的保护，而且是对其所包含的文化内容以及价值观
的认同。"现代保护运动"的原则和概念在欧洲的背景下得以表述，甚至可
以将其拓展到文艺复兴时期，现代所推崇的保护理念不仅是经过长期以来的

---

3. 联合国教科文组织.国际文化遗产保护文件选编 [M]. 北京：文物出版社，2007: 52-54.

4. and in this case moreover any extra work which is indispensable must be distinct from the
architectural composition and must bear a contemporary stamp.（原文）

不断修正所得的结果，而且是在 18 世纪启蒙运动的理性思潮以及 19 世纪至 20 世纪不断的辩论过程中所影响下的结果。18 世纪下半叶欧洲的政治、经济、文化以及科学上的发展对于同时代的人们如何审视历史与遗产的理念产生了巨大的影响，这一过程充满了矛盾与悲剧色彩，对于原作与复制品之间的区别，保护主义者与鉴定学家们针对其美学价值给予了不同的定义。崇尚对原作进行保护，也保护在历史的进程中绘画作品以及雕塑作品上历史所遗留下来的痕迹。18 世纪，在启蒙运动"理性崇拜"的思潮下诞生了现代保护的理念。首先，启蒙运动使人们开始审视历史，"理性"地看待历史、民族等诸多概念，欧洲大陆民族国家的概念逐渐诞生，对于民族的认同使人们逐渐认识到保护遗产的重要性。经历了双元革命[5]，历史遗迹被人为地破坏或自然地损毁，针对历史遗迹的"修复"这个概念一直是这两个世纪保护理念争论的焦点。而在二战后所形成的现代保护宪章与法规也是这两个世纪的争论所带来的产物。人们在审视历史的同时，不断地重新定义历史，也在与历史对话的过程中，重新定义自己。正是科学的发展和民主的思潮对现代保护运动产生了深刻的影响。

这一段时期的根本性历史变革促成了现代意义上历史文化遗产概念的诞生，这些变革都随着技术手段以及生产力发展的变化而变化。政治上从专制时代发展到了民族国家，科学技术的进步引起了各个产业的全面发展，城市人口的翻倍增长使人们逐渐地认识到了对自我文化的认同。在法国的大革命时期，对于古迹的破坏让修复提上了必要的日程，直至 19 世纪 30 年代，对于修复的必要性已经得到了全面的认同，人们开始考虑科学的方法与知识对于修复的影响，并由此建立了客观逻辑的认知，形成了具有系统性的理论。其实这一系列问题主要涉及的还是价值问题，在不同时代对于价值的认同是不一致的，科技的进步带来了不同类型的修复方式，而现代保护理论的发展作为一种思想进程也随着技术的变化而发展。在法国大革命期间这些古迹被

---

5. 1789 年的法国大革命和同时期发生的工业革命称为"双元革命"（Dualrevolution）。

视为专制与压迫的象征，而民族国家的概念逐渐形成同样的遗迹又被视为民族认同感的综合体现。这一过程在我国的文化遗产保护发展的历程中也有着同样的境遇，由知识分子自发性的认知形成了对于古迹的保护实践，从民间的私人收藏变成了国家行政管理的模式。随着相关的政策制定，以及保护法的确立，更为专业的公共保护机构也随之成立。这样的发展在二战以后形成了国际层面的协同，出现了联合国教科文组织（UNESCO）、国际古迹遗址理事会（ICOMOS）等国际组织，通过了一系列的宪章、公约和建议，为各国采用科学的方法对文化遗产加以保护起到了关键的作用。

技术的发展对于文化遗产保护领域是把双刃剑，一方面我们将最新的技术应用于保护的实践，而另一方面正是这些实践的破坏性带来了不可逆的改变。发展正是建立在这种辩论的基础之上，无论是在 18 世纪还是现代，我们都逃避不开对于科技的迷信与无知。20 年前我们认为转基因食品是解决世界粮食问题的灵丹妙药，直到现在这个问题还在不断地被人诟病。由人文学家和科技人员所共同构建的修复理念也并非能解决所面临的诸多问题，但是工业化的进程对于保护所涉及不到的地区影响甚大，对于保护的控制与价值观念的转变都有着极大的影响，这些对于实物的保护与修复都会产生直接的影响。

现代的修复理念形成是建筑遗址保护理念演绎出的结果，它衔接着过去与未来。意大利成为理念形成承上启下的关键点，文艺复兴的人文思想以及欧洲文化发展的所有进程都对这个国家产生了直接的影响，我们无法找出第二个能代替的国家。作为欧洲文艺复兴的发源地，其建筑遗产的重要性、代表性以及时间跨度都是欧洲少见的。经过两个世纪的发展，建筑保护的观念已经深入人心。在现代数字化保护领域，意大利的学者也是处于研究的顶端，无论在理论方面上还是在教育方面，大多数意大利综合大学都开设了与历史保护相关的本科与研究生课程，其中如：罗马文物保护与修复高级研究所（Istituto Superiore Per La Conservaztion Ed Il Restauro），以及罗马大学（Sapienza University of Rome）和罗马第三大学（Università Roma Tre）。从卡米洛·博伊托（Camillo Boito）到布兰迪，一直到现代的保罗·马可尼。

在意大利已经形成了全民的保护意识，这种观念的形成正是几百年来保护实践中不断总结得出的成果。意大利在修复理念的发展过程中，批判的语境被一再表达，欧洲文化的多样性和相互贯通使不同国家的修复实践汇聚到了一起，形成了现代的修复理念，将这些理念的起源都映射在一定的历史背景之下，我们会发现这也是技术发展的必然结果。随着传统文化交流方式的不断深入，在修复与保护领域这些批判性的概念不断扩张，涉及历史思潮与真实性等诸多问题的讨论，这也包括对于文化多样性的认识。

意大利在 1860 年至 1870 年间成为统一的意大利王国（Kingdom of Italy），国家主义的情感上升到了新的层次，同时期法国建筑师维欧勒·勒·杜克（Eugène Emmanuel Viollet-le-Duc）引领的"风格式修复"[6]也在逐渐形成。这种"风格"也影响到了 19 世纪 40 年代意大利的历史建筑修复工程，佛罗伦萨圣十字大教堂与圣玛利亚百花大教堂的修缮工程都受到了法国"风格式修复"的影响。意大利建筑师阿方索·罗比安尼（Alfonso Robenani）与阿尔弗雷多·德·安德拉德（Alfredo de Andrade）等人深受这种理论的影响。早在 1872 年意大利就成立了古迹和博物馆中央委员会（Direzione Generale Degli Scavi e Musei），在同一时期，1877 年 3 月英格兰古建筑保护协会（Society for The Protection of Ancient Buildings，SPAB）成立，协会反对"风格式修复"对于历史的臆测，认为古建筑连同其所经历的历史添加和改变应被视作一个整体，协会所发布的《纲领》（Manifesto）也被视作现代保护政策的基础。纲领对于"修复"的概念重新进行了分析，认为历史建筑与其时代意义存在着必然的联系，并且纲领认为保护并不是在建筑风格上的保护，而是建立在对现存建筑的原材料的评估上进行的，任何试图修复的做法都会导致真实性的损失与赝品的产生。

1876 年的冬天，学者约翰·拉斯金（John Ruskin）访问了威尼斯，看到圣马可大教堂的修复说道：

---

6. 主张对古代文物、遗迹进行复原，以达到某种理想状态的修复观点。

那些我所知道的一切都已不再，剩下的只是它们的幽灵，不，死尸。

1877 年，威尼斯当地的拉斯金的崇拜者艾维斯·皮耶罗·佐兹伯爵（Alvise Piero Zorzi）发表了一篇名为《圣马可教堂内外部修复意见》（Osservazioni intorno ai ristauri interni ed esternidella Basilica di San Marco）的观察报告，约翰·拉斯金也为这篇报告写了序言，在文中他认为"修复"和"保护"有着本质的区别，"修复可能需要创新的支持；而保护则完全不需要。""修复对于任何只具有美学价值而不具有考古学重要性的建筑适用，而保护的目的则是要阻止古迹的劣化，基于文物价值和历史意义，古迹所具有的特殊价值比任何艺术、对称、建筑柱式或良好品味都重要。当古迹的考古学意义又被附加上美学价值，当文物对象的整体和细部都蕴含着历史的印记，一旦实行现代风尚的修复，这些历史的印记就会被彻底毁坏，保护就尤为重要。"[7]1879 年英格兰古建筑保护协会与建筑师威廉·莫里斯（William Morris）也向意大利政府提出了抗议，项目最终还是被暂停了。这样的对立讨论引起了全国性的建筑保护运动，在意大利国内展开了旷日持久的保护理论以及保护方法的辩论，在建筑保护者的推动下与之相关的法律文件，以及法规都不断地被细化，逐渐形成了完善的保护制度。在后续半个世纪的过程中，不同的保护修复理论在实践中被加以尝试，但是其核心对于历史建筑的保护都是基于统一的原则。

在约翰·拉斯金的影响下，"修复"一词几乎被视作贬义词，他所倡导的"反修复运动"指责修复破坏了建筑的历史真实性，这种被带起的批评浪潮直指维奥莱·勒·杜克的"风格式修复"，正如他所说，修复就是"针对某种因为时间特殊而绝不会存世的完整形态的修缮"，但在保护者的角度却截然相反，莫里斯认为"修复是对整体性拆除和最大程度破坏的委婉说法"。

---

7. 尤基莱托 . 建筑保护史 [M]. 北京：中华书局，2011: 278-279.

"修复"[8] 一词的现代意义在建筑领域基本形成于 18 世纪晚期，主要指"让某种事物回归至其早前、原始、正常或者未受损失的状态中；对一座古老建筑的改建或者复制……从而能够以其原始状态或者某个特定时间的外观形式进行展示。"[9] 18 世纪以前对于"修复"一词并没有太多的异议，直至启蒙运动对于历史的"理性"审视，才把"修复"的概念提到了一个前所未有的高度。现代保护运动将与文化遗产有关的词语在全世界范围推广，这些词语在 18 世纪到 20 世纪早期都是在以拉丁语系为主的国家内使用，英语中"修复"（Restoration）、"保护"（Conservation）、"纪念物"（Monument）在意大利语中对应的是 Restauto、Conservazione、Monumento，法语为 Restauration、Conservation、Monument，这些术语在拉丁语系国家相对比较容易辨识与确认其概念，这些术语背后所表达出的意义是一致的，或者说是在可理解的范畴之内。在借用或者引用国际条约或原则时，这些术语所传达出背后所代表的意图往往会有着一定的差别，这也就会带来在实践上的行动差别。所以在传达这些术语的真正意图时，必须附带不同时期的历史文化意义才能正确地理解这些术语。18 世纪以来，遗产保护的术语在不断地增加，也来自不同的学科领域，如果将这些术语使用在与文化遗产数字化保护有关的研究上就必须对其历史内涵作出深入的分析。

"风格式修复"理念在 19 世纪针对修复方法引发过大量辩论的同时不同的修复方法与理论也进行着大量的实践，这包括圣丹尼斯修道院、巴黎圣母院、圣马德里安娜教堂等修复项目。这一系列的"修复狂潮"（Restoration Fury）受到了越来越多的批评，由于对保护的思想缺乏认知，修复建筑师对于历史性本身都带有自相矛盾的判断。建筑是历史的见证，其所具有的纪实

8. "修复"一词英语术语为"Restoration"，而保护一词为"Conservation"，意大利语的修复一词是"Restauro"，维基百科中将"Restauro"解释为"对历史文物（如建筑、手稿、绘画等）进行的维护、复原、修复和保护的相关活动"。
9. 约翰·H. 斯塔布斯. 永垂不朽：全球建筑保护概观 [M]. 北京：电子工业出版社，2016. 转自 Random House Unabridged Dictionary。

文献性证据以及建筑本身所具有的"古色",在某种程度上都是对于其历史性的塑造,这些批评引发了"现代保护运动"——一场针对"反修复"的运动。

"修复"这一术语和这一实践方法本身都是现代的。维奥莱·勒·杜克对于修复的概念进行了诠释,他认为修复建筑师不仅仅对于不同时期和不同流派的工作方法进行研究,同时还需要对其做出精准的判断性评估。他在1854年《论修复》一文中提到:

> 为了风格的统一性,在修复时可以不考虑该建筑后来的改动吗?是否一栋建筑就应该精确地修复到它原初的风格、原初的状态?后来的改动怎么办?[10]

到了1866年,维奥莱·勒·杜克在《建筑词典》第八卷中对于"修复"的概念进行了定义:

> 修复一座建筑并非将其保存、对其修缮或重建,而是将一座建筑恢复到过去任何时候可能都不曾存在的完整状态。

这种"风格式修复"理念在其主持的"巴黎圣母院"修复工程(1843年至1864年)中得以体现。[11]这一工程的修复,自然的侵蚀与法国的革命运动带来的人为破坏,对于巴黎圣母院而言是不同的,在实际的修复过程中,并没有将这些因素分别对待,而是统一地认定为损毁,而这一工程的修复工作对于巴黎圣母院有着不可逆的改变,这会使后代无法看到建筑原有的面貌。

以约翰·拉斯金为代表的"保护运动"反对"风格式修复",其认为历史建筑都有其特定的历史和文化背景,在不同的时间背景下所"修复"出的建筑并不能替代原有的建筑,而最为重要的是对历史的保护,把建筑"修复"到某

---

10. 李军. 文化遗产保护与修复:理论模式的比较研究 [J]. 文艺研究,2006(2):102-117.
11. 刘爱河. 拉洲三大建筑修复流派思想述评 [J]. 古建园林技术,2009(3):52-55.

个特定的历史"风格"是对历史真实性的破坏。约翰·拉斯金在其著作《建筑的七盏明灯》(*The Seven Lamps of Architecture*)中强调反对任何形式的"修复"。"无论是公众,还是那些掌管公共纪念碑的人,都不能理解修复(Restoration)一词的真正含义。它意味着一座建筑最彻底的毁坏。""在这场毁坏中,任何东西都没有留下,它总是伴随着对所毁事物的虚假描绘。"[12] 不仅仅是巴黎圣母院的工程,约翰·拉斯金对于威尼斯城中的卡·多洛金屋的外立面过度翻新也提出了严厉的批评,这种过度的修复在现在也依然在上演。[13]

第二节　批判性实践

19世纪40年代,围绕着修复的原则的辩论趋于理性。1845年,法国图尔斯市历史委员会(The Comites Historiques)的通讯员包拉塞(J-J.Bourasse)总结了这场争论,并提出了关于装饰的一种思路:

> 历史建筑是历史的见证者,因此它们的纪实文献性证据需要被原封不动地保护,是不加篡改地真实的。此外,这些建筑散发着古物的气息和光环,如果以新形式代替原有的样式,这些气息和光环将永远消失。[14]

同一时期的英格兰,关于中世纪教堂也在进行着关于保护与修复的辩论,这场辩论也使得历史建筑保护原则趋于清晰。爱德华·奥古斯都·弗里曼(Edward Augustus Freeman)在1846年出版的《关于教堂修复的几点原则》一书中将修复

---

12. 约翰·拉斯金.建筑的七盏明灯 [M].山东:山东画报出版社,2006: 173.
13. 在他的影响下"修复"(Restoration)逐渐地被"保护"(Conservation)所取代。1877年西德尼·科尔文在《修复与反修复》("Restoration and Anti-Restoration")一文中总结了约翰·拉斯金的观点:建筑是一件艺术品,但与雕塑有所不同,雕塑在一次时间内就可完成,建筑却可能展现着许多次修改的影响,这些影响痕迹越多,它的历史价值和趣味就越大。
14. 尤基莱托.建筑保护史 [M].北京:中华书局,2011: 205-206.

的方式分为3种: 破坏式(Destructive)、保守式(Conservative)和折中式(Eclectic)，其中折中式介于上面两种方式之间，加入了对于建筑的评估，这些评估以建筑的品质和历史为基础。

在这一时期的意大利米兰，与语言学研究类似的历史学研究方法——语言文献学方法（ Philological ）逐渐地发展起来，我们可以通过"Monument"一词的复合意义来理解这一方法。"Monument"这一词来源于"纪念碑"的概念，尤其指那些巨大的独立石块构建出的纪念物，最为典型的就是方尖碑。该词源于拉丁语"Monumentum"（能引起回忆的），动词"Monere"（令人想起）。[15] 从建筑学上讲，"Monument"泛指巨大空间的存在，不再单单指独立的石块构成，其指向性就在于内部空间的构成。现代建筑意义上的"纪念堂"（Memorial）是无法视之为"Monument"的。"Monument"的语义不仅限于建筑物，而且拓展到各种有形或者无形的"题刻"（Inscription）和"文献"（Document）的概念，李格尔在《古迹的现代崇拜》中将"Monument"定义为这种宽泛的"纪念物"概念。我们经常忽略掉"Monument"的一个重要语义就是"文献、见证"，这层语义将建筑遗产的有形内容拓展到了与文化相关的无形概念层面上，如今"Monument"已经成为建筑保护领域的核心词汇。而在意大利语中"Monumento（ Monument ）"常常对应的不是建筑性古迹的意思，反而是宽泛的"记录、文献"的意思，在布兰迪的《修复理论》一书中和意大利1972年颁布的《修复宪章》中的部分描述可以看出这种理解。

按照这一概念，"纪念物"是为了记录某种信息而修建的，建筑本身就是一种类型的文献，如同带有文字的青铜鼎，器物本身也具有文献的性质。1883年在罗马举行的第3届工程师和建筑师大会上卡米洛·博伊托发表的论文提到，修复是否应该模仿原始建筑，添建物和复原物是否应该明确地标示出来。[16] 他

---

15. http://www.cnrtl.fr/etymologie/monument.

16. "历史建筑遗迹不仅适用于建筑研究，还可以被用于撰写一些重要的研究文献，从而可以阐明和解释不同时期和不同地区人民的方方面面，因此必须得到应有的尊重，如同文献的内容一样，即使对其进行微小的改变，也容易造成很大的影响。"

提出了 3 个原则：1. 文物不仅可以进行建筑学研究，而且作为民族与国家的历史其价值也被得到应有的尊重。2. 文物应当被巩固而不是被修复，被修复而不是被复原，任何增添物和翻新措施都应该避免。3. 如果增添物不可避免也应与原始特性产生共鸣，同时能被分辨出来。同时，他也提出增添物也应该被尊重，因为它们也会随着时间而发生变化。[17] 他将这些做法和原则归纳为 7 点建议，形成了意大利第一个修复章程的基础，这 7 个原则也成为"语言文献式修复"的主要参考标准。博伊托直接影响了 1902 年意大利在历史建筑保护方面的法律制定，并且将这一原则扩充到了私人建筑的法律范畴。

梁思成使用"文法"和"词汇"分析了中国建筑风格的特征，[18] 这种方法与西方建筑理论有着很大的关系。卡米洛·博伊托也对拉斯金的方法进行了批评，他将建筑按年代分为古物级、中世纪和自文艺复兴以来的现代建筑 3 类，对应这 3 类建筑修复的目标也分为："考古学修复"（Restauro Archeologico）、"画意风格式修复"（Restauro Pittorico）和"建筑学修复"（Restauro Architettonico）。[19、20] 博伊托的学生卢卡·贝尔特拉米（Luca Beltrami）受到了法国修复政策和实践的影响，在实施米兰斯夫尔扎古堡的修复项目中都可以看出"风格式修复"的影响。贝尔特拉米提出了"历史性修复"（Restauro Storico），历史建筑的修复工作是在历史知识的基础上把每个个体看作独特而又独立的整体信念上进行的，应该通过研究历史文献资料，从中找到确凿的证据来开展修复工作。他继承了博伊托的思想，也充分认识到了文献档案在修复过程中的重要性。

1902 年威尼斯圣马可教堂的钟楼倒塌，这座建筑是威尼斯标志性的建筑

---

17. 约翰·H. 斯塔布斯. 永垂不朽：全球建筑保护概观 [M]. 北京：电子工业出版社，2016:209.
18. 梁思成在 1954 年《建筑学报》第一期 (上)《中国建筑的特征》一文提到：早在 17 世纪，欧洲的理论家就开始将建筑与语言相类比，因为语言和建筑一样具有构成要素、结构规则和功能。
19. 尤基莱托. 建筑保护史 [M]. 北京：中华书局，2011: 282-283.
20. 原则上博伊托把这些古迹看作不同时期的成就叠加，不同时期的历史贡献都应该得到尊重，不同程度的干预措施都有其存在的价值。

之一，这次坍塌直接影响了人们开展对于威尼斯所有重要建筑的调查，在随后的多年间许多建筑都得到了临时性的加固。对于一些纪念物的修复与保护已经在欧洲国家形成了普遍的共识，但是针对古迹的保护方法和政策并不适用于所有的历史建筑，特别是历史城镇。这些建筑单一、独立的情况并没有花费巨大资金修复保护的意义，但作为规划师的古斯塔沃·乔万诺尼对于这种存在于历史城市中的"平民建筑"或者说是"历史城市中心区和古镇"给予了持续的关注，他认为正是那些"平民建筑"比那些辉煌的宫殿更能代表民众和他们的志向。[21]

19 世纪末期，城市的现代化不止在意大利，整个欧洲大部分城市被涉及，[22、23] 这种现代化城市的改变并没有建立在尊重历史建筑的基础之上，陈旧的设施成为阻碍城市发展的绊脚石，直到 1898 年成立了"老佛罗伦萨城市保护协会"，这样的情况才得以缓解。2013 年，笔者住在佛罗伦萨老城边上的一家酒店，在阳台上可以看到老城区被完整地保护下来，老城区内的历史建筑也并没有被停止使用，商店、餐馆和咖啡厅都错落地生存在老城的每一个角落，正是这些"平民建筑"才体现了一个历史城市的精神。乔万诺尼在保护"平民建筑"的过程中，不断地巩固着意大利现代保护理论，强调使用批判和科学的方法，提出并完善了"科学性修复"（Restauro Scientifico）的理念。

意大利成为独立的民族国家之后，对于本民族的认同感支撑着修复理论的流派相互影响，并共存发展，对于"风格式修复"理论的排斥具着鲜明的时代烙印。乔万诺尼尝试着将现代的修复材料和技术引入修复保护项目中，

---

21. 尤基莱托 . 建筑保护史 [M]. 北京 : 中华书局 , 2011: 306-307.

22. 约翰·H. 斯塔布斯，艾米丽·G. 马卡斯 . 欧美建筑保护 : 经验与实践 [M]. 北京 : 电子工业出版社 , 2015: 13-14.

23. 1885 年至 1895 年间，佛罗伦萨 26 个街道被毁，20 个广场遭到破坏，21 家公园被铲平，其中包括 341 栋住宅、451 家商店和 173 所仓库。此外，5822 人被迫外迁，原址被用作修筑宽阔的街道和人造景观。拆毁古建筑的势头愈演愈烈，佛罗伦萨的著名景观旧桥和许多重要古建筑即将被毁。

其视野也从单一的建筑个体保护拓宽到了城市遗产的保护。建筑在各个时期拥有着同等的保护价值，乔万诺尼试图通过严谨的技术手段还原真实的过去，并揭示其理性思维的构建过程，面对纷繁复杂的修复理论，保证了对于历史建筑最为重要的保护诉求。[24]1931 年，在雅典的国际大会上他提出：历史建筑需要日常的维护、修补和加固，可以考虑使用现代技术，但需要保证建构物的真实性。任何的添加物都应标注日期，并视之为主体的一部分而并非装饰物。这些原则和建议都融入到了《雅典宪章》[25]中。现代修复理论的形成过程中，人们逐渐地开始强调真实性，保留不同历史时期的历史特征显得异常重要。这种对真实性的崇拜并不是盲目地复制古老的建筑，也不是将其恢复到某一历史时期的状态，而是将古迹本身看作一份文献，完整地记录了不同历史时期的信息，在对历史建筑加以保护的同时，对其进行强化加固和登录建档。正是这些现代的技术手段推动了现代修复理论的发展和完善。

1922 年，贝尼托·墨索里尼（Benito Amilcare Andrea Mussolini）上台，提出了复兴罗马帝国的口号，重塑意大利帝国的荣耀，一些重要的历史建筑如罗马斗兽场、国会大厦、古罗马广场以及公元 110 年的图拉真市场都被进行了修缮和保护，这样拙劣的发掘和修复工作饱受后人争议。这一时期也正是法西斯所发动的第二次世界大战时期，其对整个欧洲的历史建筑带来了毁灭性的打击。二战期间对意大利的历史建筑造成了极大的破坏，战后，对于修复和重建不同的人有着不同的看法，不同于现在对于历史建筑的保护都有着较为统一的认识，战后意大利的建筑师对于那些没有办法找到原有图纸和信息的建筑都持"风格式修复"态度。由于破坏是巨大的，欧洲大部分国家都面临这一问题，战后整个欧洲地区的城市景观都发生了巨大的变化，这种破坏并不是来源于战争的轰炸，而是在重建和修复过程中的二次破坏。

意大利半岛的政治统一可以使这个国家有统一的文化财政管理历史建筑，但历史建筑的现代化规划也在影响着这个国家的建筑遗产。意大利米兰计划

---

24. 乔万诺尼将修复方法视为评估的文化问题，在尊重历史特征的前提下对其进行修复。
25. 联合国教科文组织. 国际文化遗产保护文件选编 [M]. 北京：文物出版社，2007: 5-29.

重新修建杜莫广场（Piazza Del Duomo），该广场修建于 1865 年，为庆祝意大利国王维克托·伊曼纽尔二世（Galleria Vittorio Emanuele Ⅱ），米兰宣布举行建筑设计比赛规划建设新的广场，建筑师朱塞佩·曼哥尼（Giuseppe Mengoni）完成了广场的设计，现在所看到的大部分地标建筑，包括伊曼纽尔二世拱廊和宫殿都是在 1864 年至 1867 年间修建。到了 1896 年，伊曼纽尔二世的雕像在广场的中心落成，该广场形成了现有的面貌。二战后的重建计划遭到了哲学家卡罗·卡塔内奥（Carlo Cataneo）的书面抗议，他的著作也成为对拉斯金保护运动和方法具有国际性影响的最早证据。[26、27]

1933 年 8 月，国际现代建筑协会（CIAM）第 4 次会议通过了关于城市规划理论和方法的纲领性文件《城市规划大纲》，后来被称作《雅典宪章》。大纲首次提出要将城市与其周围影响区域作为一个整体来进行研究，在城市发展的进程中对于历史建筑要进行保护，大纲对于当时毫无计划与秩序的城市扩展所导致的各种问题加以阐述分析，划分功能区块，强调了物质空间的决定论。其中采纳了古塔斯沃·乔万诺尼的理念，这也是博伊托的最小干涉原则的体现。宪章不仅仅是对保护实践制定了要求，而且在国际层面建立了合作机制，共享技术与经验，并建议不单独地考虑历史建筑个体的保护。1932 年，《意大利宪章》中"文献学修复"被提出，意大利的现代保护理念的雏形逐渐形成。19 世纪 30 年代，意大利保护运动风头正劲，对于建筑保护的立法也不断更新，这些对于历史建筑保护的讨论和实践，在现代建筑潮流的冲击下，被新的设计所取代，但两套宪章的颁布制定了一套详细的规则用于指导和管理古建筑的修复，消除了古迹"死"与"活"的主观区别，同时也禁止了对于历史建筑的结构性改造。《雅典宪章》在现在看来有着过多

---

26. 约翰·H. 斯塔布斯，艾米丽·G. 马卡斯. 欧美建筑保护：经验与实践 [M]. 北京：电子工业出版社，2015: 14-15.

27. 这位哲学家引用拉斯金的建筑保护理念，即"建筑保护即尽量少用现代手段干预"，而当时的人们普遍推崇法国的"风格式修复"理念，认为需要使用必要的物质手段介入建筑保护。这样也就促使了意大利在全国范围内进行了关于历史建筑保护的讨论。

的历史局限性，但是它所带来的是大众对于历史建筑保护的必要性在国际社会间的认同，以及国际间合作保护的重要性。同时，也承认了历史建筑对于人类认识自身和记忆的重要地位。

切萨雷·布兰迪作为中央修复研究所（Istituto Centrale Del Restauro）的创始人将博伊托和乔万尼诺的理论加以融合，1963 年出版了《修复理论》（Teoria Del Restauro）[28]。布兰迪认为任何纪念物的修复都需要与艺术工作相联系，这是在特定的时空（Istanza Storica）进行的艺术创造，一旦认识到了其艺术价值就有义务和责任去维护它。在这个过程中需要警惕伪造的艺术或历史，并保持新创造的材料与原有材料的不同，完成的工作必须方便将来的干预。[29]布兰迪的修复理论影响了 20 世纪后半叶的大部分修复师和学者，以及这些人在从事修复工作的过程中，所执行的对于艺术作品价值的分析和修复原则。[30]

作为 1957 年古迹建筑师和技术人员国际会议的延续，1964 年 5 月 25 日至 5 月 31 日，意大利政府邀请了来自 61 个国家的 600 多位代表召开第 2 次会议，并通过了《威尼斯宪章》。[31]《威尼斯宪章》以古塔斯沃·乔万诺尼

---

28. 主要论述了修复对象在艺术、美学和历史特征层面的修复理论，所涉及的对象不仅仅是建筑，也包括绘画、雕塑和纪念物等。

29. 在《修复理论》中，布兰迪将修复与艺术作品之间称之为"不可分离的联系"，艺术作品决定了修复，且两者之间的关系不可逆。在这修复的过程中，艺术作品的材料构成要纳入考虑的范围之内，艺术作品自身展现给个体意识的方式的双重性质也要纳入考虑。操作阶段的指导修复原则必须从艺术作品的基本结构，以及艺术作品被个体意识的接受中得出，修复的目的则是重建艺术作品的潜在一体性。布兰迪就修复的过程中是否补全这一问题提出了三个原则：1.任何补全应遵循近距离"可识别"的原则，同时也不应干扰所恢复的统一性。2.构成图像的材料中，用以形成外观而不是结构的那部分材料是不可替换的。3.任何修复都不妨碍未来可能进行的必要干预措施，而应为将来必要的干预提供便利。

30. 切萨雷·布兰迪.修复理论 [M].陆地，译.上海：同济大学出版社，2016.

31. 见 ICOMOS 网 站：http://www.international.icomos.org venicecharter2004 index.html《关于古迹遗址保护与修复的国际宪章》（International Charter for the Conservation and Restoration of Monuments and Sites）。

起草的意大利规范作为基础，关注的重点为"历史纪念物"。[32]《威尼斯宪章》只是将一些最为著名的历史建筑罗列出来，而在欧洲大陆以外的历史建筑没有受到应有的重视，可以看到只有欧洲国家对于宪章的认同，美国以及其他欧洲大陆以外的国家才逐渐开始找寻自己的历史遗产保护的发展路径，但也正是《威尼斯宪章》让所有国家都开始意识到历史遗产的重要性。

1967年，意大利弗朗西（Franceschini）委员会成立，由16名议员和11名艺术专家组成，学科专业涉及历史、考古学、法律和图书馆学等相关学科。委员会负责修订现有的文化遗产保护立法模式、行政框架和筹资机制。在对意大利文化遗产情况进行深入分析之后，发布了84份声明。在声明中将历史遗迹定义为"具有公民价值的物质见证（Material Testimony with Civic Value）"，同时也确定了"文化资产（Cultural Asset）"的概念，也就是后来的"文化遗产"。这一观点对于文化遗产的关注点从审美价值转换到了历史价值之上，而不仅仅是保护文化遗产的物质形态。声明重新定义了保护的动机，强调更多地尝试"扩大获取文化遗产的机会和手段"，并赋予其社会属性，以最广泛和最有效的方式利用和开发文化遗产的价值。[33]

在批判"风格式修复"的同时人们开始关注"真实性"的概念，《威尼斯宪章》中最基本的要点就在于"以其完整的真实性"。《威尼斯宪章》所包含的16项原则取代了1931年的《雅典宪章》，后来起草于1979年的澳大利亚《巴拉宪章》（最近一次修订是在2004年）也对《威尼斯宪章》中的疏忽进行补充说明，鼓励民众参与到遗产保护中，其推动的先驱性项目和指导性文件影响到了很多国家的文化遗产保护实践。[34]《巴拉宪章》的制定是不

---

32. 乔万诺尼同时也指出："历史纪念物的要领不仅仅包括单个建筑物，而且包括能从中找出一种独特的文明、一种有异意义的发展或一个历史事件见证的城市或乡村环境。这不仅适用于伟大的艺术作品，而且适用于随时光流逝而获得文化意义的过去一些较为朴实的艺术品。"

33. Lambert S. Italy and the history of preventive conservation[C]//CeROArt. Conservation, exposition, Restauration d'Objets d'Art. Association CeROArt asbl, 2010 (EGG 1).

34. 张松. 城市文化遗产保护国际宪章与国内法规选编 [M]. 上海：同济大学出版社，2007.

同国家对于欧洲中心的保护价值与实践的反思，ICOMOS 新西兰分会的《奥特亚罗宪章》、ICOMOS 中国分会的《中国文物古迹保护准则》一系列宪章的制定都是在结合不同国家现状的基础上对于《威尼斯宪章》的修订和补充。

第三节　古雅的追求

对古代遗迹的保护大多是通过技术的手段干预、阻止或者延缓其自然的衰老过程，"保护需要假定一个有关建筑或者场地的态度，因此它的解读必须要能反映这些文化敏感性。"[35] 这种文化性的活动不可避免地带有主观的态度，中西方对于"文化敏感性"是不同的。中国没有经历过法国大革命对"人权"意识的洗礼，也没有经过西方工业革命对现代技术的传播。中国古建筑的修复与重建是一种常态化的机制，古人对于修复没有更为深刻的认识，中国建筑又以木质结构为主，其修复与重建的周期要远远高于欧洲建筑的频率。中国现代文化遗产保护起源于 20 世纪上半叶，1930 年 2 月，朱启钤、梁思成、刘敦桢等人发起成立了中国营造学社（Society for the Study of Chinese Architecture）。在 1932 年至 1937 年间中国营造学社使用现代的科学方法和态度对现存中国古建筑进行了专业的勘探和调查研究，收集了大量的珍贵资料，同时也唤起了大众对于中国古建筑的保护意识。[36] 梁思成与林徽因夫妇参与了大量的中国古建筑的考察和研究工作，在这一过程中逐渐形成了"整旧如旧"的保护观念。[37、38]

---

35. 约翰·H. 斯塔布斯. 永垂不朽：全球建筑保护概观 [M]. 北京：电子工业出版社，2016: 15.
36. 林佳，张凤梧. 国家建筑遗产保护体系的先声——中国营造学社文物建筑保护理念及实践的影响 [J]. 建筑学报，2012(s1)：92-95.
37. 梁思成. 修理故宫景山万寿亭计划. 梁思成文集 [M]. 北京：中国建筑工业出版社，1984.
38. "修理古物之原则，在美术上，以保存原有外观为第一要义，故未修理各部之彩画，均宜仍旧，不事更新。其新补梁、柱、椽、檩、雀替、门窗、天花板等，所绘彩画花纹色彩，俱应仿古，使其与旧有者一致。"

对于"旧"的概念，不同的时代有着不同的认知。古物的自然光泽在中国古玩行业被称为"包浆"，这是对于新货刺眼的"贼光"的一种鄙视，而对于这种"古雅"的追求，东西方似乎都有着自己的概念。在西方的语境中，17世纪就有了同样的美学内涵——"如画性"（Picturesqueness）。约翰·罗斯金在《建筑的七盏明灯》的记忆明灯中将如画（Picturesque）视为真正的现代美学范畴，"如画在这个意义上就是寄生性崇高（Parasitical Sublimity）"，他用这样的审美原则审视所有艺术对象。在拉金斯看来，建筑的老化带来了一种崇高感，要远比建筑的其他审美价值高得多，这种岁月修饰出来的美学品质具有强烈的艺术感染力，"我们仅限于谈论时代情感，但是在其标志当中，却的确有一种美，非常强大，因此常常成为某些艺术流派的特选主体，并且在这些流派身上烙印下了通常可以大体称为'如画的'特征。"[39] 对于艺术品的保存一开始只是在技术层面上加以固化，为了延长艺术品的寿命或者说增强画面的感染力，古人想尽了办法，最为极端的就是用"尸油"涂在画作的表面，这种自然的光泽成为画家们所追求的，以至于法国大革命时期国王的内脏所形成"油脂"都被涂抹在画作上。"古锈"（Patina）直译是古物表面上形成不同的薄层，铜、青铜和类似的金属通过氧化或其他化学过程产生的锈迹，或是石头和木制家具由于磨损和抛光产生的光泽，古物因为时间和暴露而获得的任何类似的表面变化。锈迹也成为古物的一部分，将器物修整打磨到全新状态则是对古物的"亵渎"。

对于古色的追求在特定的阶层中被视为了"雅"，与众不同的价值理念是对特殊审美价值的迷恋，这与最初的保护功能大相径庭。时间所体现出的历史价值在这一刻变成了古物本身所蕴含的特质，以至于新绘制的画作也仿古式的进行老化处理，这在数字时代也同样体现出来。胶片已经完全退出了电影拍摄的舞台，"颗粒感"在很多数字后期软件的LUT（Look up Table）中也经常被使用到。在清洗古物或者画作时，将其修复到什么样的时

---

39. 约翰·罗斯金.建筑的七盏明灯[M].济南：山东画报出版社,2006:167-169.

间节点，或者说找到其原有的色彩和材质是无法界定的。博伊托的修复原则认为对于这些古旧的细节应该予以保留，在此基础之上对其进行修整或内部加固，保持其沧桑感。布兰迪在《修复理论》中也提出了"古锈"保护的理念，"于是古锈首先带了史实维度的难题。"[40] 古锈所体现出的是时间维度上的信息，这种脱离了实用性而被物化的价值成为古物的一部分。布兰迪将修复艺术品的古色价值视为修复的重要部分，也正是从布兰迪开始对于古锈的浪漫追求成为一种物化了的价值，这不仅仅体现在艺术品的修复，也体现在了建筑的修复上。布兰迪将艺术作品的历史本质视为两个层面，第一层面是其构成的创作活动，第二个层面则是特定时间的历史性，"将这两个层面结合起来就得到了修复的辩证逻辑"。通过回顾这些修复理念的价值意义，可以认识到当下数字信息时代认知与理解历史的模式是如何形成的。保护文化遗产是在面向公众解读和阐述历史的价值，这本身就反映了当代的社会价值内容，是对历史文本的解读，是一种重构历史的过程。

---

40. 陆地．"古锈"及其对建筑遗产的价值 [J]. 城市建筑，2015，10：004.

第二章

虚拟修复的理论框架

19 世纪以来人们已经充分认识到了文化遗产的重要性。对于文化遗产的保护，每个重视文化与传统的国家都不遗余力，但依然无法阻止文化遗产的消失，这包括文化遗产的自然损耗，也包括一些人为的破坏。巴西国家博物馆馆藏 2000 万件藏品被付之一炬，似乎这些损耗无法避免，只有数字化的形式才能将这些内容尽可能地传承下去，强调虚拟修复并不是放弃物理性修复，而是在信息时代对文化遗产起到的最大程度上的保护，我们在讨论其发展时不得不对在这一过程中的技术、实践、方法、程序等方面进行反思。上个章节我们对"修复"一词在不同时代，以及不同人群对于其语义的理解进行了梳理，如同建造"巴别塔"，语言不通或交流不畅就会面临困境，即对同一概念缺乏统一性的认识和理解，所以说"修复"的释义就变得异常重要。布兰迪将"修复"定义为：

　　由认识到艺术作品的物质性存在和其美学、历史的两极性质，
并考虑将其向未来传承的方法论环节构成。

现代保护运动正是在对"修复"一词的反思与批判中不断前行，虚拟修复的概念框架所涉及的内容，正是在如何对文化遗产进行保护的层面上进行的。文化遗产进行虚拟修复并不是使用这种数字化的方法替代物理性的修复，

虚拟修复在物理性方面存在两种层面上的作用，其一是对于物理性修复进行模拟，并做出预判，指导物理性修复的过程；其二是物理性修复只用于保护与维护文化遗产的物理现状，而用数字化的形式将呈现最终修复的结果。以上的虚拟修复形式针对的是具有物理属性的文化遗产，而对于

图 1　虚拟修复概念框架

非物质文化遗产，虚拟修复则强调对于内容的数字化存档与模拟，如部分研究者使用数字化工具对舞蹈与仪式的动作进行采集，准确地记录了整个过程，这是原有的影像记录所不能传达的，我们将记录的数据与文献进行结合就可以全方位地了解其中所要传达的文化内涵（图1）。20世纪以来，人们使用新的技术创造了大量数字化内容，这些数字材料（Digital materials）包括数字图像、数字视频、数字声音、数字艺术等。同时，早期使用磁带或胶片记录的内容，由于材质的损耗，也需要进行内容数字化来转换。这些数字遗产（不论是作为原始来源或转换为模拟形式的结果）的修复则很大程度上需要完全使用虚拟修复。

文化遗产的数字化进程在这个世纪得到了跨越式的发展，《2015 年欧洲文化遗产机构信息化调查报告》（Survey Report on Digitisation in European Cultural Heritage Institutions 2015）列举了来自欧洲 1000 多家图书馆、档案馆、博物馆和其他欧洲文化机构的数据，全面地描绘出欧洲当前文化遗产数字化现状。调查数据显示，84% 的机构现在拥有某种形式的数字收藏，无论是纯粹的数字化材料还是有数字元素的综合材料。平均 23% 的欧洲藏品被数字化，其中博物馆的数字化比例最高为 31%，高于 2014 年调查的 24%。在 2015 年，拥有预先确定的数字化战略的机构数量从 2014 年的 36% 上升到 41%，这清楚地表明，人们越来越关注数字化和数字档案的创建，但报告也

指出很大一部分机构没有扩大和管理所持有的数字收藏的政策。[1]如果国内文化机构进行同样类型的调查可能藏品数字化比例要更低。为了保护文化遗产，联合国教科文组织和其他保护组织越来越多地倡议选择减少公众接触，其中最极端的例子包括巨石阵（Stonehenge）停止向公众开放，公众几乎不可能近距离接触遗址。英国在原石窟旁边建造了一个模拟洞穴，通过数字建模模拟出石窟的内容，如此使受众感受文化遗产的过程日益成为一种传播媒介，通过个人观察获得直接经验的机会正在逐渐消失。高质量的数字化诠释与展示可以让更广泛的观众接触到文化遗产本身，同时也可以保护那些脆弱的原始文物（如洞穴与石窟壁画）。2017年敦煌的客流量达到了900万人次，同比增长12.3%，其实公众也并不满意这种拥挤的参观体验，客流使洞穴内空气混浊，影响遗址也使参观体验大打折扣。部分学者认为将遗址或文物转换为数字视觉的模拟破坏了文化与物质的固有联系，从而也破坏了它与历史的联系，失去了文化记忆痕迹所产生的共鸣，但事实上大部分博物馆或文化遗址的管理机构都不允许公众接触到文物或遗址，甚至近距离接触，许多学者都针对身体接触对文化体验的重要性进行了实验。[2]可以看到大部分的参观形式，观众同在一个逼真模拟的环境中所持有的感觉是一致的，触感与体量感都是缺失的。虚拟修复的实践不可否认存在着缺陷，但作为有效的工具，其支撑着这一领域不同层面上的实践需求。

在这个数字技术的时代，人们通过符号、电子图像和模拟进行消费，对文化遗产的接触越来越多的是通过媒介。这些数字模拟内容，以及对文化遗产的准确再现，使得文化遗产从传统的结构中被剥离，被商品化。在聚光灯下展出也是剥离的一种形式，由于解释取代了对文化遗产的直接体验，信息

---

1. Nauta G J, van den Heuvel W. Survey Report on Digitisation in European Cultural Heritage Institutions 2015[J]. Mode of access. http://www. den. nl/art/uploads/files/Publicaties/ENUMERATE_Report_Core_Survey_3_2015. pdf.[In English], 2015: 2013-2015.

2. Flynn B. v-cultural for cultural heritage [C] . Digital Heritage International Congress（Digital Heritage）, 2013.IEEE, 2013,1：347-354。

取代了过去的内容。在模拟的数字空间中，空间的构建和映射是历史文献、文物本身和视觉现实主义所形成的综合体。虚拟修复作为一种有效的协作工具，可以推动世界各地的考古学家与学者之间更加容易地共享资源，如果遗址或文物本身已经不存在了，虚拟修复的过程也会迫使研究人员面对文献与证据中的漏洞，全面分析现存理论中的矛盾或弱点。以考古学为例，重构的过程必须从现有的证据中拼凑起来，这需要多个层面的判断。根据重构项目所能接受的臆想程度，研究人员根据几个关于文物真实外观的理论来进行重构，然而静态模型将呈现为文物的外观，不知情的观众可能会接受这种外观与模式，认为它是权威的（如小时候教科书上的文物——司南与地动仪），但一个动态的可视化解决方案（使用不同颜色或不透明度编码特性）会提升重构过程的可视性和有效性，使用数字技术对文化遗产的应用重构的过程，在空间表现上更优于其他形式。在这个章节将基于虚拟修复的语义演变与传播，以及数字化等技术工具被应用于考古与文化遗产保护领域的实践，深入分析虚拟修复的理论框架。

第一节　虚拟修复的语义演变

虚拟修复的实践建立在考古学的基础之上，在计算机出现伊始，甚至图形化的应用还没有出现之前，在考古领域就开始用计算机技术分析考古资料与文献。在图形化与可视化技术被广泛应用于各个学科领域之前，保罗·赖利（Paul Reilly）就提出了虚拟考古（Virtual Archeology）的概念，这种对于技术工具的大胆猜想与谨慎实践为考古领域的研究方法拓展出了新的模式，与之对应的概念与研究应运而生，文化遗产数字化保护的研究构架也逐渐清晰。

一、虚拟考古

1965 年，伊凡·萨瑟兰（Ivan Edward Sutherland）在《终极现实》（The

Ultimate Display）一文中想象出了一个房间，只需要有一把椅子就可以使用计算机模拟出我们所需要的画面。[3] 要知道在那个时代计算机还只能绘制简单的线条。文章里虽然认为计算机无法模拟出声音和气味（现在的技术已经做到了），但是这样大胆的想象在几十年以后就变成了现实。到了 1973 年，威尔科克（Wilcock J.D.）尝试使用计算机技术进行古建筑遗址重建[4]，同年苏珊·拉弗林（Susan Laflin）在英国伯明翰大学组织了第一次关于计算机应用于考古学的年会，成立了考古计算机应用协会（Computer Applications in Archeology，CAA）。1992 年，CAA 首次在英国境外举办，从那时起，CAA 会议每年在不同的国家举行。由布朗大学教授安德里斯·范·达姆（Andries van Dam）和 IBM 公司山姆·玛莎（Sam Matsa）在 20 世纪 60 年代中期发起的电脑图形图像和互动技术特殊爱好小组（Special Interest Group on Computer Graphics and Interactive Techniques），于 1974 年在科罗拉多大学召开了第一届 SIGGRAPH 年会。1989 年，阿诺德（Arnold C.J.）与保罗·赖利等人就将计算机技术应用于考古学研究中。[5] 在《数据可视化在考古》（Data visualization in archaeology）一文中提到第一次使用计算机可视化技术模拟生成英国温彻斯特的盎格鲁·撒克逊大教堂的模型（图 2）。[6]1990 年，克里斯（Kris Lockyear）（图 3）与塞巴斯蒂安（Sebastian Rahtz）将图形化计算机技术应用于考古学研究。

　　1991 年，保罗·赖利在《迈向虚拟考古》（Towards a virtual archaeology）一文中第一次提出了"虚拟考古"（Virtual Archeology）的概念，将其定义为描述或模拟考古架构，模拟数据和信息处理根据记录实际地层的标准而形成，文中对于考古学中应用三维重建以及可视化的方法论与理论问题进行了讨论与研究。"当文物、建筑已经消失或保存状况很差，使用计算机

3. Sutherland I E. The Ultimate Display[J]. Proceedings of the Ifip Congress, 1965, 10(2):506-508.

4. Wilcock J D. A general survey of computer applications in archaeology[J]. *Science*, 1973, 17.

5. Arnold C, Huggett J, Reilly P, et al. Mathrafal: a case study in the application of computer graphics[M].Winchester: IBM UK Scientific Centre, 1989.

6. Reilly P. Data visualization in archaeology[J]. IBM systems journal, 1989, 28(4): 569-579.

技术进行三维可视化和现实
虚拟展示的形式对其进行研
究。"[7]1995年，西蒙·斯
图达特（Simon Stoddart）
发表了《考古遗址的交互
式可视化系统》（INSITE:
an interactive visualisation
system for archaeological
sites），将虚拟可视化技
术作为一整套完整的系统
用于马耳他史前遗址的重
建。[8]1997年，耶鲁大学
的彼得·布鲁克（Pieter
B.F.J. Broucke）等人在
《虚拟考古学：重现古代世
界》（Virtual Archaeology:

图2 英国温彻斯特的盎格鲁·撒克逊大教堂模型 拷贝

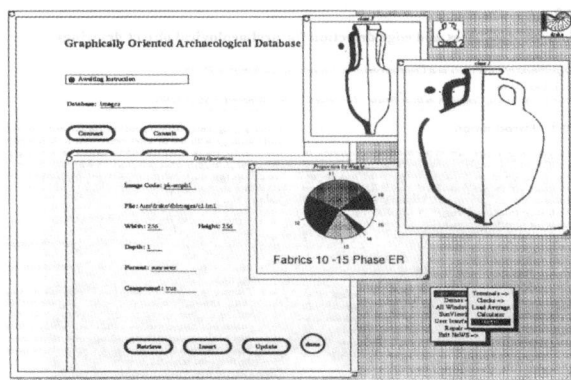

图3 图形化计算机技术应用于考古学研究

Re-Creating Ancient Worlds）一文中完善了"重建"的概念，并对其进行了
系统化的论述与研究。[9]1998年，考古计算机应用协会（CAA）举办了一场
关于考古学中的虚拟现实的会议，随后发表了《考古学中的虚拟现实计算机
应用与考古学中的定量方法》（Virtual Reality in Archaeology Computer Ap-
plications and Quantitative Methods in Archaeology），尽管已经提出了虚拟

7. Reilly P. Towards a virtual archaeology[C]. Computer Applications in Archaeology. Oxford:
British Archaeological Reports, 1990: 133-139.

8. Stoddart S, Chalmers A, Tidmus J, et al. INSITE: an interactive visualisation system for
archaeological sites[J]. Computer Applications & Quantitative Methods in Archaeology, 1995:
225-228.

9. Broucke P B F J, Forte M, Siliotti A, et al. Virtual Archaeology: Re-Creating Ancient
Worlds[J]. American Journal of Archaeology, 1997, 103(3):539.

现实在考古学中的应用概念，但是还缺乏研究方法和理论框架的支持。到了21世纪，"虚拟考古"（Virtual Archeology）作为一门研究学科逐渐发展成熟。[10]

最初虚拟考古学主要使用数字技术作为工具，参与传统（模拟）考古过程，以及记录考古遗址的细微痕迹和残留物。其定义在一开始极为宽泛，包含了所有数字化的技术与流程。保罗故意避免使用"虚拟现实"一词，用于强调计算机三维建模非图形化方面的重要性，并将重点放在考古过程中涉及的计算机图形学。逐渐地，考古学者意识到在现场分析考古地层的结构可能会遇到许多困难，包括植被覆盖、阳光、地形和遗址的不可逆性，更不用说早期发掘与盗掘的破坏。他们在 20 世纪 80 年代开始探索新的考古分析方法，空中调查和遥感技术等数字化的技术也被广泛地应用于考古学研究。进入 21 世纪后这一领域出现了快速发展，同时技术成本也在下降。然而，将虚拟考古重新融入其他特定的研究方法与模式中的时机已经过去，这也意味着产生了新概念和挑战，虚拟考古学将外延扩展到围绕在考古现场工作中任何采用新数字技术进行创造性研究工作，并探索新的数字工具如何能够实现和形成新的方法论。记录一个文化遗产项目包括：上传数据、记录笔记、测试假设、建立交互式三维模型。这些数据准备看似复杂，部分数据在一开始的阶段也并没显现出有任何意义，但是正是这些数据支撑了整个考古挖掘的数据库建立。尼姆鲁德（Nimrud）的古堡，位于古代亚述，今伊拉克境内，已经被挖掘了近两个世纪。传统的田野笔记、照片等考古信息往往相互矛盾，或者因为战争等不可抗拒的因素被迫中断，使最终的数据变得不完整。考古发掘的研究报告只能给亚述学家提供有关建筑物的功能、设计和位置等一般信息。[11]于是这样类型的考古研究项目最适合启用数字化的虚拟考古学技术。

10. Ryan N S, Frischer B, Niccolucci F, et al. From CVR to CVRO: the past, present, and future of Cultural Virtual Reality[J]. Prostate, 2000, 12(2): 7-18.

11. Sanders D H. Advances in virtual heritage: Conditions and caveats[C]//Digital Heritage, 2015. IEEE, 2015, 2: 643-646.

无论是在考古现场还是在实验室，虚拟考古学背后的概念有助于计算机学科与考古实践之间的交叉研究，其呈现了一些本质上不稳定和可变的东西，这取决于技术的可用性及其在特定情况下的潜在效用，但这些不同部分技术实践很容易被认定为一种操作流程。虚拟考古学的早期研究以三维计算机图形、数据库和超文本等技术的应用为主，新的技术提供了新的研究视野，也产生了新的知识体系。因此，学科使用具体的技术重点更多的是涉及技术发展的状态，而不是关于该术语的基本含义或相关性，研究也更多地关注技术采用的实践以及其文化背景。在此期间的技术发展导致新设备和软件的爆炸式增长，如可穿戴技术、智能终端、激光扫描、逆向摄影建模、三维打印等技术发展，使我们的感官参与到考古学的实践过程中。这些设备帮助我们使用数字化的方式接触物质世界，构成了我们与世界链接的媒介，虚拟环境的参与为我们提供了新的感官体验与深度认知。当代考古实践中数字设备的普及，加之考古应用的软件激增，传统考古研究领域将不断地加大对于数字化的依赖。

二、数字考古

1947 年，一艘名为"康·奇基号"（Kon-Tiki）的木筏从南美洲秘鲁出发跨越太平洋到达波利尼西亚群岛，长期以来考古界一直认为波利尼西亚的移民来自亚洲，但考古学家及探险家海尔达尔（Heyerdahl）认为来自南美洲。这种以实践经验所支撑的考古研究方法被称为"实验考古"（Experimental archaeology），作为考古学的一个分支，主要形式之一是仅使用历史上符合时代性的技术创建历史结构的副本。在一个可控的模仿实验的背景下，复制过去的现象，以产生和检验假设，以提供或增强考古解释的类比。[12] 这种方法被称为重建考古学，重建意味着对过去的精确复制，而实际上只是构建个体对过去的看法，例如很早的时候考古学家就试图依据达·芬奇的草稿重

---

12. Coles J M. Experimental archaeology[M]. Pittsburgh:Academic Pr, 1979.

建 15 世纪的武装战车（对木牛流马的复建也是如此）。体验式考古学通过仅使用历史上可用的技术对历史文物进行实践，从而对过去的"物质"事实提供了洞察机遇。前者假定物质事实的重要性，而后者假定人类在物质事实中存在的经验。

考古学的 4 个基本概念：再现、体现、解释学和现象学，无论使用什么样的方式进行考古研究都必须基于这 4 个概念。数字考古（Digital Archaeology）通过在交互式虚拟环境中对地理、遗迹和文物进行数字化的再创造，以虚拟的形式再现和解释考古内容。这个过程类似于"实验考古"，但是在虚拟环境下进行的，主要目标是创造一种"在那里"的体验，这样研究人员就可以体验过去的生活，是一种将遥远的世界带入受众经验的心理学实验过程。我们如何创造一种"在那里"的感觉？这主要基于数字考古学的技术现状及其适用性，这是一种虚拟对象以感觉或非感觉的方式被体验为实际对象的心理状态。[13]

多年来，数字考古的特点主要是探索计算机技术在考古领域的应用，以及应用不同类型的考古数据进行分析的计算。整个过程基本在一个不具批判性的环境中进行，在这种环境中重点在于选择和使用何种工具。由于缺乏对介入的数字技术及其对产出的影响进行研究，数字考古学家似乎在从事一门科学学科内的工作，虽然数字考古学家不能逃脱与计算机技术的这种依赖关系，但是由技术引发的对于文化与历史的影响是值得深思的。数字考古可以说是数字人文中最适合诠释数字技术的含义与内容的学科。考古学位于人文科学、社会科学、材料科学等之间的交叉点，这种跨学科的特性使考古成了高效收集和处理、操作和解释数据的学科。考古学本身也带有一定的批判性，对于新思想和方法变化会进行自我意识分析，对于数字技术的反思，考古学是最具特质的学科。数字考古的全面发展将对于数字技术所能带来的影响在该领域提前进行了演示，这个过程促使了人们对于数字内容的重新审视，以

---

13. Zubrow E B W, Evans T L, Daly P. Digital archaeology[J]. *Digital* Archaeology. Bridging method and theory, London, 2006: 10-31.

及对于虚拟修复与虚拟遗产所涉及的研究内容进行理性的思辨。

计算机的运算能力加强又发展出了数字人文学科，而数字人文的转变分为定量与定性两个阶段，[14] 这是"人文计算"到"数字人文"的转变。在 20世纪 60 年代至 70 年代，计算和量化之间存在着决定性的关系，在这种关系中，计算机的引入使得对大数据集进行定量分析成为可能，在考古领域，计算机操作意味着量化和多元统计。[15] 从"考古计算"到"数字考古"的转变始于 1988 年左右，比"数字人文"早了 5 年左右。[16] 数字人文领域强调定性的、解释的、经验的、情感的等特性，这两门学科的研究对象促进这些技术的发展。数字考古的研究往往集中于上下文（Context），诠释并证明在特定环境中使用特定数字方法的合理性。围绕数据上下文的问题变得非常关键，由于缺乏数据采集时明确的方法和策略信息，会面临另一个悖论：对越来越多数据的访问增加，数据与有关数据的知识的联系变得模糊。数字考古的发展方向就是将数字干预的痕迹分离出来，研究结论在收集、操作、解释和传播考古数据和利用这些数据的过程中所产生的，更多地关注在数据的背后所隐藏的文化内涵。

三、虚拟遗产

1995 年，国际虚拟系统与多媒体学会（International Society on Virtual Systems and Multimedia）在日本岐阜举办了虚拟系统与多媒体国际会议，第

---

14. Presner T, Schnapp J, Lunenfeld P. The digital humanities manifesto *2.0*[C]. UCLA Mellon Seminar in Digital Humanities. Disponible en: http://www. humanitiesblast. com/manifesto/ Manifesto_V2. pdf (c onsultado el 4 de marzo de 2014). 2009.

15. HuGGETT J. The past in bits: towards an archaeology of information technology[J]. Internet Archaeology, 2004, 15.

16. Huggett J. Core or periphery? Digital Humanities from an archaeological perspective[J]. Historical Social Research/Historische Sozialforschung, 2012: 86-105.

一次提出虚拟遗产的概念。[17] "虚拟遗产"（Virtual Heritage，VH）是一个用来描述与虚拟现实（Virtual-Reality，VR）和文化遗产有关内容的术语。一般来说，文化遗产指的是"具有考古、美学和历史价值的古迹和遗址"，而"虚拟遗产"指的是这些古迹和遗址在数字技术领域内的实例。[18] 虚拟遗产技术的目标是重建一个可游历的三维世界，同时也提供一些无形的东西如外观和感觉。[19] 作为数字遗产（Digital Heritage，DH）的一部分是利用计算机图形技术对其进行模拟所产生的内容。[20] 实际上，虚拟遗产是使用三维计算机模型，通过数字界面技术将古代建筑和文物可视化，提供一定程度的沉浸与交互。虚拟化，正如今天所经历的那样，是一种技术条件，它的泛化程度远远超出了我们所理解的虚拟现实。从这个意义上说，虚拟遗产涉及综合、保护、复制、再现、数字再处理以及利用先进的成像技术进行展示等内容。[21]《2015 年欧洲文化遗产机构信息化调查报告》对于数字内容进行了详细的定义：

> 天然的数字材料是通过数字手段以数字格式创建的对象。调查中使用的精确定义是："数字材料，不论是作为原始来源或转换为模拟形式的结果，均不拟有模拟对等物。"

天然的数字遗产材料是数字图像、数字视频、数字声音、数字艺术、游戏或网站。这些内容都属于虚拟遗产的范畴。虚拟遗产的产生机构大多是文化科研机构，通常在机构的收藏中产生数字材料，其他收集大量原生虚拟遗

---

17. Refsland S T, Ojika T, Addison A C, et al. Virtual heritage: breathing new life into our ancient past[J]. IEEE MultiMedia, 2000, 7(2): 20-21.

18. Tost L P, Champion E M. A critical examination of presence applied to cultural heritage[C].The 10th annual international workshop on presence. 2007: 245-256.

19. Chan M J. Lost worlds become virtual heritage[J]. Science and Space, 2007.

20. 文化遗产虚拟化是指将文化遗产内容数字化，利用计算机图形技术对文化遗产进行模拟。

21. Roussou M. Virtual Heritage: From the Research Lab to the Broad Public[C]. 2002: 93-100.

产资料的机构是国家图书馆。[22]

虚拟遗产是社会科学和信息通信技术的延伸，它不仅提高了文化遗产的可访问性和认知度，还有助于相关学术研究的方法性和解释性的重构。因此，虚拟遗产是记录、保存和重建具有文化意义的内容与过程。"（它是）……基于计算机的交互技术来记录、保存或再现具有历史、艺术、宗教和文化意义的文物、地点和人物，通过计算机控制时间和空间，并提供成型的教育体验方式，公开向全球观众传递结果。"[23]虚拟遗产在时间和空间上都具有文化意义，这是一种描述性的过程，而不是说明性的。这个过程还需要力求重建的真实性、学术的严谨性，以及满足受众的需求和对原始内容认知的敏感度。虚拟遗产有 3 个主要内容：1.三维文档，从现场调查到数字内容的一切；2.三维诠释，从历史重建到可视化内容；3.三维传播，从沉浸式网络世界到增强现实。开发和传播虚拟遗产的流程，第一阶段是寻找信息，分析和记录来自文化和建筑历史的真实数据。第二阶段则是由透明性制约，作为有形文化遗产的支持，集中在可视化的准确性上。最后一个阶段是通过交互式数字媒介将这些信息和知识传播给公众。

虚拟修复的概念框架正是建立在上述这些研究概念的基础之上，并且通过数字化的保护实践使虚拟修复的概念框架逐渐形成。

第二节　虚拟修复的理论与实践

随着技术的进步，数字文化遗产实践项目从线性、单一性的交互环境提升到了非线性、沉浸性的交互环境。数字技术计算能力和网络传输速度的提升，使沉浸式虚拟现实技术可以进行高细节的实时交互。虚拟修复针对受众

---

22. Nauta G J, van den Heuvel W. Survey Report on Digitisation in European Cultural Heritage Institutions 2015[J]. Mode of access, http://www. den. nl/art/uploads/files/Publicaties/ENUMERATE_Report_Core_Survey_3_2015. pdf.[In English], 2015: 2013-2015.

23. Stone R, Ojika T. Virtual heritage: what next?[J]. IEEE multimedia, 2000, 7(2): 73-74.

的应用实践就是这样一种"诠释"与"展示"的过程，数字技术影响和改变了我们与数据的关系，从数据的创建和存储，最终到综合信息的构建，这成为我们理解过去的最为重要的方式。

文化遗产数字化方向的学者和专业人士正试图通过不同的方法来加强对遗产的"诠释"和"展示"，包括一些最新的反馈感知系统的体感模拟，呈现一种综合性的"诠释"和"展示"的实现模式。由于文化遗产的历史性与受众的主观性，实现模式总是以一系列的判断与选择呈现，每一次我们基于新的文献信息对其做出新的"诠释"和"展示"，就会诞生出新的概念和内容。从这个意义上讲，历史就是一种主观的文化构建，我们无法避免主观性的弊端，因为文化遗产总是在信息缺失的情况下被反复"重构"，参与重构过程的人可能没有意识到特定文化遗产的内在文化价值。尽管技术不断在发展，但具体到实施的方法很可能反映出个人的"主观"假设，只有在"诠释"框架允许多样性的情况下，才能全面理解和重建过去的历史。也许正是对过去的多样性"诠释"和"展示"才能克服这种主观性和线性的错误（图4）。

目前的虚拟修复语境主要集中在"数字化过程"或"最终结果"上，但并不一定考虑到受众对内容的感知。不同的个体都继承了特有的文化和认知背景，因此每个人的感知、理解和学习能力各不相同。[24]"诠释"（Interpretation）一直被理解为一个线性的过程，这是建立在假设我们每个人都应该持有单一性和普遍性的观点之上的，但在现实中，每个人的想法和反应都是独一无二的，在任何意义上都不可能再现完全"真实性"的内容。因此，虚拟修复应该基于"文化独特性"，转变单一的线性过程，允许"诠释"的多样性。

Interpretation 和 Presentation 这两个词的翻译有着多种版本，包括"解说与展示""诠释与展陈""阐释与展示"[25]，在不同学术语境下侧重点是

24. Tan B K, Rahaman H. Virtual heritage: Reality and criticism[C]. CAAD Futures. 2009: 143-156.

25. 张成渝. 遗产解说与展示：对《艾兰姆宪章》的释读 [J]. 同济大学学报 (社会科学版), 2012(3): 31-41.

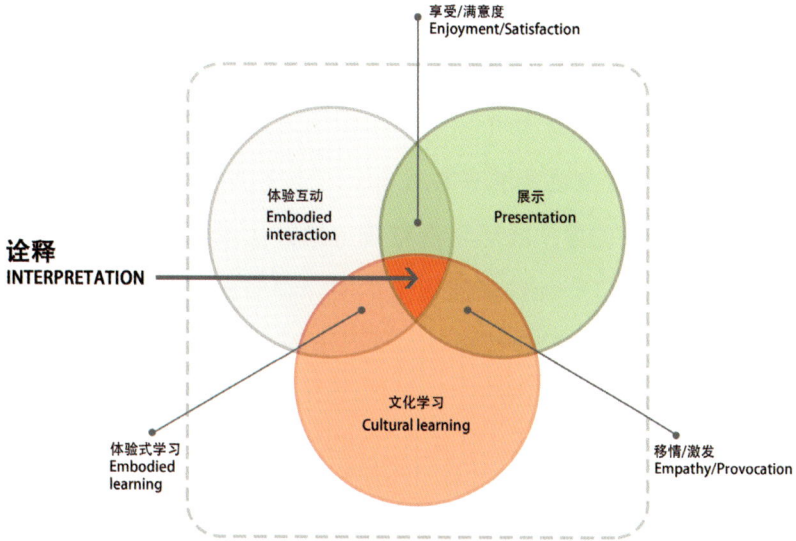

图 4 诠释

组织	定义	Definition
澳大利亚解说协会 Interpretation Association Australia	一种帮助游客了解场景、自然世界或历史遗址及其所处环境的意义、信息和知识的方式传达。	Interpretation communicates ideas, information and knowledge about locations, the natural world or historic places in a way which helps visitors to make sense of their environment.
美国全国解说协会 The National Association for Interpretation, USA	基于任务的交流过程，在受众的兴趣和资源固有的意义之间建立情感和智力的联系。	A mission-based communication process that forges emotional and intellectual connections between the interests of the audience and the meanings inherent in the resource.
查尔斯顿宣言 ICOMOS Charleston declaration	诠释是文化遗产所激发的活动、反思、研究和创造的综合体。	Interpretation denotes the totality of activity, reflection, research and creativity stimulated by a cultural heritage site.
艾兰姆宪章 ICOMOS Ename Charter	诠释旨在提高公众意识和增进对文化遗产了解的各种潜在活动。	Interpretation refers to the full range of potential activities intended to heighten public awareness and enhance understanding of cultural heritage site.

图 5 不同国际协会对于诠释的概念解释

不同的（图 5）。在考古学领域，"诠释"一直被视为一种有效的学习、交流和管理工具，可以提高受众对于文物的认知。弗里曼·蒂尔登（Freeman Tilden）将其定义为"一种教育活动，旨在通过第一手的经验和媒介来揭示意义和关系，而不是简单地传递事实信息"。[26]与考古学等其他相关学科不同，对虚拟遗产的"诠释"与"展示"没有统一的方法或原则。为了更好地解读和体验虚拟遗产，需要一种综合的解读方法，它应该解决终端受众的多元文化背景，克服内容创作中的线性和主观性。交互可以是参与式的、贡献式的，而不是预先确定的顺序或描述性的解读，其中受众和环境可以相互作用。

第三节　价值性的考量

现代保护运动就是在对文化遗产历史性和文化性价值的不断再认识过程中逐渐发展起来的，这些价值建立在时间之上，包含了过去有形和无形的领域。在某种程度上，古代遗迹已经超越了其功能性，美感和历史意义已经替代了任何逻辑结论，如何衡量其价值已经变成了一个涉及多门学科的综合领域。20 世纪初，阿洛伊斯·李格尔（Alois Riegl）在其著作《对纪念物的现代崇拜：其特征与起源》（*Dermoderne Denkmalkultus, sein Wesen, seine Entstehung*）[27]一书中对"古迹"的概念进行了分类，分为"有意识的古迹""历史古迹"和"无意识的古迹"（年代古迹），有意识纪念物可以是"唤起过去中一个特殊时刻或者时刻的复合物"，而历史古迹是一种广泛的分类，泛指在历史过程中所形成的古迹，无意识纪念物则并不考虑其原始的重要性和目的性。[28]根据其分类也阐述和定义了"古迹"价值，分为"有意识价值"

---

26. Tilden F. Interpreting our heritage[M]. Carolina: Univ of North Carolina Press, 2009.

27. 这篇文章在 1982 年被翻译成英文（The modern cult of monuments: its character and its origin）。

28. Riegl A. The modern cult of monuments: its character and its origin[M]. Cambridge: MIT Press, 1982.

（Denkmalswert）、"历史价值"（Historisches wert）和"年代价值"（Alterswert）。这3种分类是古迹历史意义形成的3个连续的阶段，具有很强的开放性和包容性。李格尔的思想根源来自黑格尔，这种历史意识来源于柏拉图主义，对于古迹的价值，李格尔将审美价值理论与保护理论相联系，对其系统性地进行了定义。"有意识的古迹"和"历史古迹"在建立伊始就反映出了客体的"主观偏好"，而"无意识的古迹"则是要通过客体与其的交流才能产生，审美方式决定了古迹的价值所在。价值的形成具有很强的时间性，不同的价值对应了不同的历史阶段，我们尊重这些年代价值的同时，也要在这些价值产生对立时加以权衡，可以看到《雅典宪章》中反映出了李格尔的价值理论。李格尔更为看重"年代价值"，如果古迹的原始状态被保护起来，其历史性价值就更高。到了20世纪就是李格尔所说的年代价值被看重的时代，大多数时候古迹被保留下来并不是由于其历史性的价值，而仅仅是因为主观的审美价值。

　　大卫·洛文塔尔（David Lowenthal）在他的著作《过去是一个异国他乡》中提出疑问，我们如何在现在这个时代理解过去，这些都基于我们的想象，没有什么证据能确切地告诉我们过去的样子，我们对过去的认识总是不确定的。[29]当我们不了解过去的历史意义时，保护本身就成了一种对于文化重新诠释（Interpretation）的过程，ICOMOS等国际组织颁布的各种宪章也是在对这种诠释方式进行着解读。对于时间和价值的理解直接影响了现代保护运动思想的形成，布兰迪将对于油画修复的理解延展到了历史建筑领域，修复是为了重建艺术作品潜在的一体性（Oneness），这不应擦除时间所留下的痕迹。艺术作品在被创作出来时的历史性是不能被修复的，这是对于艺术作品的臆想。布兰迪深受胡塞尔和海德格尔的影响，将艺术作品的时间线（Tempo Storico）设定为3个相互关联的特定阶段：第一阶段为艺术作品在创作时；第二阶段为创作完成后到受众认识到这件艺术作品那一刻；第三阶

---

29. Lowenthal D. The past is a foreign country-revisited[M]. Cambridge:Cambridge University Press, 2015.

段为艺术作品冲击我们意识的那个瞬间。现代的修复不应该回到认识或者意识到艺术作品的那个时刻，而修复本身也是具有历史性和批判性的。如果其艺术价值不存在便只能对其加以保护和加固，当艺术作品还具有某种艺术价值时，修复活动就需要重建其"潜在的一体性"。布兰迪的"创造性修复"深受胡塞尔的时间现象学和海德格尔的影响。海德格尔在《存在与时间》中对客观主义历史观提出了质疑，他经常使用"本真"（Eigentlich）与"非本真"（Uneigentlich）的概念，将人看作感知的主体和先验的存在，同时也将历史性（Geschichtlichkeit）认定为"认识到我们自己是历史的，即认识到我们从根本上是历史的存在。"之所以是历史的存在，源于时间性的存在，所以在存在论层面，人的存在、时间性与历史性是同一个问题的三个维度，可以相互通达的。而对于胡塞尔而言，虽然其并没有对历史思想进行直接阐述，但他试图将历史启蒙与认识批判加以结合，这在海德格尔看来都没有抵达"历史的存在结构"。[30] 历史真理性在于从可能性的角度理解过去，布兰迪的修复理论并没有完全否定时间所产生的历史价值，但这种理念不同于文艺复兴式的模仿与重建，那种对于古代经典的忠实性崇拜在经过了双元革命的影响后已经逐渐弱化，人文主义者也逐渐认识到了与过去的距离，同时也开始客观地看待古代经典。在修复的过程中，布兰迪以直观与先验本质的方法对艺术作品进行分析，强调意向性的积极作用。他在 1945 年的《卡米内与绘画》（*Carmine o della pittura*）一书中深入研究了艺术创造现象学，以现象学和存在主义分析了现代修复的态度，这种态度导致了有限的时间意向性。[31] 存在主义方法被应用于空间和时间的推演维度，这是布兰迪修复理论的基础，为现代的修复理论提供了一种解决方案，通过对艺术作品特性的存在性描述，重新认知其历史价值。

30. 倪梁康. 胡塞尔与海德格尔的历史问题——历史哲学的现象学——存在论向度 [J]. 西南政法大学学报, 2016(1): 52-63.
31. Philippot P. The Phenomenology of Artistic Creation According to Cesare Brandi[J]. Cesare Brandi, Theory of Restoration, 2005: 27-41.

第四节　透明性与可靠性

考古发掘要求的是操作的精确性，并进行严格的分析。传统的方法包括描述发现、手工测量、绘制图形、拍摄照片，但这些传统的方法有些数据根本没有被记录下来，早期考古的发掘过程通过绘制 XY 轴的数据记录发掘的确切位置，当重建时 Z 轴的数据是缺失的，这些缺失数据的重要性可能在挖掘进行多年后才被发现。因此，建立可视化模型所依据的数据积累了一个未知的、不可预测的、不可量化的可靠性程度。虚拟修复参与考古现场操作时，如果其可靠性的阈值不能评估，必将受到考古学的角度的批评，最终建立数据模型的完整性将导致非专业受众的认知错误。对于虚拟考古学而言，需要对过去现象进行分析，将经验现象转化为可视化语言，并使用虚拟的内容来组织和分析已有的数据，以更清晰的方式呈现给他人。[32] 塞浦路斯数字文化遗产和考古科学所的索林·赫蒙（Sorin Hermon）研究团队将三维模型看作是一个包含多个变量（现场数据采集、历史来源、想象等）的方程，这些变量又会受到其他变量（如测量的准确性、历史文本或古代地图的可靠性等）的影响，而且没有明确定义的相互关系。研究团队将三维模型（可视化内容）视为一个具有未知语法和不可量化变量的函数。随着特性的添加，模型的完整性不断增加，使其更具有解释性和可读性。与此同时，它降低了可靠性，因为它意味着在许多可能的选择中选择新增加的部件，这是一项具有潜在危险的作业。同时，它降低了可靠性，因为它意味着在许多可能的选择中选择新增加的部件，这是一项具有潜在危险的作业。[33]

为了从科学的角度分析最终模型，必须清楚地表明重建数据的透明度和可靠性。虚拟修复通过假设的可视化内容，将想法转换成可量化的虚拟形态，

---

32. Niccolucci F. Virtual Archaeology[J]. *Proc.* VAST Arezzo, Oxford, BAR International Series, 2002, 1075.

33. Hermon S, Niccolucci F, D'ANDREA A. Some evaluations on the potential impact of virtual reality on the archaeological scientific research[C]. Proc. VSMM. 2005:P105—114.

测试和模拟过去的场景和人类行为，并为其添加时间维度。数据的三维可视化促进了人、数据、信息的交互，可以对来自不同研究领域的信息进行访问、管理、解释和共享。文化遗产虚拟修复的内容往往被最终受众认定为"客观事实"，考古解释的准确性等问题常常被虚拟模型的复杂性所掩盖。每个来源都有不同的可靠性特征和隐藏的不确定性，虚拟修复在大多数情况下会缺乏预先设定的信息质量标准，从而限制任何批判性的分析。索林·赫蒙尝试将这种可靠性问题增加可测量性和可验证性，并提出在虚拟模型重构过程中应用模糊逻辑和模糊运算的概念，利用模糊集（不确定集）理论中的概念估计可靠度指标。因此，虚拟模型将受到严格的评估和分析，用户将了解重构的可靠性，并能够根据选择的可靠性阈值来决定要可视化的信息量。[34] 三维可视化作为一种理想的工具，可以虚拟地重构和分析考古信息以及上下文。通过模拟建立可视化的环境以印证考古研究的结论，数字化内容可以被看作是对被调查对象所获得知识的总和，将感知和分析这些数据所得到的信息结合起来，从而直观地传达出考古推理的认知过程。[35]

在这个章节中我们讨论了虚拟修复所涉及的理论概念，以及支撑其理论系统的实践考量。当前虚拟修复在文化遗产领域的研究焦点在于可持续的发展模式与广泛的学术社区的建立，以及提高受众访问的可操作性。此外，虚拟修复是嵌入复杂使用场景中的社会技术系统。由于这些原因，确定研究和使用场景以及数字重构的附加价值和确定最佳实践案例至关重要。因此，必须确定用户和非用户的需求和动机，以及研究人员、生产者和接受者的教育和能力发展。此外，数字重建技术的研究和使用必须在数字人文科学社区、数字基础设施以及资助社区内建立并定位为一个重要的使用领域。在文化遗

---

34. Niccolucci F, Hermon S. A fuzzy logic approach to reliability in archaeological virtual reconstruction[J]. Proceedings of CAA2004 Budapest, Archaeolingua, 2004.

35. Hermon S, Nikodem J, Perlingieri C. Deconstructing the VR - Data Transparency, Quantified Uncertainty and Reliability of 3D Models[C]. Vast: the International Symposium on Virtual Reality. DBLP, 2006.

产领域，触摸过去是一个普遍的梦想，这都需要依据必要的信息来进行分析、理解或修复文物。然而，并不是所有文化遗产都可以提供有形的内容，要么因为它们已经被摧毁，要么因为它们损坏严重。在这些情况下，使用部分信息变得不可访问，因为它与过去的活动相关。计算机生成的考古证据可以为考古学家提供在虚拟环境中操纵变量的机会，而这种方式在真实环境中是无法做到的。这些技术已经在文化遗产中使用，通常用于特殊的文物，但很少与其他手段结合在一起，多种修复手段的结合为文献信息不足的情况提供追溯时间的可能性。

第三章

虚拟修复的数据思维

从结绳记事开始人类记录的方式就在不断地进化，数字化是目前为止保存数据最为有效的也是最为安全的方式。世界上产生的大量信息中有很大一部分是数字形式的，并且有各种各样的格式：文本、数据库、静态和动态图像、音频、图形、软件和 WEB 页面，格式范围广泛且不断扩大。对于文化遗产保护机构来说，如何为子孙后代保存这些材料，以及如何选择和保存这些材料，已经成为极其紧迫的问题。今天，在人类活动的几乎所有领域都产生了大量的数字信息，这些信息被设计成可以通过计算机进行访问，保留有价值的科学信息与研究数据。在实践的过程中，确保保存在档案中的数字材料其原始形式的可访问性方面存在技术问题，计算机软件和硬件不断发展，新一代的设备将会取代老旧的设备，这意味着在短短几年内数字内容通常包括声音和图形等材料，以及互联网站点或数据库的链接将变得无法访问。根据加利福尼亚大学伯克利分校信息管理与系统学院最近的一项研究，全球每年印刷、胶片、光学和磁性材料的总产量需要大约 15 亿千兆字节的存储空间，这相当于地球上每人平均 250 兆字节，这些资源中有许多具有持久的价值和意义。

早期最常用的数字形式存储信息媒介是磁带存储器（Magnetic Tape Storage）。那个时代磁盘提供了最方便的存储介质，磁带被广泛使用作为大规模存储介质，[1] 但早期的磁带数据存储和长期访问存在着巨大的问题。首先

---

1. 二进制数字信息变换成磁层中相应的磁化元状态，用读写控制电路实现这种转换。

访问是一个线性的过程，查询也是机械式的，除了可以快速复制，其与传统的文字与纸质的记录方式并无太大差别。[2] 国外学者一直在探索磁性介质的长期保存策略，早期磁带与胶片资料的数字化转换也是一项巨大的工程，其实我们现在所使用的硬盘也是磁性介质，但记录与访问方式与传统磁带有着本质区别。根据近几年的研究，硬盘的数据储量已经开始饱和，但磁带还有着很大的空间，根据马克·兰茨（Mark Lantz）文章中的数据，2015 年信息存储产业联盟（Information Storage Industry Consortium）发布了"国际磁带存储路线图"。该报告预测，到 2025 年磁带存储的面积密度将达到 91Gb/平方英寸。根据这一趋势推断，到 2028 年，将超过每平方英寸 200Gb。部分厂商正在开发一些技术，可以使硬盘扩展超过今天的超顺磁极限。这些技术包括热辅助磁记录（Heat-Assisted Magnetic Recording，HAMR）和微波辅助磁记录（Microwave-assisted Magnetic Recording，MAMR）。[3]

联合教科文组织颁布的《世界遗产操作指南》除指定内容以外，还包括照片、35MM 幻灯片、图像目录和照片授权书。提名的文本应以印刷形式以及电子格式（软盘或光盘）提交。可以看出对于信息数字化，在文化遗产领域的国际组织已经达成了共识。其实大多数博物馆对外展出的藏品只占藏品总量的一小部分，绝大多数的文献与馆藏都在仓库等待研究与修复，对文化遗产进行数字化保存、内容访问与分析显得异常重要，这不仅仅涉及文献与馆藏的安全性，也涉及了文化的传播，博物馆收藏的不仅仅是物品的物理属性，更多的是文化记忆，正是这些记忆维持了民族、国家、个人的身份认同。当代博物馆本身已经不再仅仅通过展品展览或实物展览来定义。在《巴拉宪章》中概述了博物馆对公共服务社会及其发展的承诺，将博物馆的作用扩展

---

2. Dee R H. Magnetic tape for data storage: an enduring technology[J]. Proceedings of the IEEE, 2008, 96(11): 1775-1785.

3. 这些技术允许使用更小的颗粒，允许更小的磁盘区域被磁化。这些方法增加了成本，并带来了棘手的工程挑战。即使他们成功了，根据制造商的说法，他们提供的规模可能仍然有限。西部数据公司最近宣布，可能会在 2019 年推出 MAMR 硬盘驱动器，预计这种技术每年只能实现 15% 左右的区域密度扩展。

到一个不受物质文化束缚的范畴，而是"一个探究过去记忆的地方，一个考虑现在的论坛，一个可以激励、指导和告知的场所"。文化遗产数字化资源的保存、访问是一个系统协作的工程，欧洲由于欧盟的协同数字化工程进展迅速，2011 年欧罗皮亚纳工程（Europeana）发布的 EUROPEANA 许可框架为欧洲提供标准化的元数据交换和提供者与受众之间的交互结构。框架首先用清晰的术语列出了每个元素，并建立了 Europeana 数据交换协议（Data Exchange Agreement，DEA），构建了 Europeana 和 WEB 的数据提供者之间的关系。DEA 指定数据提供者提供的元数据和预览，用于 Europeana 和第三方的检索与使用，DEA 详细介绍了数据提供者如何接收丰富的元数据以及如何访问其他感兴趣的元数据，并为 Europeana 存储的元数据的更新和删除建立了规则，以及第三方的数据责任和删除问题。任何元数据都会附带一个 Europeana 数据使用指南的链接，向元数据的受众发出最佳实践请求。这些指南不具有约束力，但反映了欧共体所希望的准则，数据将基于使用指南处理属性和数据完整性等问题。同时也规范了 Europeana 数据模型的权限域，数据模型指定了数据需要如何进行格式化，规范涵盖了许多内容，包括通过 Europeana 提供的与数字对象相关的权利信息。这些规范与指南确保所有元数据和受众提供的内容都可以被第三方聚合和自由重用。

可以看到对于文化遗产数字内容的规范，欧洲已经开始着手制定相关的标准，这样紧迫地面对数字化问题也是由于这一领域发展的速度激增的原因。数字遗产包括"文化、教育、科学和行政资源，以及技术、医疗和其他类型的数字信息，或从现有的模拟转换成数字形式的资源"，数据包括"文本、数据库、静态及动态图像、音频、图形、软件和网页"。数字遗产由于硬件和软件的迅速过时而面临损失的风险，这些硬件和软件使数字遗产具有生命力，资源、维护和保存的责任和方法的不确定，以及缺乏支持性的立法，都会导致数字遗产的消失。虚拟遗产作为数字遗产的一部分所面临的问题也是最为复杂的，在这个章节将就文化遗产数字内容的保存、内容访问与分析展开深入研究，通过对于其特性的解读为虚拟修复找到最为适合的方法与模式。

第一节　数据本体

对于数据本体（Ontology）研究并不是在讨论形而上学的存在论问题，而是基于信息科学的本体构建方法的讨论，是基于语义和知识层次的信息系统的架构。在文化遗产领域数字内容已经涉及了诠释与展示的各个环节，从数据采集、保存、访问、展示到交互等部分，数字内容处理的过程中形式化表达（Formal Representation）是表明相互关系的基础。数据本体可以被作为一种集成架构，不同来源的元数据可以在语义上进行映射和集成。[4]数据本体中的信息模型与文化遗产中对应的特征具有双重属性，并从其数字属性和文化内容中继承其特性。某种程度上来说，三维模型是具有文化价值的文化遗产复制品，在虚拟修复的过程中，狭隘的态度会导致只考虑这种对象的一种特性而忽略了另一种特性。在数据采集的伊始就需要导入科学的方法，用于将所有相关信息，包括文化信息和数字信息结合在一起，最终的三维数据才能被准确地记录并使后人得以应用。在这个章节会针对文化遗产数字内容的保存、内容访问和分析，以及整个过程中所涉及的问题建立一套完整的国际遗产标准，如同《伦敦宪章》[5]一样，它并不是尝试解决具体实践中的细节问题，而是在每一类型文化遗产内容进行数字化实践时所遵循的一般模式与方法。

对于文化遗产展示的领域，其实超过95%的博物馆藏品没有展出过，档案馆也大多不对公众开放。数字化展览的形式作为实体展览的补充信息或为了阐述特定主题形式而出现，展示系统将得到最大化的传播效果，而本体在展示系统中扮演着结构化接入点和构建主题的主要角色。文化遗产的三维可视化内容在进行交互（包括数据与文化两方面）的过程中，必须在建模和可

---

4. Doerr M, Lagoze C, Hunter J, et al. Building Core Ontologies: a White Paper of the DELOS Working Group on Ontology Harmonization[J]. White paper, DELOS Network of Excellence on Digital Libraries, 2002: 128-139.

5. 《伦敦基于计算机的文化遗产可视化宪章》（The London Charter for the Computer-based Visualisation of Cultural Heritage）。

视化方面建立可以遵循的文化内容规则，必须以计算机视觉特征的整体分析的模式提高可视化的对象数据特征的可识别性。三维数据如果仅仅记录文化遗产相关的表象数字内容（包括模型结构、纹理等）是不足以保证文化传播的可靠性的。随着信息技术的发展，对有针对性的全球数据搜索、比较研究、数据传输以及异质文化内容来源之间的数据迁移的需求也越来越大，在文化遗产领域需要提供一种数据集成的通用模式，用户可以使用统一的接口来访问、关联和组合数据，研究方向也由数据集成转向语义集成。语义集成主要使用数据及其关系的概念来表示消除可能存在的数据异构性过程。本体提供不同领域的共享理解模式，支持用户和计算机代理之间的通信，同时本体也为数据异构性问题提供了解决方案，可以在集成体系结构中作为全局模式使用，不同来源的元数据都可以映射到该模式中。将元数据模式映射到本体是一个复杂的过程，因为这两个结构在不同的层次上有很多不同之处，元数据主要用于以元素（Elements）的形式进行资源描述，并方便查询和访问信息。本体是抽象级别定义实体，目的是概念化不同形式化的领域。元数据模式是为资源的标识和描述而创建的，它们并不能表示出丰富的语义。[6]将元数据模式映射到本体将面临许多困难，因为需要对齐的概念表达式异常繁杂，大多数针对语义操作都集中于开发和标准化共享的核心数据结构。

现实语义互操作性困难重重。仅在文化领域，就存在数十种标准和数百种专有元数据模式和数据结构以及数百种术语系统。每一种独特类型的数据核心系统如果为了包容更为复杂的内容必然因过度扩展而导致意义丢失，但是各种结构中编码的大部分内容在常识性术语中是相互关联的。数据和元数据结构的多样性很大程度上是因为针对不同类型的数据采集而设计的，同时也依据优化特定应用程序的编码和存储成本，而不仅仅是用于解释数据。针对文化遗产，重点在于不同层次上的互操作性和整合问题，如句法、图式、系统和更复杂的语义层次。本体是概念系统的集中体现，明确了文化遗产数

---

6. 尽管元数据信息的含义及其与所描述资源的关系可以被人类理解和处理，但对于计算机来说这种关系并不能被识别。

字化相关的描述、定义、规范的方法模式，在不同语义间进行沟通。使用本体的类、关系、实例等模式对三维模型的数据进行构建，使用户可以直接访问资源的原始数据以及本体数据。针对文化遗产的记录数据数字内容可以从其他媒体形式转化而来，某种程度上只是原有媒介的数字替代品，并不能擅自增加其文化价值方面的描述与分析，这些数据将依据原有的描述进行构建。本体正是建立在用户与计算机之间的桥梁，满足在数据异构性的情况下统一信息系统的具体需求。

第二节　可视化数据文献特征

　　大部分人有这样的一种习惯，当想说明白一件事情的来龙去脉，或是要告诉对方一件极其复杂的结构时，总是喜欢使用笔和纸画出一些图形以加强对方的理解，在没有工具的情况下也会用手势在空中比划出一些图形，似乎这样有助于提高交流的效率。这些简单的图形用于描述认知过程的视觉隐喻，并暗示了我们所看与所想之间的联系。中世纪后期的宗教艺术是一个典型的案例（包括东正教的可以方便携带的圣像画），信徒可以通过祈祷来拓展神的形象，这种联想取决于信徒的个人信仰，是一种精神层面上的自主性。当视觉化成为主要媒介时，它就不再是一种说明。圣像是用于支持书面语言的图像，因此信息的主要载体是相关的文本（修辞手段），而不是图像。[7] 与图像相比，可视化具有互动性，同时在过程中数据本身也在不停变化，正是这样的特性赋予了其可逆性的特点，图书中的插图也起到了可视化的作用，但插图只用于支持书面语言的图像，只有当图像是信息的主要载体，而不是文本的补充时，它才能是真正的可视化。可视化可以被视作一种交互性的解读行为，一种明确的内省方法，并帮助我们更好地理解文化遗产的重要性和价值。

　　上海博物馆的董其昌数字人文项目"以藏品高清图像数据及其相关数字

---

7. Jessop M. Digital visualization as a scholarly activity[J]. Literary and Linguistic Computing, 2008, 23(3): 281-293.

资源为基点，梳理鉴藏、交游、教育、传承等多个人文脉络，以可视化的形态为董其昌的研究设计了一个'主体—表达—时代'的综合维度"。[8] 这种可视化的数字人文研究方法逐渐地被引入国内，由地理信息系统（GIS）软件主导的空间关系研究出现在人文学科的研究中，但这种定量数据与定性数据方式并不适用于研究低频信息的人文内容。研究对象必须具备结合时间与空间的定量数据和定性数据，这是数字人文可视化研究的核心。空间之所以重要，不仅因为可视化信息总是涉及数据的空间化，即使这些数据不是直观的空间数据，空间化也会增加书面语言所没有的额外维度，从而促进了研究的进行。尽管虚拟遗产具有文化的特殊性和局限性，但它仍然坚定地依附于一种文化模式，这种文化模式毫无疑问地保留了数学视角，并将其转换为笛卡尔坐标作为标准实践。[9] 任何基于计算机的文化遗产可视化研究，其历史严谨性将取决于先前考古研究的严谨性，以及用于创建虚拟模型的信息的严谨性，要达到历史严谨性和准确性的最佳水平，可视化内容都必须有可靠的历史和考古文献的研究支持。

从传统的数据创建模式到数字增强方法的获取，最早在考古学领域应用数字化技术时并没有多少关注度，而数字化转变了我们在这一领域中进行实践的模式，并对未来造成了深远的影响。考古学领域早期便持续采用了数字应用地理信息系统（Geographic Information Systems，GIS），然而 GIS 解决方案中无法记录与操纵三维数据，这限制 GIS 在考古信息系统（Archaeological Information System，AIS）中的拓展性。尽管空间数据无疑是所有考古记录的核心，但数据多以二维投影的形式呈现，无法对环境进行三维记录。无论是使用扫描仪直接捕捉点云数据，还是通过数字摄影测量计算三维模型的逆向系统，我们可以在场地、挖掘表面或文物本身的尺度上产生大量高分辨率数据，通过扫描或摄影测量记录的数据与传统的铅笔、卷尺所记录的内容进行比较。数字技术的发展使我们的记录数据与文献的方式产生了巨大的变化，我们已经无法

---

8. 童茵, 张彬. 董其昌数字人文项目的探索与实践 [J]. 中国博物馆, 2018(04):114-118.

9. Flynn B. The morphology of space in virtual heritage[M]. na, 2007.

想象十多年前是如何靠手工来进行操作的，但是历史所留给我们的文化遗产却在不断地消失，这使得我们的行动变得更加紧迫，重要的是我们记录的方法产生了根本性转变，这种转变对于文化遗产本身来说意味着什么？直到1964年威尼斯宪章在"PUBLICATION"的章节中提到规范化的记录模式[10]，100年前我们开始反思如何面对历史遗留给我们的财产，20世纪我们才开始认真起来，并开始谨慎地保护和记录。

　　记录文化遗产的位置、尺寸、形状等相关信息都是保护中不可缺少的一部分，在考古和发掘的现场物品的位置与摆放都传达了一定的历史信息，这些特征在很大程度上是学者判断历史信息的关键，但也正是这些判断在新的考古文献与项目出现后被不断地修正，这个修正的过程就是我们接近历史真相的过程。《威尼斯宪章》在第2项中提到文化遗产的保护和修复必须借助所有有助于研究和保护建筑遗产的科学和技术。我们利用每个时代最为先进的技术来记录数据，我们不禁疑问：这些数据真的能被下一个时代所利用吗？数字技术提高了程序的速度与自动化程度，也会影响到数据结果的最终呈现，其精度与可靠性得到了很大的提升。数字化记录需要多学科的专业知识进行合作，形成一套保护、修复、研究和传播的生态机制。如今被应用到文化遗产保护的数字技术，大都以对象的大小与特征复杂程度加以区分，需要考虑到使用这些信息的人，而不是采集数据的人，所以文化遗产的相关数据并不是最终的目的，这些数据被作为一种工具，可以被其他的学者和研究人员使用的工具。文化遗产本身由于所处位置与特征不同，需要这些数据的研究人员不能直接观察实物（洞穴中的岩画、墓穴中的壁画、因环境或战争原因遭到破坏的文化遗产），或者对象太大或太复杂，调查的过程也会因专业的原因不得不求助于相关方向的专家。在考古挖掘的现场也会存在出土后就遭到不同程度损毁的情况，第一时间的记

---

10. "一切保护、修复或发掘工作永远应有用配以插图和照片的分析及评论报告这一形式所做的准确的记录。清理、加固、重新整理与组合的每一阶段，以及工作过程中所确认的技术及形态特征均应包括在内。这一记录应存放于一公共机构的档案馆内，使研究人员都能查到。该记录应建议出版。"

图 6　清真寺被摧毁前后对比（宣礼塔完全消失）

录就变得异常重要，而这种物理性的恶化或损毁几乎不可避免，无论是光线、氧化、自然灾害等多种原因都会造成不可逆的破坏。

历史上，大马士革清真寺[11] 曾经 3 次被焚毁[12]（图 6）。这些不确定因素都对建筑遗址或不同类型的文化遗产造成毁灭性的打击，后人如果再想看到这样的景色几乎是不可能的，这就使得记录这些文化遗产的数字化信息内容变得十分重要。随着技术的发展，研究人员开始意识到三维的记录方式正逐渐成为文化遗产领域重要的数据内容，无论在采集、保存、传播、研究等各个环节都起到了重要的作用。不同于传统的视频画面的记录方式，三维模型

11. 大马士革清真寺建于公元 705 年，清真寺最早是罗马帝国时期的朱庇特神殿，后来在罗马帝国定基督教为国教后改为圣约翰大教堂（纪念施洗约翰，同时保存有施洗约翰的陵墓）。叙利亚于 7 世纪被阿拉伯人征服后，圣约翰大教堂一度仍归基督教徒做礼拜之用。倭马亚王朝（661—750 年）哈里发一世瓦立德·伊本·阿布杜·马利克从拜占庭、叙利亚、埃及等地招集工匠，历时十年将清真寺建成。这座坐落于叙利亚首都的清真寺是伊斯兰世界的经典建筑之一，它确立了清真寺建筑的结构模式，成为世界各地穆斯林建造清真寺的样板。从这座清真寺建筑上，人们可以看到 8 世纪的建筑水平，也可以看到古代埃及建筑的特色和 18 世纪土耳其奥斯曼建筑艺术。

12. 第一次是在 1069 年清真寺发生火灾；第二次是在 1400 年，中亚的征服者帖木儿纵火烧毁了清真寺；第三次是在 1893 年，清真寺再度发生火灾。在图片上可以看到经历了叙利亚战争，清真寺满目疮痍，宣礼塔已经被炸毁。联合国 2014 年底出台的报告显示，叙利亚至少 209 处文物古迹在过去 3 年多的战火中受损。联合国训练研究所搜集并分析了叙利亚18 个地区的卫星照片，最终认定 24 处文物古迹完全损毁、104 处严重受损、85 处中等程度受损、77 处可能受损。

可以将现场的所有信息包括地形、纹理、色彩完整无误地记录下来，使其能够在后续的试验中进行分析纹理、表面特征、测量尺寸等许多研究活动。如果这些建筑遗址在被损坏前进行了数字化采集，后续的修复和重建工作都会在较为准确的文献上展开，这种准确程度是测绘出的图纸无法达到的。如果能为建筑遗址建立完整的 H-BIM 系统，虚拟修复的原真性将被加强。

第三节　可视化数据采集

可视化数据采集的方法和过程不断发展，已经成为一个跨学科、跨领域的综合知识体系。该体系涉及了三维激光扫描测量、诊断程序和历史研究，以及环境条件评估或度量和维度数据管理方面的研究内容，最终的数据将支持文化遗产评估综合数字文档的建立。现有的无接触式三维扫描和基于图像的建模方法被广泛应用于文化遗产可视化数据采集，通过这些方法可以正确地捕捉和再现文化遗产的形状和基本颜色与纹理。[13] 通过数字采集工具，可以获得一种低成本、易于复制的高质量数据和三维模型描述系统，从而在科学一致性、视觉和几何精度以及语义理解方面得到保证。[14]

意大利卡梅里诺大学研究团队的洛雷托圣殿（The Loreto's Holy House）项目，使用 618 张照片计算出 6.7 亿个点云数据，其中大理石装饰部分就有 7000 万个点的外部模型。在针对不同媒介平台进行优化时，也将移动媒

---

13. 三维激光扫描（Terrestrial Laser Scanning，TLS）技术又称作高清晰测量（High Definition Surveying，HDS），利用激光测距的原理，通过记录被测物体表面大量的、密集的点的三维坐标信息和反射率信息，将各种实体或实景的三维数据完整地进行采集，进而快速地在计算机中复建出被测目标的三维模型及线、面、体等各种图件数据。三维激光扫描技术可以直接从实物中进行快速的逆向三维数据采集及模型重构，即从三维到三维的全景三维实测数据重构。通过高速激光扫描测量的方法，大面积、高分辨率地快速获取被测对象表面的三维坐标数据，可以快速、大量地采集空间点位信息。

14. Bernardini A, Delogu C, Pallotti E, et al. Living the Past: Augmented Reality and Archeology[C]. IEEE International Conference on Multimedia & Expo Workshops. IEEE Computer Society, 2012.

图 7 洛雷托圣殿

体交互的数据进行折扣处理，中等层次细节 LOD（ Level Of Detail ）为：250000 顶点、500000 多边形片面、纹理 4K PNG 格式。高等层次细节：每个模块 130000 个顶点、250000 多边形片面、纹理 8K PNG 格式，最终的软件基于 IOS9 平台。采集数据时并不区分模型精度，但最终输出时不同的精度将对应不同的应用平台（图 7）。

激光扫描能捕捉到大量的实时数据，这些数据用三维坐标进行表示，由原始点云（Point Cloud）数据构成，最终的数据通常是从多个扫描点采集的，经过注册多套不同的数据会形成完整的数据内容。[15] 这步工作异常复杂，但专用软件程序极大地改进了点云和图像数据的处理和分析，结合了三角化和点云堆叠的算法，这些工作大都自动完成。这些点云数据需要经过优化才能被进一步使用，经过数据评估为在扫描时定位超调和重复区域进行解算。数据滤波可以对数据进行降低噪声、平滑噪声和重新采样操作。由于以点的基本形式构成，通过与数码相机相连，可以直接采集点云的色彩信息，完整地复制出扫描对象的纹理，但这些结果严重依赖现场的光照环境。

---

15. HDS设备分为脉冲式与相位式两种模式。脉冲式通过发射单点激光，同时记录同波信号，计算发射器到目标点的飞行时间来计算距离。相位式则是通过发射不间断的整数波长的激光，计算从物体反射的相位差值，从而得出发射点到目标的距离，得出的数据呈现一定密度就会形成三维模型。

除了三维激光扫描技术，作为补充，在某些情况下，特别是在空间复杂的地点和采集困难的地区，对于空间内详细的结构和装饰，多使用建筑摄影测量（Photogrammetry）（图8）[16]或近景摄影测量技术进行数据采集，[17]在文化遗产领域该技术适用于历史街区等大范围数据采集的复杂场景。针对静态模型的高清晰逆向建模，多使用第三方软件进行。[18]不同类型的内容需要执行的记录方法是不同的，毕勒·W（Boehler W）参照多年文化遗产的测绘经验提出了根据对象特征与规模，以及复杂性为基础的三维调查解决方案。[19]20年过去了我们依旧可以从这一模式中找到与现代技术相匹配的方案规划。

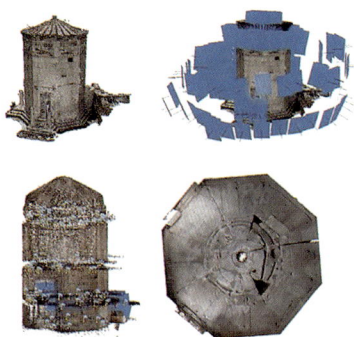

图 8　Tower of the Winds 建筑摄影测量

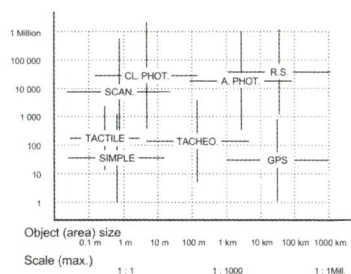

图 9　毕勒·W 测绘特征与规模对照表

　　表格针对摄影测绘，在这个表格中 CL. 为近距离（Close-Range），A. 为航拍（Aerial），R.S. 为遥感（Remote Sensing），X 轴为对象的复杂程度，而 Y 轴为对象比例。不同类型的测绘方式也需要考虑到技术的限制，以及对象是否能够接触（包括激光等间接接触）（图9）。

　　摄影技术的数字化转换在 20 年间已经完成，商业电影几乎没有再使用胶片拍摄的，记录技术的精度与传感器的尺寸密切相关，这也会受到视点与

16. The Tower of the Winds 位于希腊雅典的罗马集市，位于雅典卫城山的北麓。

17. 这是一种基于照片收集信息的技术，可以无接触地完成对象的三维数据重建，这种技术早期被用于大范围、高精度、高清晰的方式全面感知复杂场景的数据采集。

18. 使用数码相机进行拍摄，在无任何人工干预的情况下，基于影像生成高分辨率三维模型。软件利用了摄影测量、计算机视觉和计算几何算法等技术，在精度、可扩展性、效率、使用率、稳健性和互操作性方面达到工业级质量要求。

19. Böhler W, Heinz G. Documentation, surveying, photogrammetry[C]. XVII CIPA Symposium. Recife, Olinda. Brazil. 1999.

对象距离的影响。距离的测试基于传感器的不同，有源与无源传感器工作原理不同，最终采集的方法也不尽相同。有源传感器发射辐射到物体表面，同时记录下物体的反射率，而无源传感器则直接收集物体反射的可见光。通过细分对象内容，在数据提取量和信息内容等方面加以分析，最终决定使用什么样的数据记录方式，最终的方案也可以是综合性的，也就是使用多种方式进行记录。

第四节　数据的多源性与异构性

数据多源性和异构性是文化遗产数字化内容的主要特征之一，这是由于不同材料的特质所决定的，内容的复合结构、多样的语义和多种关系使互操作性变得异常困难。因此，访问的文化遗产数字资源，需要具有丰富语义和结构的元数据模式，有能够涵盖材料的异构性和各种文化机构，这种互操作性不仅需要体现在语法和系统级别上，而且需要在更复杂的语义级别上有所体现。现行的解决方法多使用"大数据"去抵消数据中的任何不准确和错误，Google 也开始提供数据集搜索（Data Set Search），模糊性的语义查询所能提供的工作效率是有限的。对于虚拟修复而言，我们将通过案例深入分析在部分资料缺失的情况下，数据的异构性所产生的影响，以及在数字化重构的实践中所能使用到的方法与模式。

数字档案对于文化遗产的研究与传播起到了推波助澜的作用，在不同的研究基础之上都可以起到决定性的作用，档案数据的异构性会影响到数据的互动性，从原始的建筑图纸到三维数字模型的转换，计算机为我们提供了更为完整的资料，为更有价值的研究提供了路径。数字系统提供的结构也可以是刚性的，而内容所表现出的是动态和完整的，这种数据的完整性就在于丰富的可用数字化手段，这对于研究范围的拓展起到了推动的作用。无论是只存在于图纸和效果图中的设计规划，还是只存在于现实的建筑本体，在数据的完整性上都不断地趋同，打破了这种异构性的模式，在某种程度上对于未来的研究也展开了数字化的大门，未来的研究模式将建立在数字化的基础之上，人工智能的分析与研究主体都需要内容的全方位数字化，有了这样的统一数字平台，才能使研究的内容在横向和纵向上产生对比，并且这些对比数据更为科学和理性。在这一平台，历史学家、民俗学家和建筑学家等不同研究方向的专家可以共享信息，这包括通过几何计量学的方式所提取出的数据信息，在传统的学科研究文献中是无法获得的。数据本身有着不同的维度，我们并不是去否认在非数据化研究中所体现出的随机性因素，但任何的研究都存在历史时间性上的偏颇，数字化的文化遗产研究更是如此，计算机的运算不能代替人类的思考，但是理性的数据可以为感性的思维提供更多的可能性。

第五节　可视化元数据集成

由于文化遗产数据的异构性导致其数字资源在采集、保存、搜索、交互等环节会出现诸多问题，这就需要建立统一的信息框架用于管理和保存相关数据。这涉及元数据（Metadata）的生成、保存、语义化和互操作等内容。为了避免由于缺乏信息而造成的误解，需要对数据集进行某种形式的描述，元数据就是关于数据的数据。20 世纪 60 年代，元数据的发展主要由于互联网的普及，使各类型信息都在进行数据升级，发展到今天，根据 2015 年欧盟的数字化调查报告显示，尽管相关的投资不断增加，但文化遗产领域 55% 的描述性元数据无法在线通用。这意味着大量的记录实际上是不能被搜索到的，这主要是因为相关的元数据不是在线的形式。欧盟图书馆有 68% 的相关元数据可在线通用，51% 的记录仅供工作人员使用，41% 的数据可供档案访问者使用。数字化和文化遗产的内部和外部预算是每年编制一次的，可以由内部预算和外部预算提供资金。这包含所有与最初创建、持续维护、增强和保存数字收藏有关的费用的预估。

当过去的观念和意义发生变化时，过去的描述、文献资料和知识建构的观念也会发生变化。对文物的鉴赏，对文献的认同，寻找原真性的好奇心，这些对于我们了解和记录历史有着非同寻常的含义。当代大部分学术和专业的注意力都集中在如何记录文化遗产以及如何描述它们的物质和非物质属性上，但不同领域对于文化遗产的关注角度是不同的，从传播的角度我们更关注如何表现、视觉化和展示文化遗产及其文化和历史背景。我们将文化遗产信息系统以功能为依据进行区分，大致可以分为4个领域：收集、管理、研究和展示。每一个领域中都存在着截然不同且高度专业化的信息系统，由不同学科的参与者创建和维护。另一方面，所有这些信息系统中的信息都是重叠的，为了完成工作必须相互访问。信息系统间的互操作性就显得异常重要。在不同领域间的数据沟通就需要依靠"数据的数据"进行架构，大量的文化遗产数字化项目创建了Dublin Core元数据架构，同时被广泛使用的还有MPEG7（以多媒体对象为主的元数据标准），它更丰富地表现了对象的结构、历史和主题。在元数据元素与本体比较的基础上，为了支持模式映射和合并，需要元数据元素进行自动匹配，通过命名和属性的相似性来检测模式元素和基础概念之间的相似性。

欧罗皮亚纳工程（Europeana）通过构建统一的数字化网络平台，将欧洲的文化遗产资源进行整合，工程最开始为欧盟成员国在多个图书馆之间建立的数字化联盟，但随着各类的文化机构加入，数据的异构性成为数据共享的障碍。工程建立了EDM（Europeana Data Model）数据模型标准，用于获取、管理和发布Europeana的数据。EDM通过提供额外的表达性和灵活性来解决与ESE（Europeana Semantic Elements）相关的问题。Europeana中代表的每个不同的文化遗产部门使用的不同数据标准，在ESE中会将这些标准降低。EDM支持数据网络方法的建模原则，在这种方法中，没有固定的模式，而是只规定一种表示数据的方式，在语义级别上具有部分互操作能力，同时数据保持原始的表达性和丰富性。EDM鼓励增加数据的跨领域有用性。[20] EDM

---

20. Isaac A. Europeana data model primer[J]. 2013.

Réponse n° 1

Domaine	peinture
Type d'objet	tableau
Titre	PORTRAIT DE MONA LISA (1479-1528) ; DITE LA JOCONDE
Auteur/exécutant	LEONARDO DI SER PIERO DA VINCI ; VINCI Léonard de (dit)
Précision auteur/exécutant	Vinci, 1452 ; Amboise, 1519
Ecole	Italie
Période création/exécution	1er quart 16e siècle
Millésime création/exécution	1503 entre ; 1506 et
Genèse	oeuvre en rapport ; reproduit en gravure
Historique	commandé par le florentin Francesco del Giocondo, époux de Mona Lisa entre 1503 et 1506 ; nombreuses copies dont une conservée au Louvre ; gravé par Fauchery, par Filhol, par Landon
Matériaux/techniques	peinture à l'huile ; bois
Mesures	77 H ; 53 L
Sujet représenté	portrait (Mona Lisa, femme, à mi-corps, de trois-quarts, assis, accoudé, loggia, italien) ; fond de paysage (montagne, rocher, cours d'eau, pont, plaine, route)
Date sujet représenté	1479-1528
Lieu de conservation	Paris ; musée du Louvre département des Peintures
	Musée de France au sens de la loi n°2002-5 du 4 janvier 2002
Statut juridique	propriété de l'Etat ; musée du Louvre département des Peintures
Anciennes appartenances	François Ier ; Couronne de France

图 10　数字表示与元数据

不仅支持内容提供者的元数据架构，还支持从第三方资源中丰富数据。

EDM 包含一组"描述性"和"上下文"属性，用于捕获资源的不同特性，并将其与上下文中的其他实体关联起来。在描述元数据的方法中，可以区分"以对象为中心"和"以事件为中心"的方法，EDM 提供了允许表示元数据遵循任何一种方法的结构，以及允许捕获丰富数据的类。以达·芬奇的《蒙娜丽莎》（Mona Lisa）画作为例。关于这幅画本身有两份记录：一份来自 Joconde 数据库，另一份来自卢浮宫数据库。截图显示了这些数据内容，以及它们的数字表示和元数据（图 10）。

数据扩展方式是具有开放性的，依据对象元数据的 WEB 同义词丰富连接结构，EDM 将描述了一幅受《蒙娜丽莎》启发创作的唱片作品，以及名为《蒙娜丽莎 2000》的一幅拼贴画，作为一个新的对象连接到原始画作的元数据上，可以使用 EDN 的一个类似的属性集，关联到其子集中去。

Europeana 以一种结构化数据的方式构建数据模型，允许元数据被第三方链接和丰富，以便从结果中找到相同内容的不同描述，以及相关资源之间的链接。这种以事件为中心的构架方法通过描述对象历史的事件来丰富的实体网络，模型基于 CIDOC/CRM3 的基础，但这并不适合所有类型的文献形式。单一的数据模型并不能将所有类型的数字化内容完整描述，特别是像 Europeana 工程一类的大型数字化联盟，Europeana 也针对考古和建筑遗产建立了广泛和多样化的文化遗产标准和管理程序：CARARE，其中集成了 Europeana 的三维和虚拟现实内容。从概念上讲，CARARE 记录的重点是文化遗产及其与数字资源、活动和收集信息的关系。CARARE 也建立了到 EDM 的映射，模拟了文化遗产资产本身和与其相关的资源之间的连接网络，这其中就包括了三维模型的可视化资源。空间维度是考古学和建筑遗产领域的一个重要概念，这也是三维模型的特征之一。EDM 允许通过一个特定的类来表示和描述实体，CARARE 使用 EDM：Place 类来描述不同特定位置的相关信息。Europeana 上下文中，空间信息被用来丰富其他数据集，并提供新的功能如：地图浏览。[21]CARARE 也根据《伦敦宪章》的原则对于三维数据采集的目标与范围进行了属性上的补充，包括一些特定的考古学方法的信息，用于对数字化过程的完整跟踪，以及建立标准化三维模型的元数据，这些扩展确保了不同标准间的映射关系，以一种更清晰的方法来描述文化对象的特征与数字化技术内容，这也有助于更有效地重用存档，并提高在线资源的可用性。Europeana 工程可以说是文化遗产领域数字化工程的范例，该领域最前沿的技术与概念都被学者们加以利用，部分技术还处于测试阶段，这在最大程度上将欧洲文化遗产资源进行数字化系统性保护，特别是针对可视化数字档案的规范与管理，工程在推进的过程中将新的技术补充进来，但对于文化遗产保护的基本原则都持之以恒地恪守，通过这样一个工程可以窥见可视化元数据集成的整个系统。

一、元数据标准

在文化遗产领域，科学数据往往是基于直接观察或直接测量一个物理对

---

21. D'Andrea A, Fernie K. 3DICONS Metadata Schema for 3D Objects[J]. Newsletter di Archeologia CISA, 2013, 4: 159-181.

象得出的。在数字采集和处理阶段，使用设备来创建一个数字对象时，最为重要的是记录所使用的技术和方法，以及数字对象创建应用的基本原理。为了在创建模型时明确所使用到的技术和原理，有必要记录与数字资源的来源有关的所有信息，元数据就是管理这些数据的数据。经常被使用到的元数据标准大致有这么几类：DC[22]、CIDOC/CRM[23]、CDWA[24]、VRA[25]、TEI、EAD等。其中 CDWA、VRA、DC 和 CIDOC/CRM 是博物馆领域最为常用的数据结构标准。CDWA 和 VRA 是描述艺术类可视资料的元数据标准，这些数据标准也都制定了相互之间映射的标准，建立了相互交互数据的基础。[26]中国则较多使用开放档案信息系统参考模型 OAIS[27]。针对数字音频和视频编码有MPEG-7、多媒体内容描述接口（ISO/IEC 15938）和 MPEG-21，多媒体构架（ISO/IEC 21000）两套元数据标准。MPEG-7 描述包括了静态图片、图形图像、三维模型、音乐、音频、语音、视频或多媒体集等音频对象的关系。[28]

　　元数据通常通过计算机脚本语言记录资源内容，这是一种管理数据的数据。元数据通过数字脚本分配到虚拟修复资源或嵌入资源本身中。针对文化遗产相关的文件、属性、内容有效性和长期保存等问题，相对应的元数据类

22. 都柏林核心元数据 DC（Dublin Code）描述网络信息资源，包括 15 个基本数据元素，具有简练、通用、可扩充等特点。

23. 国际文献委员会（the International Committee for Documentation，CIDOC）。

24. CDWA（Categories for the Description of Works of Art）主要描述艺术品的物理形态、保存管理等方面的特点，包含有 532 个类目和子类目。

25. VRA（Visual Resources Association Core）由视觉资源学会资料标准委员会制定，在CDWA 的基础之上进行简化，基于网络环境描述艺术、史前古器物、照片等艺术类可视化资源，适合于三维类型的对象描述，同时将描述内容扩展到了建筑等视觉艺术作品类型。

26. Kohl K. CDWA and VRA Metadata Standards and Interoperability for Museum Collections[J]. Louisiana State University, 2010.

27. OAIS（Open Archival Information System）是由美国空间数据系统咨询委员会（CCSDS）制定的标准，一项旨在为基于长期保存目的的信息系统建立一个参考模型和基本概念框架，以维护信息系统中数字信息的长期保护和可存取。

28. Kosch H. Distributed multimedia database technologies supported by MPEG-7 and MPEG-21[M]. Los Angeles: CRC Press, 2003.

型应运而生，通过探索用于生成元数据的各种脚本语言的新类别的能力，需要建立保持一定透明性的文档原型。元数据为艺术和建筑历史学家、历史学家、考古学家、建筑师、建筑研究人员和信息通信技术专家的交叉学科研究活动提供了数据沟通的可能性。元数据可以存储三维对象的生命周期的信息，从最初的生成阶段到后来的使用、存储和重构。元数据也允许现场专业人员跟踪仪器设置的校准、公差、错误，以及监控对象的状态和条件，同时使改进或重新处理模型成为可能。随着在文化遗产领域数字可视化技术的发展，针对该领域的数字虚拟修复以及可视化推广应用的需求，针对可视化内容的元数据规范不断出现，大部分的学者都基于现有的元数据类型基础，在语义和属性上进行技术性的调整，以适应可视化内容的规范需求，以及满足不同学科研究与应用的需求。在这里由于元数据的研究已经相当成熟与规范，并不需要在列举各种类型元数据标准对于可视化内容的影响，针对虚拟修复研究需求，提出基于本体的数据分析和元数据结构应用于数字重构以及可视化模型资源整合中介与交换。标准以 CIDOC/CRM 为结构，建立完整的 H-BIM 系统，构建不同学科研究领域的数据应用标准。

二、基于本体的概念参考模型

博物馆、图书馆和档案馆管理的策展信息在结构和内容上存在一定的异构性，尽管在概念上有明显的重叠，馆藏及其内容的描述上有差异，这种差异由多种因素造成，包括集合类型、管理模式、描述程度等因素。基于为对象寻找辅助工具的信息集成实际上无法集成这些对象所描述的更广泛的历史上下文的信息，也无法从这些对象中获得相关信息。由于这种对象的多样性，还没有设计出满足所有博物馆、图书馆和档案馆需求的单一描述模式。不同文化机构的描述性图式存在着差异，严重阻碍在全球互联网环境下跨领域研究文化遗产信息资源的互操作性。幸运的是，这些区别主要是在数据结构和语法层面上。文化机构使用的描述性图式之间存在显著的概念重叠，如物体、人、地点、事件以及它们之间的相互关系，几乎是普遍的。提供跨异构信息源访问的传统折中方法是将所有内容映射到具有广泛和通用语义的简单模式上，这些简单的描述可以帮助研究开展与评估资源。

CIDOC/CRM[29]是提供定义和描述文化遗产文档中使用的隐性和显性的概念和关系的正式结构。[30]"文化遗产信息本体"用来描述概念、实体及它们之间关系的表现形式的概念模型，是基于本体分析数据和元数据结构背后的通用概念，旨在促进异构性文化遗产信息的整合、中介与交换。由来自计算机科学、考古学、博物馆文献、艺术史、自然史、图书馆学、物理学和哲学等领域的跨学科专家团队开发。CIDOC/CRM 重新设计和整合来自各种博物馆学科、档案馆的数据库图式和文档结构的语义内容，与术语系统相反，CIDOC/CRM 本体是以属性为中心的。[31]

目前 CIDOC/CRM 最后正式的版本为 2011 年 11 月颁布的 5.0.4 版，测试版为 2018 年 5 月颁布的 6.2.3 版，所有"实体"都以"E"（Entity）为序号，如：E1-CRM Entity，E2-Temporal Entity 等。"属性"则以"P"（Property）为序号，如：P1 is identified by (identifies)，P2 has type（is type of）等。"域"（Domain）和"范围"（Range）由属性连接。CIDOC/CRM 以树形结构构成，在概念模型中的每一个元素都是一个"实体"（Entity），其余的节点都是在实体的基础上派生出的，并且部分实体具有多重继承的特性，一共定义了

---

29. 国际博物馆理事会（the International Council of Museums）下属的国际文献委员会（the International Committee for Documentation，CIDOC）于 1998 年发布了 CIDOC Conceptual Reference Model/CRM，这是一种新的文化遗产信息编码标准，同时也是一个国际标准化组织（ISO）标准，标准号为：ISO21127（文化遗产信息交换的参考本体）。

30. CIDOC/CRM 的目的将文化遗产信息映射到一个共同的和可扩展的语义框架，推动文化遗产信息的共同理解。旨在成为领域专家和研究人员的共同语言，以制定信息系统的要求，并作为概念建模的实践指南。通过这种方式，提供在不同文化遗产信息来源之间进行调解所需的"语义黏合剂"（semantic glue）。

31. Crofts N, Doerr M, Gill T, et al. Definition of the CIDOC conceptual reference model[J]. ICOM/CIDOC Documentation Standards Group. CIDOC CRM Special Interest Group, 2008, 5.

99 个实体和 188 类属性，将实体实现了语义上的关联。[32]

CIDOC/CRM 实现信息互操作性和可访问性的关键工具是本体和标准数据模型，它们以一种清晰、明确和开放的方式构造和解释数据，从而减少误读的风险和可能导致的信息损失。CIDOC/CRM 本体是一种正式、明确的规范，在应用领域中以一种明确的形式和机器可理解的语言对对象及其相互关系进行共享描述。然而，在数据模型中使用的空间扩展通常是二维的，几乎没有明确的几何形状。CIDOC/CRM 本体论及其空间扩展 CRMgeo[33]（主要用于描述空间信息）的主要目标之一是对存档的文化遗产对象以及与之相连接的历史事件等信息进行推理。空间数据和几何数据代表和实现了文化遗产文化价值的重要部分，因此描述该类数据的信息应该是度量信息，度量信息可以展现出三维模型的精确数据内容，这些数据将会作为"诠释"和"展示"的标准规范。针对不同类型的应用领域，基于 CIDOC/CRM，弗朗西斯卡·诺尔德（Francesca Noardo）提出了 CityGML 扩展模型，以城市作为对象，允许对信息进行多尺度管理，扩展建筑遗产的多层面、多时间、复杂性的表达模式，使用综合性的手段将建筑遗产的三维几何特征录入模型的实体。[34]

在实践应用中，针对可视化数据 CIDOC/CRM 本体所提供的描述加剧了即时性访问的问题，本体中编码的概念模型通常具有抽象性且难以沟通。针对这一问题可以使用嵌入在虚拟环境中的视觉隐喻作为工具，来传达文化遗产项目的概念与关系并存储在本体中，这就引入了一个基于本体的文化遗产领域数据可视化框架。本体论提供了叙事的核心模式，旨在表现文化遗产领域的碎片化叙事内容，这种模式受到图像学和叙事学研究的启发，对文化原型的概念进行

---

32. 根据国际文献委员会概念参考模型手册，2018 年 5 月版本 6.2.3（测试版）。

33. Doerr M, Hiebel G, Eide Ø. CRMgeo. Linking the CIDOC CRM to GeoSPARQL through a spatiotemporal refinement[J]. Institute of Computer Science FORTH, Tech. Rep. GR70013, 2013.

34. Noardo F. Architectural heritage semantic 3D documentation in multi-scale standard maps[J]. Journal of Cultural Heritage, 2018.

了编码，描述为具有某种象征意义的相关故事、人物、地点和对象的集合。[35] 英国罗汉普顿大学的阿里安娜·丘拉（Arianna Ciula）将可视化重建比喻为在一个相似的建模概念中分为两个不同但重叠的目标，建模也分为：谁建立的和为谁建立的两类。就像工业设计中的原型模型一样，一个模型是制造新事物过程的一部分，用于测试一个假设或尝试特定的功能。这种抽象的概念是建立在已经存在或认为已经存在的事物的表征关系的基础上。建模的过程是

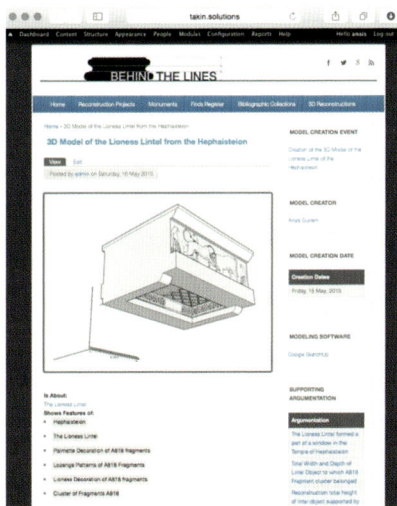

图 11 赫淮斯托斯神庙 CIDOCCRM

动态的，带有启发性的。[36] 针对虚拟修复过程中的动态内容，可以建立针对可视化的数据框架，针对应用领域的不同可以将数据内容进行重叠，以便于不同领域的研究人员应用。由于我们的研究目标是测试模型的可实现性，所以提出了基于 CIDOC/CRM 的虚拟修复模型的方式存储数据。

针对具体研究不同领域的学者提出了不同的基于 CIDOC/CRM 的解决方案，卢布尔雅那大学阿奈·吉列姆（Anaïs Guillem）基于开源的内容管理系统 Drupal，以 CIDOC/CRM 模型为架构，尝试构建虚拟修复交互元数据、元数据和数据的工作流，重建赫淮斯托斯神庙（The Temple of Hephaisteion）三维可视化信息（图 11）。

基于该建筑相关的大量考古和建筑数据文献内容，系统记录输入了这些信息，并连接其来源和材料，重建三维模型以用于记录元数据来源和数据关

35. Naudet Y, Deladiennee L, Manessi D, et al. Upper-level Cultural Heritage Ontology[J]. 2016.

36. Ciula A, Eide Ø. Reflections on cultural heritage and digital humanities: modelling in practice and theory[C]. Proceedings of the first international conference on digital access to textual cultural heritage. ACM, 2014: 35-41.

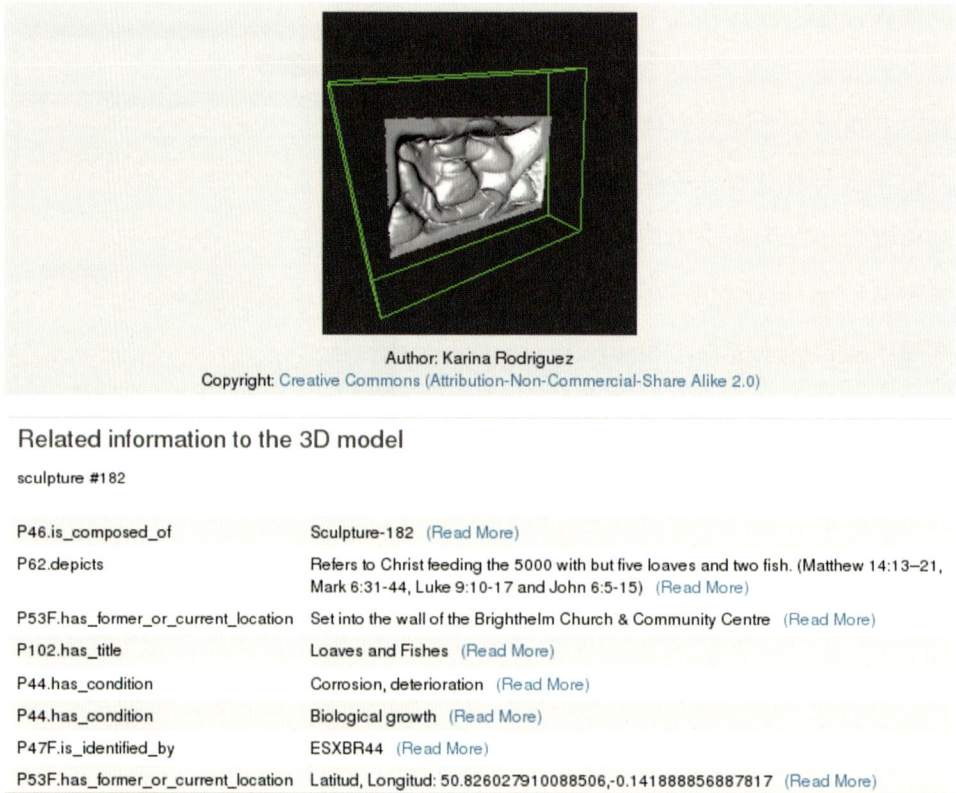

图 12 资源描述框架 RDF 架构

于建筑生成的项目及其研究，连接交互元数据和其相关的数据活动。[37] 使用开源工具和与 CIDOC/CRM 相关联的知识来源结构，文化机构可以构建系统的三维模型输出文档，从而创建长期的、科学的可访问资源。

英国布莱顿大学卡瑞娜·埃查瓦里亚（Karina Rodriguez-Echavarria）同样基于 CIDOC/CRM 本体生成语义元数据，使用语义 WEB 技术生成的元数据模型。使用资源描述框架（Resource Description Framework，RDF）语言作为基础，CIDOC/CRM 本体用于描述数据库中的元素，将具有异构性的文化遗产信息的整合与交换（图 12）。RDF 是一种基础架构，支持对结构

---

37. Guillem A, Zarnic R, Bruseker G. Building an argumentation platform for 3D reconstruction using CIDOC-CRM and Drupal[C].Digital Heritage. 2015: 383-386.

化元数据进行编码、交换和重用（设计元数据的数据模型）。同时 RDF 也是 XML 的一种应用程序，其强加了必要的结构约束以提供明确的语义表达方法，并提供了人机可读的词汇列表，旨在鼓励在不同的信息领域中的可用性和元数据语义的扩展。CIDOC/CRM 本体论将过去划分为持久性的离散事件，包括物质的和非物质的。使用开源注释工具 Tagg3D 标记语义链接指向，基于 Soprano[38] 的元数据接口从存储库请求元数据内容，而 Soprano 的接口返回元数据存储库中 CIDOC/CRM 概念的统一资源标识符（Uniform Resource Identifier，URI）列表，用户选择几何图形相关的 URI。如果用户对三维对象的内容有任何疑问，将允许用户与主题领域的专家进行通信。[39]

中欧东部牧民历史研究所的彼得亚雷（Piotr Kuroczyński）提出了文化遗产标记语言（Cultural Heritage Markup Language，CHML）的概念，CHML 的 XML 方案结合了元数据、交互元数据，以及与三维对象和场景的几何和材质数据、光线和相机属性，保证了三维重构中信息的认证、互操作性和长期保存。CHML 基于 CIDOC/CRM 参考本体为基础，创建自定义的 WEB 本体语言（WEB Ontology Language，OWL），这是种机读语言，由计算机解释和应用程序解析的语言。其本体是关于 WEB 信息的精确描述以及 WEB 信息之间的关系。允许在资源描述框架（RDF）的三重体系结构中存储信息，以及映射到 LIDO 格式和 Europeana 的 EDM 格式。CHWL 知识空间可视化的三维模型，旨在建立数字文化遗产透明度的新维度。CHML 不仅描述了文化遗产对象，而且非常适合记录过程和方法。这意味着在描述事件活动和参与者（自然人以及法律机构）时具有更大的灵活性。CHML 标准化了基于计算机的有形文化遗产三维重构方法，保证了数据集的互操作性和

---

38. 面向对象的 C++/Qt4 框架处理 RDF 数据的软件库。

39. Rodriguez-Echavarria K, Morris D, Arnold D. Enabling users to create and document 3D content for heritage[C].Future Computing, Service Computation, Cognitive, Adaptive, Content, Patterns, 2009. COMPUTATIONWORLD'09. Computation World:. IEEE, 2009: 620-625.

信息的长期保存。[40]

"3D ICONS"是由欧盟委员会（European Commission）信息和通信技术政策支持计划（ICT Policy Support programme）资助的一个项目，旨在对考古和建筑遗产的三维数据进行质量控制，并建立元数据模式以保证三维模型质量和交互元数据内容。主要目标是建立一个三维模型采集、处理和发布的渠道。同时项目也在用实践支撑《伦敦宪章》中对于可视化实施过程中的建议。

该模式建立在 CARARE 项目的基础之上，项目采用更清晰的方法来描述文化遗产的特征，并选择了适合的数字化技术与方法用于创建数字对象，来增强文化遗产数字资源的可用性以及在线资源的应用性。3D ICONS 项目提供精确的三维模型，包括文化遗产、考古遗址和具有重要文化价值的历史建筑。项目基于 CIDOC/CRM 的扩展 CRMdig（CRMdigital）模型[41]实现，CRMdig 模型的范围是描述从人类活动或行为级别开始的所有过程，这些过程反过来影响在设备和计算机上的操作，以及和这些操作的相关上下文，包括对象、人、地点和时间的描述。欧洲的 3D-COFORM 项目也使用了 CRMdig 模型，旨在解决三维对象的大规模保存与访问。CRMdig 模型特别适合于描述工作流程，从采集到处理、合成、诠释，最后到重构，这涉及创建一个复杂的语义关系网络。同时，CRMdig 模型支持对数字化和渲染三维模型的过程进行简单而清晰的描述。CIDOC/CRM 和 CRMdig 模型可以实现在三维内容基础上建立替代假设、事实证据、动机和理论基础，这些特征

---

40. Kuroczyński P, Hauck O B, Dworak D. Digital reconstruction of cultural heritage–questions of documentation and visualisation standards for 3D content[C]. Digital Heritage. Progress in Cultural Heritage: Documentation, Preservation and Protection. 5th International Conference, EuroMed. 2014: 3-8.

41. CRMdig 是一种基于本体的数字化资源描述框架模式，用于编码数字化产品的步骤和方法的元数据，其显著特点是完全包含了初始物理测量过程及其参数。CRMdig 是 CIDOC-CRM 的兼容扩展。

为数字化重构提供了保障。[42]CARARE 项目映射到 EDM（Europeana Data Model）数据模型上，3D ICONS 项目开发的元数据模式能够捕获数据对象处理和理解过程中的所有语义，并以 CARARE 项目的结果为基础。通过添加类或实体和属性使原始模式符合 3D ICONS 项目需求，可以在不改变原始模式或其映射到 EDM 的情况下添加这些信息。3D ICONS 项目采用一种更清晰的方法来描述文化对象的特性，提高数字资源的在线可用性。[43]

CIDOC/CRM 本体提供了一组元素，它们捕获与文化遗产领域相关的通用概念。大多数元数据标准都没有考虑到三维技术及其特性，需要建立通用标准的操作映射，CIDOC/CRM 提供了一个灵活的、标准化的、被广泛接受的、可扩展的表达基础。研究人员也逐渐认识到 CIDOC/CRM 的强大潜力，以及使用 CIDOC/CRM 克服数据集碎片化的必要性。[44]为了解决项目在促进数字资源之间的相互联系方面的语义需求，CIDOC/CRM 映射到一组专门化同义词典的词汇分类，它以语义的形式提供额外的分类和分组。这种组合容纳了概念排列的公共层，通过本体结构支持跨异类数据的推理和检索，丰富和扩展数据并构建了一个承载和增强基于数据建模和映射方法的语义描述环境。[45]三维可视化的多样性和历史描述的复杂性，要求系统地监控、管理和记录数字可视化内容所有的语义信息，不同领域的学者可以利用数据信息评估三维描述、跟踪可靠性、检测采集和处理阶段的公差和精度、研究数字化技术与

42. Guidi G, Barsanti S G, Micoli L L, et al. Massive 3D Digitization of Museum Contents[M]. Built Heritage: Monitoring Conservation Management. Springer International Publishing, 2015:335-346.

43. D'Andrea A, Niccolucci F, Bassett S, et al. 3D-ICONS: World Heritage sites for Europeana: Making complex 3D models available to everyone[C]//Virtual Systems and Multimedia (VSMM), 2012 18th International Conference on. IEEE, 2012: 517-520.

44. Felicetti A, Scarselli T, Mancinelli M L, et al. Mapping ICCD archaeological data to CIDOC-CRM: the RA schema[J]. A Mapping of CIDOC CRM Events to German Wordnet for Event Detection in Texts, 2013, 11.

45. Doerr M . The CIDOC Conceptual Reference Module - An ontological approach to semantic interoperability of metadata[J]. Ai Magazine, 2003, 24(3):75-92.

历史文化活动的证据。数据处理的过程需要考虑到所涉及的过程多样性和数字对象之间关系的复杂性，如果没有关于数据的含义、创建数据的方式和条件的信息，就不能正确解释和利用科学数据。特别是对于开发三维可视化文档的标准，必须基于数据采集和数据处理的技术、工具和方法，优化文件归档的模式。

三、语义的表达

在文化遗产领域中，媒介对象需要丰富的元数据来描述其创作和内容，以支持不同受众类型的访问。现有的视角涵盖了许多不同的学科领域，包括历史、考古学、美学、叙事学等。语义注释可以明确表示元数据背后的关系，如：位置与所关联的艺术流之间的关系、绘画主题与故事人物之间的关系，等等。语义门户利用这些技术提供了一系列以用户为中心的服务，使信息搜索活动具有关系搜索、个性化和上下文感知等功能。从发布者和数据提供者的角度来看，通过促进链接和内容的分布式创建和维护，也使得此类门户网站富有吸引力，这极大地提高了数据的重用性、丰富性和智能性，并且有利于内容聚合。使用 CIDOC/CRM 本体作为文化遗产领域的概念表示，以促进不同元数据模式之间的语义集成，如编码的归档描述和 DC 元数据，并消除它们可能的语义异构性。解决了从元数据模式到本体模型创建语义映射时出现的问题，并在集成不同文化元数据源的体系结构中使用这些映射，目的是实现语义互操作性。[46] 元数据是为资源的标识和描述而创建的，大多数情况下它们并不表示丰富的语义。尽管元数据信息的含义可以由人处理，并且可以理解其与所描述资源的关系，但是对于机器处理来说，实际的关系通常并不明显。

---

46. Stasinopoulou T, Bountouri L, Kakali C, et al. Ontology-based metadata integration in the cultural heritage domain[C]. International Conference on Asian Digital Libraries. Springer, Berlin, Heidelberg, 2007: 165-175.

与元数据模式相反，本体提供了丰富的结构来表达数据的含义。[47] 元数据映射到本体是一个复杂的过程，这种关系结构应用在虚拟修复的重构过程中，可以理解为是重构的可视化表达，也是基于空间和参考异构性数据的假想表达，这种系统性的差异说明了元数据在本体中实现的必要性。[48、49] 缺乏文献，没有统一的学术标准是不争的事实，虽然《伦敦宪章》提出了："应公开基于计算机的可视化过程中进行的评估、分析、演绎、阐释和创造性的决策，使研究来源、隐含信息、清晰推理和基于可视化的成果能够得到理解。"虚拟修复还无法满足关联数据的技术需求。

重构过程中物理对象（physical object）、资源（sources）和三维重建模型（3D reconstruction model）之间的关系被重建（reconstruction）活动绑定在一起。如果缺少物理对象（physical object）和重构对象（reconstruction object），则只能引用资源。解决方案是语义对象（Semantic object）作为黏合剂，它可以解决关系复杂的沟通问题（图13）。[50]

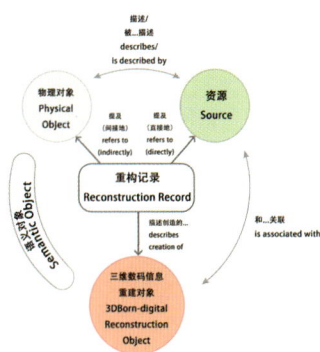

图 13 重构结构图表

虽然不同的本体可能使用相似的概念，甚至是同名的概念，但这些概念在意义上从未完全重叠。因此对元素和概念的理解和描述会略有不同。在虚拟修复阶段，只有信息的语义表示是可用的，即与文化遗产解释相对应的表示，以及用于创建这种解释的特定本体。同样的文化遗产也可以用完全

47. Doerr M, Hunter J, Lagoze C. Towards a core ontology for information integration[J]. Journal of Digital information, 2003, 4(1).

48. Münster S, Kröber C, Hegel W, et al. First experiences of applying a model classification for digital 3D reconstruction in the context of humanities research[C]. Euro-Mediterranean Conference. Springer, Cham, 2016: 477-490.

49. 与本体相比，元数据具有完全不同的范围和功能。元数据用于描述、识别、促进数字资源的访问、使用和管理。本体在更抽象的层次上定义实体，目的是概念化感兴趣的领域。它们没有为资源的描述提供具体的元素，而是对字段的基本概念及其之间的关系的一般定义。

50. HAUCK O, KUROCZY SKI P. Cultural Heritage Markup Language[J]. 2014.

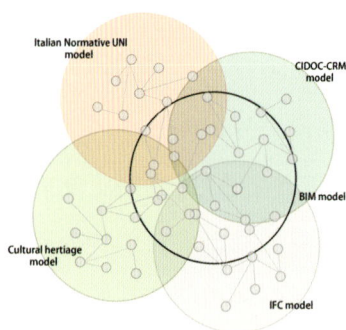

图 14　H-BIM 模型

不同的语义表示，我们以历史建筑信息模型（Historic Building Information Modelling，H-BIM）为例（图 14），遵循综合模型图表中的模式，使用语义 WEB 技术将不同的并行信息模型联系在一起，每个模型都描述了对同一文化遗产的不同解释。首先必须将 H-BIM 环境中描述的信息"转换"为语义 WEB 技术使用的语言，语义 WEB 技术本质上是资源描述框架。这个转换分两个步骤完成，首先，信息模型导出到行业基础类模式中，如建筑遗产描述以建筑信息标准为基础。其次，使用 REVIT 体系结构应用程序描述以前添加到信息模型中的所有信息。

集成阶段使用数字引擎（或系统可用交互引擎）创建包含所有信息的中心模型，这些信息进一步与有关文化遗产文物的几个平行描述联系起来，使我们能够在交互式直观的三维环境中呈现文化遗产。引擎应用程序编程接口实现了一些额外的脚本，从而主要添加了用户界面本身和选择元素和访问在线服务器上可用的这些元素信息的功能。解释主要是由视图和界面中显示的信息"触发"的，模型和信息传达给用户的界面和叙述比信息本身更重要。无论是记录文物的研究人员，还是体验文物的受众，在虚拟修复所构建的文化遗产系统中获取的信息都需要不断地进行个人解释，使用统一的元数据的规范会使这些误差值降到最低。通过将虚拟修复遗产的解释与原始文化遗产的解释进行对比，我们可以对虚拟修复遗产的多重解释的问题有新的认识。虚拟环境实际上并不是信息传递者，也不是信息交流的工具。相反，它更多的是作为经验观察的输出者，通过数字工具向最终用户传递已构建遗产信息的可能性，受众通常会从个人知识背景中寻找类比元素，而这些个人知识背景通常都源自过去的经验，从而启动了一个创造性的、解释性的过程，并引发不同的类比和推理。构建应该具有开放性，任何人都应该能够构建自己的信息结构，并对任何文化遗产进行相应的语义描述，将这种个人的解释与其他对应不同解释的语义描述联系起来。通过这种方式，受众可以在某一特定时刻描述他想要的任何东西，并根据自己的需要重新使用它。[51]

博物馆与文化机构以权威的方式将信息传达给公众，这削弱了文化遗产的丰富性，同时也阻碍了公众的参与。这也强化了一种误解，即公众所看到的内容一定是正确的和唯一的可视化内容，但事实上并非如此。尽管一些文化机构发现将他们的虚拟重建宣传为"完美再现"或"完美复制品"，但这种宣传不仅不真实，而且具有误导性。首先，三维可视化是对象的数字表现，因此，它们只显示其所指对象某些方面的研究成果。三维建模都基于持续的决策过程以及对可用信息的主观解释，但作为一种解释，视觉化是主观的过程，而不是客观的现实。使用链接公开数据（Linked Open Data，LOD）技术，并创建专业的基于本体资源描述框架（Resource Description Framework，RDF）。LOD 的使用允许将特定的信息附加到三维可视化的每个元素上并对其进行注释，由于架构的开放性和非层次结构的特性，其允许多个作者注释和添加同一实体的信息，三维可视化只是众多可能的假设和解释之一的描述。同时 LOD 内容是人机可读的，是一种三维输出的综合文档，信息可以由网络程序收集，链接可以被自动识别并显示给用户（图 15）。[52]

随着描述特定领域或过程的本体越来越多，这些链接数据也会不断自我扩展。文化机构在实践中更倾向于以物质化的方式展示内容，而忽略数字化的方式，但在三维打印技术快速发展的时代，数字化内容的实体化也并不是十分困难，数字化的趋势会推动文化机构态度的转变。三维可视化是一个非常广泛和多样化的领域，其包含了大量的方法和技术，从计算机辅助设计模型到激光扫描，再到使用无人机拍摄。描述过程的本体需要对过程本身以及在尝试记录过

51. Hervy B, Laroche F, Kerouanton J L, et al. Advanced virtual reality visualization systems based on a meta-model dedicated to historical knowledge[C]. Cognitive Infocommunications (CogInfoCom), 2012 IEEE 3rd International Conference on. IEEE, 2012: 225-230.

52. Pierdicca R, Frontoni E, Zingaretti P, et al. Advanced Interaction with Paintings by Augmented Reality and High Resolution Visualization: A Real Case Exhibition.[C]. Augmented & Virtual Reality Salento Avr. 2015.

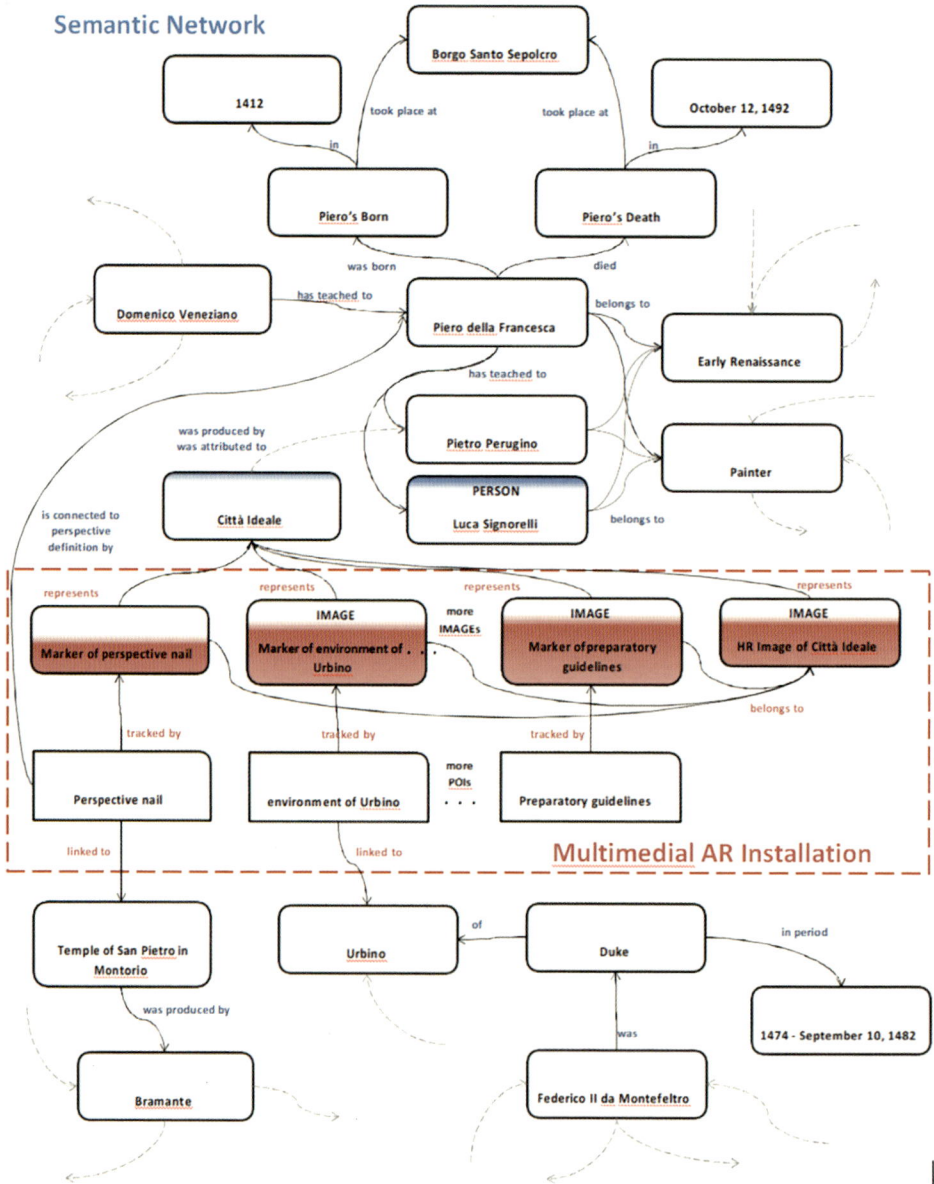

图 15 语义网络中连接的多媒体增强现实装置

程时遇到的实际问题有深刻的理解。此外，本体的描述是知识再现的过程，即
世界观建模。以研究者的假设、专业知识和需求为模型的本体论对范畴内的其
他领域的影响是有限的。基于上述原因，文化遗产三维可视化的语义本体要求
不同的实践者根据其自身的特定观点参与其本体的细化和实现。对象的每一个

子集都将通过本体论来涵盖和建模与选择技术或应用领域相关的具体问题，从研究过程到简化、规范化和编辑后选择。这种方法允许不同的作者和不同的数据集进行对话，尽管它们之间存在差异，但只要它们引用相同的元素和词汇即可。这样的数据增强了三维可视化的透明度，也排除了研究过程的重复性，迫使研究人员批判性地思考文献的来源、选择和研究方法。不同学科领域的学者链接信息和添加研究成果的注解，三维视觉化信息价值将会显著增加，成为一个开放的多学科信息集。即使对三维可视化本身不感兴趣的研究人员，也可以将其看作一个数字的、形象化的和可搜索的信息门户来使用。一个虚拟透明的三维环境，可以从不同的领域和角度进行连接和信息交互，这可能是跨学科对话的前提。语义本体的协同性质驱动问题的多样性和复杂性，也影响了知识的形成过程和文档的标准广泛认知。[53]

第六节 交互元数据

《伦敦宪章》对交互元数据（Paradata）有着明确的定义：

> 人类理解和阐释数据对象的过程的信息。交互元数据的实例包括存储在结构化数据组，以说明实据是如何用于解释人工制品的描述，或研究出版物对方法论基础的讨论。

它与"背景元数据"关系密切，但重点略有不同；前者倾向于交流对人工制品或收藏品的阐释，而不是处理或阐释一个或多个人工制品的过程。简而言之，交互元数据指的是人们理解和解释"数据对象"的过程，是描述原

---

53. Kuroczyński P, Hauck O, Dworak D, et al. Virtual museum of destroyed culturalheritage-3D documentation, reconstruction and visualisation in the semantic WEB[C]. Proceedings of the 2nd International Conference on Virtual Archeology, The State Hermitage, St. Petersburg/Russia. 2015: 54-61.

始数据收集方式的数据。其包括文化遗产、结构、环境和不同形式的相关数据。基于计算机的可视化的研究结果应该准确地向受众传达所代表的知识内容，如文献与假设之间的区别，以及不同程度的出现概率。交互元数据用于确保文化遗产数字可视化严谨地被"诠释"与"展示"，反映了以计算机为基础的可视化技术和方法的独特属性。

早在1989年莱斯利·阿德金斯（Lesley Adkins）就在《考古插图》（*Archaeological illustration*）[54] 一书中讨论了类似交互元数据的问题，插图以一种主观描述替代了文字与数字描述过去，到了20世纪90年代，基于计算机的可视化技术替代了插图的形式，使人们形象地了解过去有了新的方式。密歇根大学的米克·库伯（Mick Couper）于1998年在达拉斯联合统计会议（The Joint Statistical Meeting in Dallas）上创造了"Paradata"一词，用于使用计算机辅助系统自动生成的数据来评估调查质量，后来调查方法学家将交互元数据的概念扩展到了调查过程的其他方面和其收集模式，主要用于网络调查的数据收集与管理，以及监控和管理调查数据的收集。21世纪伊始，《伦敦宪章》在确立原则和承认交互元数据重要性方面迈出了重要一步，交互元数据是一种广泛的现象，涉及文化遗产的整个领域。宪章着重讨论了文化遗产的数字可视化，就当代标准和技术的背景下交互元数据研究和实践中需要遵循的模式与方法进行了解释，但交互元数据主要被描述成一个复杂的技术性问题，而不是理论性的问题。交互元数据基于不同概念化的方法理解和解释人类的历史，理论方面的问题与具体的实际问题都是息息相关的，理论工具作用于交互元数据的目的是在实践中使"理解和交互数据对象的过程"透明化。对于交互元数据"应公开基于计算机的可视化过程中进行的评估、分析、演绎、阐释和创造性的决策，使研究来源、隐含信息、清晰推理和基于可视化的成果能够得到理解"。所有"过程"信息的来源和推理都需要明确指出，并说明信息是通过测量还是通过假设得出的推论，同时测量和假设的方法也同样重要。

交互元数据是一种过程类型数据，在虚拟修复的过程中进行数据判断。与元

---

54. Adkins L, Adkins R. Archaeological illustration[M]. Cambridge: Cambridge University Press, 1989.

数据相比，交互元数据是对数据进行更改的数据，这些更改包括展示、操作、放大、缩小、修饰等。交互元数据是元数据的补充，而不是替代，是从元数据中分离的信息集，是一种在资源周围创建开源和开放访问数据空间的方法，交互元数据强调传播而不是描述，阐明了资源的使用模式和假设。虚拟修复的过程在于重构这些原始的未转换的调查数据，这可以使用不同类型的可视化方法。首先需要测量坐标，对文化遗产进行精确地映射，重构模型框架。在虚拟空间中一旦定义了原始数据，将有助于连接空间中的正确坐标位置，这些原始数据是考古计划或现场执行的图纸，也可以是使用激光扫描直接获取的原始数据。虚拟修复的过程将参照客观的数据，而交互元数据作为考古记录的原始数据的反映，将会强化这一构建过程的相对客观性，为后续的虚拟修复奠定基础。这些交互元数据在可视化呈现阶段，也会起到参照的作用。而在解释性重构阶段，也包括经过考古推断的重构阶段，需对现有数据与文献做出深度分析。在此基础之上也会做出合理的假设，而这些假设对虚拟修复产生了复杂的不确定性影响，除了原始数据本身固有的不确定性和主观性，也需要交互元数据保持一致的不确定性和主观性，这就涉及了交互元数据的透明度。重构和可视化的过程是基于原始数据做出的判断，在重构的阶段，想象力必须填补缺失的数据内容，以构建完整的重构，交互元数据将确保这些拓展内容的正确性。元数据仅仅是描述主要数据的数据，而交互元数据是对流程、变更、操作和重构的解释。如果虚拟修复可以被看作是一项研究，那么交互元数据就是研究的描述，是研究人员的行动和方法的记录。

正如在实际的应用过程中，透明度信息应该有多详细？交互元数据描述的界限是什么？价值体现在哪里？《伦敦宪章》没有提供透明度操作的具体方法，交互元数据和保持透明度的信息集如何集成到虚拟修复的项目中，这涉及项目的主题与目的，必须针对个案进行分析。必须认识到的是，扩展交互元数据的数据范围是非常重要的（包括 Macro Paradata 和 Micro Paradata）。[55] 在人文学科的学术研究中使用可视化技术仍然存在争议，可视

55. Scheuren F. Macro and micro paradata for survey assessment[C]. a satellite meeting to the UN/ECE Work Session on Statistical Metadata (Washington DC). 2000.

化作为一种建设性有效的方法来进行历史研究，从不同的角度来阐述研究的透明度，交互元数据将促进数据收集过程的透明度，这从不同的角度反映了该领域的理论和实践规范过程。艺术与人文学科在"诠释"与"展示"文化遗产的过程中对于数据的依赖性要远远低于其他学科，这并不是说其研究结果不科学，而是固有的研究方法和目的是逐渐积累形成的。学科交叉研究环境变得不可避免，原有的研究方法限制了学科的发展，学者们试图通过新技术突破这一瓶颈，但过程中还是不可避免地使用传统的思维模式考虑问题。解决这些问题的关键在于必须将科学严谨的研究方法引入艺术人文学科的研究项目中，可以看到数字人文领域已经取得了大量的研究成果。

第七节　可视化三维格式的保存与访问

文化遗产的三维可视化文件在研究过程、解释和来源等环节必须建立在学术界和广大公众可评估或讨论的基础之上，所以文件的保存与访问必须是透明的。对于文化遗产内容的认知大多基于权威机构，对过去文化价值的看法是静态的，而不是基于文件内容，这种方法很难鼓励或支持对文化遗产的批判性思考。因此文化遗产三维可视化文件必须加入学术属性。在《伦敦宪章》中对于文件格式的可延续性有着清晰地认识：数字存储策略应以保存基于计算机的可视化数据为目标（而不是存储它们的原始媒介）并保证有足够的信息使它们能够在未来使用，例如能进行格式转换或采用软件模拟。三维文件记录和传播的信息应基于计算机的可视化方法和结果，并能够根据其使用的环境和目的得到充分的理解和评估。

可视化三维数据应用范围广泛，不同领域对于数据格式的要求是不同的，由于缺乏对三维数据内容、数据结构、文件格式以及呈现实现的标准进行定义，导致了三维数据采集、表示、存储、检索、比较和呈现等方面的大量问题。如果对文件进行格式转换，部分信息必然在转换的过程中丢失。现行的硬件平台上支持的三维文件格式大约有 200 多种，这还不包括一些特殊类型的三维文件格式。三维数据的保存涉及对三维数据特征、三维文件格式和软件的基本理解，三维文件格式转换所带来的信息损失，如：模型无法形成封闭的外形，特征定位不正确的模型，相交的线无法重合；缺少点、线、面等元素，同一特征在同一地点的多次出现，与其他线或面重合；不相交于直线的表面，几何、尺寸等参数没有正确地分布在不同的层；等等。为了量化信息损失，一种可能的方法是对三维数据特征进行排序，推荐使用特征保留较多的文件格式。另一种方法就是将三维模型留给未来的使用者进行转化，未来的技术可能能够解决现在解决不了的技术问题。也可以通过保留原始素材，例如原始点云数据或图片数据，留给未来使用者进行转化，但这样就会涉及两方面的问题。一方面，如果将来的建模技术并不是基于点云或图片（这种情况很可能会出现，现有的建模技术与 20 年前的技术虽然底层的成型原理一致，但具体到操作方法是具有颠覆性的），原始素材可利用率就会很低，因为已经没有软件支持将这些数据提出。另一方面，现在的计算机结算能力还不足以运行最为复杂的图像转换模型，也就是说最终的模型大多是经过优化的，如果保留原始数据，同时未来也在使用这些技术进行建模，反而保留原始数据更利于未来的使用。

美国国家超级计算机应用中心肯特·麦克亨利（Kenton McHenry）将现行主流的三维文件格式进行表格排序，针对文件格式的 4 个方面：几何特征（Geometry）、材料外观（Appearance）、场景（Scene）和动画（Animation）进行综合评判。几何特征（Geometry）包括了：面（Faceted）、模型参数（Parametric）、建构立体几何（Constructive Solid Geometry，CSG）、B-Rep 对象。材料外观（Appearance）包括了：C = 色彩 Color，M = 材质 Material，I = 纹理 Image texture，B = 凸凹贴图 Bump map。场景（Scene）包括了 V = 视角 Viewport/ Camera，T = 变换 Transform，G = 分组 Groups。通常情况下，转换程序在转换三维文件格式时会忽略材料外观特征，表格中假设优先级顺序为几何、外观和场景。[56] 在对特征类别进行排序之后，可以

---

56. McHenry K, Bajcsy P. An overview of 3d data content, file formats and viewers[J]. National Center for Supercomputing Applications, 2008, 1205: 22.

Format	Geometry				Appearance				Scene				Animation
	Faceted	Parametric	CSG	B-Rep	C	M	I	B	L	V	T	G	
3ds	✓	✓			✓	✓	✓	✓	✓	✓	✓		
igs	✓	✓	✓	✓	✓						✓	✓	
lwo	✓	✓			✓	✓	✓	✓		✓			
obj	✓	✓			✓	✓	✓	✓		✓			
ply	✓				✓	✓	✓			✓			
stp	✓	✓	✓	✓							✓		
wrl	✓	✓			✓	✓	✓	✓	✓	✓	✓		
u3d	✓				✓	✓	✓	✓		✓	✓	✓	✓
x3d	✓	✓			✓	✓	✓	✓	✓	✓	✓	✓	✓

图 16 文件格式支持内容

对单个特征进行排序，并映射三维文件格式转换前后特征的存在或不存在。在这个过程中，可以根据信息的保留情况，评估转换的可行性。许多三维格式还包含 CSG 信息，可以方便地编辑三维模型，但格式的转化会丢失这些编辑属性，虽然这不会对三维模型本身造成任何影响，但是会给未来文件使用者造成工作量的增加。三维文件格式一般使用 ASCII 和 Binary 两种方法进行输出，二进制（Binary）文件较小，ASCII 则是将文件拆散打包输出。

注释是对这些提及的三维文件格式简写进行进一步解释（图 16）。[57]

---

57. 3DS：3ds 文件格式是 AutoDesk 3ds Max 软件的主要格式。它是一种二进制格式（binary format），由包含各种信息的模块（Chunks）组成。块包含一个标识，指示存储在那里的信息以及下一个块的偏移量。

OBJ：obj 文件格式是一种基于文本的开放文件格式，是 Alias|Wavefront 公司为基于工作站的三维建模和动画软件 Advanced Visualizer 开发的一种标准三维模型文件格式，很适合用于三维软件模型之间的互导。

IGS：美国标准 IGES（The Initial Graphics Exchange Specification）格式由国家标准局（The National Bureau of Standards，NBSIR）于 1980 年发布，是建立在波音公司 CAD/CAM 集成信息网络、通用电气公司的中心数据库和其他各种数据交换格式之上的。其最初版本仅限于描述工程图纸的几何图形和注释，随后又将电气、有限元、工厂设计和建筑设计纳入其中。

PLY：多边形（polygon）文件格式，一种灵活和可移植的三维文件格式。多边形格式有 ASCII 和二进制（binary）版本。该格式允许用户定义类型，允许其可扩展，以满足未来三维数据的需求。

　　除上述常规三维文件格式外，三维打印的文件格式也在更新，从常见的 STL 格式发展到了带有考古元数据信息的增材制造文件格式（Additive Manufacturing File format，AMF）文件格式（用于描述增材制造过程中对象的开放标准），该格式封装了考古上下文记录的关键元素，使得虚拟世界和物理世界之间的联系更加紧密。[58] 三维打印从单一材料、均匀形状发展到功能分级材料和彩色微观结构复合材料。

　　高质量的三维模型的建模非常耗时，并且数字重建的结果常常无法互操作，因此不容易被访问。对于复杂的体系结构和大型遗址来说，这一挑战

STP：国际标准 STEP（产品数据交换标准 Standard for the Exchange of Product modeldata）iso10303 是作为 iges 格式的后继标准，是一种纯文本格式，用于处理命名对象，而不仅仅包含原始的几何信息。与 iges 文件格式一样，step 格式依赖于实体建模，这对 CAD 开发人员来说很方便。

U3D：2004 年，英特尔、波音、Adobe、微软以及 30 余家公司在西班牙巴塞罗那共同宣布合作开发一个名为 U3D（Universal 3D）的通用三维图形格式标准。旨在让用户无须专用软件，就能够像 MP3 用于视频和 JPEG 用于静态图像那样，可以免费获得的三维数据编码方式。他们的目标是为所有类型的三维数据制定一个通用标准，以促进交流，重点是促进制造业、建筑业和其他行业的三维图形开发。这种格式在 2005 年被欧洲计算机制造商协会（the European Computer Manufacturer Association）批准（Ecma-363）。这种格式在很大程度上得到了英特尔的支持。英特尔在与 x3d 产生分歧后，离开了 WEB3D 联盟，开始着手开发这种格式。与 x3d 一样，这种格式也打算成为 3D 标准。Adobe 在 PDF 文档中嵌入三维图形。

WRL：WRL 文件是一种虚拟现实文本格式文件。WRL 格式有 VRML 1.0 和 VRML97 两个版本。这两个版本都是 WEB3D 联盟开发的开放的标准化格式。VRML 文件是基于文本的，以结构化的可读方式进行布局，以促进三维数据的作者身份。VRML 文件广泛用于在图形应用程序之间传输三维模型。

X3d：可扩展的三维格式 X3d 是 VRML 的扩展，在 2005 年被国际标准化组织（The International Organization for Standardization，ISO）批准（ISO/IEC 19776）。它是一种专为万维网而设计的三维图像标记语言。由 WEB3D 联盟设计的，是 VRML 标准的最新的升级版本。X3D 基于 XML 格式开发，所以可以直接使用 XML DOM 文档树、XML Schema 校验等技术和相关的 XML 编辑工具。与 VRML 一样，数据文件也是基于文本的。通过这种方式，它不仅仅是一种文件格式，更是一种用于构建三维场景的语言。

58. Lipson H. Standard specification for additive manufacturing file format (AMF) version 1.1[J]. ASTM International, 2013, 10.

更为关键，因为它们涉及大量的数据，需要通过元数据来获取、管理和丰富。前面章节提到的欧盟 INCEPTION 项目为了解决三维数字模型制作过程中采集数据量大、耗时长的问题，提出了一种优化的数据采集协议（Data Acquisition Protocol，DAP）。目的是指导文化遗产的数字化过程中对于模型的特异性需求，集成元数据和语义到三维模型。[59] 该项目的模型信息管理也在尝试使用这种较为先进的技术流程，通过 DAP 来衡量效益和附加值，主要是将不同的和特定的案例进行分组。确定调查类别和 DAP 评估类别之间的主要联系，根据可靠性、可用性和有效性达到更好的采集效果。

　　传统上，纸质媒介信息创建者和信息守护者的角色是截然不同的。基本上，那些创造材料的人对他们的保存没有兴趣，那些保存材料的人对他们的创建没有控制能力。在数字世界中由于介质的改变这种问题被化解，但同时也将问题复杂化。保护的问题很早就被考虑到，即使是在信息创建的时候，数字信息的创建者、提供者和所有者第一道防线就是防止有价值信息丢失。创建者应该意识到在创建时所做的选择会影响以后归档的可能性。使用标准和开放格式，充分的描述和文档，以及使用永久名称为在线资源，方便长期保存和帮助降低成本。许多信息创建者在创建材料后会在相当长的一段时间内管理它们，这样做就必须处理与保存有关的问题。数字保存策略的目标应该是保存基于计算机的可视化数据，而不是它们最初存储的媒介，以及足以使其在未来使用的信息内容。然而，迄今为止，保存数字内容仍然是带有风险性的方式，因此制订复杂的数字保存系统并不值得推荐，特别是在处理低成本或预算有限的项目时。

第八节　可视化数据生命周期

　　数据的生命周期在三个层面上会出现无法获取的现象：1. 存储介质退化；2. 软

---

59. Maietti F, Giulio R D, Balzani M, et al. 3D Data Acquisition and Modelling of Complex Heritage Buildings[J]. 2018.

件过时，无法读取数字信息；3. 引入不能处理旧数据的硬件系统和外围设备。

　　首先是存储介质的退化，这主要涉及硬件的防护与保存，以及储存介质在一定时期所需要的必要的更新。然而最新的技术手段也并不能确保数据的安全性，20 世纪采用当时最为先进的技术采集的数据多使用穿孔卡带，旧磁盘和磁带格式进行记录，这种类型的数据极为庞大。以音频资料为例，早期的音频记录大多使用磁带进行记录，但是磁带的寿命比当时专家所预计的要低得多，而数字化时代对原有的磁带记录方式产生巨大冲击，以至于在换代的过程中没有太多的技术投入磁转数的过程中，直至现在欧美的音乐机构还存有大量的磁带音频资料，没有转换为数字格式。磁带和磁盘都可能受到物理腐蚀，它们的寿命都无法与标准的保鲜膜或无酸纸相比，这需要在受控条件下进行存储，但即便如此，材料也应定期复制到新媒体上，以防止载体变质造成损失。[60]

　　其次是软件过时，由于文件格式和程序也已过时，数据的保存不仅要处理文件本身的维护，而且还要解决其可访问性的问题。这意味着，要么程序也必须被保留，并以某种方式在新平台上继续运行，要么文件必须转换为另一种格式，以便由新程序解释。随着数字技术的不断发展，这是一个持续的过程，大部分数据材料需要保持几十年的可访问性。在许多情况下，这迟早会导致信息、功能或外观的丢失，特别是对于结合了各种文件格式和应用程序的复杂的多媒体材料。早期使用 DVD（Digital Video Disc）[61] 形式记录的视频文件就已经被认为是最为清晰的记录方式，但是这 20 年间数据量产生了惊人的变化，我们使用一个简单的数据说明这一问题，DVD 的视频格式支持为720×480，如果把这样的视频资料在现代的设备上播放画面是极为模糊的。

---

60. 经过 20 多年的时间，碟片的存放也出现了问题，染料层的损坏几乎不可避免。染料层是使用多种化学物质以及混合金属元素制成，具有极其不稳定的特性，光照少、潮湿的环境会对碟片产生不可逆的破坏，其实我们现在使用的硬盘也不过是保护较好的碟片形式。

61. 这种在 1994 年出现的数据规格替换了 VCD 的规格（352×240：NTSC 制式或 352×288：PAL 制式），这种规格简称多媒体光盘系统（MMCD: Multi-Media Compact Disc），用户可以一次性写入 4.7GB 数据进入 DVD-R 碟片，终端需提供至少 11.O8 Mibt/s 的数据吞吐量，这在当时是惊人的，这样的一张碟片可以轻松容纳下一座图书馆的文本数据。

所能提供的也只是单纯的记录，这些视频是无法作为素材参与软件的计算的，因为视频中可提供的数据量太少，不足以支持运算的基础需求。

大多数数据不能存在于数字环境之外，因为它们依赖软件来解释和功能。将信息打印在纸上加以保存只适用于一小类纯文本文件。一般来说，为了在将来的某个时刻使用该材料，其内容和功能都需要被保留。因此，数据的保存是一项复杂的技术任务。事实上，储存信息的媒介是暂时的载体，它们只在有限的一段时间内发挥作用，保存也必须考虑到其他方面的因素。软件和硬件的过时会导致原始格式文件的信息或功能的丢失。连续的版本程序可能是兼容的，但是软件生产者通常不支持长时间的兼容性。内容从市场上消失，或者不再能在新平台上使用。过去在过时的计算机系统的旧平台上，运行程序旧版本的依赖不可避免地会导致数字材料的死亡。虽然可以通过在更为高级的设备上模拟低级的系统或软件内容，但由于部分机构储存数据的接口已经被淘汰，在市场上无法找到与之匹配的硬件，因而数据可以使用但无法被导出。

最后是硬件设备更新，从 20 世纪末开始，磁盘逐渐代替磁带成为存储的基础，磁盘的容量在不断地提升，[62] 但是当光盘出现的时候，软盘作为临时存储也面临被淘汰的境况，如果数据还储存在这样的介质里，科研人员现在很难找到一台软盘驱动器读取里面的资料。激光烧录的光盘碟片可以储存更多的数据，一度成了最为安全的保存方式。可以看到近几年光盘驱动器也已经消失，最新的 PC 硬件上都没有配备这一设备，再过十年左右光盘驱动器也会像软盘驱动器一样完全消失，那些还来不及转换的数字内容将会面临消失的危险。

当我们重新审视现在的数字化方式，似乎忘了几十年前使用磁带记录时的信心满满，现在所使用的数字化格式也在不断地更迭，随着终端计算能力的提升，数字格式也在不断地更新换代。"更新"的材料必须将其转换到新

---

62. 从最早的 1967 年 IBM 公司推出的 32 英寸的软盘，到普遍通用的 3.5 英寸的 PC 标准软盘。

的媒体类型中，特定类型的磁盘或磁带不能再用于当前的计算机系统。这些早期的信息备份一直处于不断恶化的环境中，读取与转换是一项庞大的工程，如果下一次数据革命到来现今所记录的数据将会形成更大的恶性循环。

第四章

虚拟修复的信息模型构建

随着信息技术的发展，三维模型成为文化遗产领域最为形象化的文献之一，研究人员在浏览文档时，需要对于三维环境中的空间与数据进行查询，以便做出推断，而信息所呈现的编码和语义信息等内容决定了研究结果的方向。虚拟修复的过程是将信息进行"重构"，这是一个从"编码"到"语义"，再到"解码"的过程，我们需要对信息内容进行建模，模型中所有数据对象都具有属性和关系。这些内容可用于数据挖掘，可以让研究人员进行可视化、分析、解释这些数据内容，也可以进一步分析和管理这些数据，这是具有可持续性的。虚拟修复的信息模型面临的主要问题是如何构建、链接和提供复杂数据的访问。[1] 其包含着多样类型的信息资源，如文本数据、声音数据、交互数据、图形数据等，以及随着时间的节点所产生的历史性信息，这些信息相互之间的关联并不强，也没有较为统一的结构特征。与此同时，不同的受众需求对于信息的细节要求也是不一样的，建立多重的信息模型无疑是资源的浪费，虚拟修复构建的信息模型需要解决上述问题。

第一节　信息建模

信息建模涉及基于计算机符号结构的构建，主要用于捕获信息的意义，并以

---

1. Baik, Ahmad Hamed. Heritage Building Information Modelling[M]. Abingdon: Taylor & Francis, 2017.

人机可理解的有效方式重新组织信息。信息在最初的阶段都呈现出缺乏的态势，信息建模将数据基于本体类型进行管理，一旦这些信息变得富有价值，信息资源会以几何倍数增长，信息建模就成了信息系统工程的核心技术之一。文化遗产领域数字化内容的查询处理与浏览，以及基于相似性的检索、数据挖掘、数据服务、知识共享都需要建立在信息模型之上，这也包括自下而上的数据库模式构建、模式演化、格式化、非格式化和超格式化数据的集成和共存等。最重要的是需要对信息系统工程进行扩展，以支持新的、灵活的信息共享结构，可以说信息建模可以解决文化遗产信息服务与管理日益增长的技术需求。信息建模需要构建信息系统的本体，这需要在多个层面对信息系统进行描述，这些描述可能是基于系统功能需求的规范，也可以是基于概念设计和实现的范畴，但最终的模型必定是一个便于查询与管理的全面性框架结构。

信息建模需要对文化遗产的具体概念与计算机可读数据内容一一对应，用于分类描述通用的概念，信息模型中的信息关联真实世界的关系，如原始考古数据、交互内容等。[2] 信息模型是一个储存积累、传播、结构化信息的仓库，假设信息是通过用某种语言表达的语句输入的，语句的内容则需要根据它们的主题进行提取和组织。信息库的组织应该反映它的内容，针对物质文化遗产和非物质文化遗产这种主题描述需要根据其主题组织信息，每个信息模型都提供了内置的通用符号结构或术语，两个不同的模型可能适用于同一类应用程序，但使用不同的术语来谈论这些应用程序。信息模型构建出的框架将这些概念性的模型与它们的预期主题相比较，而本体可以精确地实现这个目标。非物质文化遗产与物质文化遗产有着本质的不同，信息传播的模式也有着本质的区别，对于物质文化遗产，如历史遗迹信息模型的记录功能大于传播，因为数据本身具有一定功能性，不但可以使研究人员对于现有信息有整体性的认知，也可以在时间轴上进行纵向对比。而非物质文化遗产是一个不断演变和扩展的结构，如果没有形成这样的结构，文化内容就会出现断层，传播也就不复存在，文化就

---

2. 信息库通过专用语言查询和更新，类似于通过查询和数据操作语言访问和更新数据库的方式。

是这样在偶然和混沌中传承下去。

无论哪一种文化遗产的形式，重构都是数字化的目的之一，而非物质文化遗产的重构过程，其必然建立在大量的偶然的基础之上，本身的属性也要求其产生变化，试问有哪个非物质文化传承人不想青出于蓝胜于蓝？完全没有变化的继承，在某种程度上是在加速这类文化内容的死亡，但是如果在对原有信息毫无认知的基础上进行剥离性的传承，只会有两种结果：一种是急速地发展起来；而另一种就是完全的死亡。看似两种发展模式是殊途，但无法改变其同归的命运，就像野草地上的火焰，有的遇到合适的环境突然燃烧起来，但最终都要在大环境下逐渐熄灭，所以可持续性的发展才是非物质文化遗产的良性发展模式，其信息建模的过程就必须考虑到其可持续传播的需求。

任何信息建模都存在一个问题，就是在收集或提供信息的人员之间常常存在意见或看法的差异。上下文可以看作是一种抽象机制，允许将描述的部分内容添加到信息库中。文化遗产内容采集的过程中，抽象机制允许对过程进行相对描述，这种描述可能是针对个案，而不具有普遍性。建立在同一语境下的描述会最大程度上避免这些矛盾的出现，数字化在文化遗产领域的发展才刚处于起步阶段，没有形成统一的语境环境，欧盟正在试图建立这种语境模式上的统一，但这是一个长期存在的问题，问题的迫切性还不至于让所有文化机构走到一起。

信息是物质存在的一种方式、形态或运动形态，从广义的哲学角度来看，分为本体论和认识论两个方向。[3, 4]克劳德·艾尔伍德·香农（Claude Elwood Shannon）和瓦伦·韦弗（Warren Weaver）将传播的有效性归为三类问题[5]，这三级问题存在于任何传播系统中。A级问题主要涉及"编码"。信息模型需要构建

---

3. 本体论强调信息就是事物运动的状态和运动的方式，认识论认为信息就是关于事物运动状态和运动方式的反映，而并不是事物运动方式本身。

4. 信息建模的过程就是将建立对象重要的共性的性质，而对于那些不同性质通过对模型框架的扩展来进行描述，信息建模就是减少描述的重复性，以及信息的不确定性。

5. A级问题（技术问题）：一个特定信息如何准确地进行传播？ B级问题（语义问题）：信息如何确切地传送意象的意思？ C级问题（有效性问题）：接收到的含义如何以希望的方式有效地影响行动？

一个接口，链接发出者和接受者，或者建立两者共同接受的协议。B 级问题就是如何进行编码的语义问题，以何种形式进行编码，以及这种编码是否具有扩展性。C 级问题是在解决了 A 和 B 级问题的基础上所产生的反馈性与有效性问题。这主要涉及"解码"的问题。斯图亚特·麦克菲尔·霍尔（Stuart McPhail Hall）在《编码 / 解码》（Encoding/Decoding）一书中将"编码 / 解码"理论视为一种信息生产、传播、接受的结构化理论。[6] 不同于美国实证主义的研究角度，"编码 / 解码"理论提出了两个视角：1. 媒体内容生产过程中的语境分析（与编码有关）；2. 媒体内容的消费分析（与解码有关）。信息传播不完全遵循传统的"传者—信者—受者"的线性模式，而是一种非线性的传播结构。信息在传播过程中是以符号作为载体进行传播的，这取决于发出者和接受者的社会特征、知识背景，不同的解读在所难免。[7]

　　虚拟修复就是解码的过程，遵循什么样的解码原则就会得出什么样的结果，我们并不能控制结果，有效性也因人而异。这样的过程类似于设计一款软件，设计时我们并不知道使用者会怎样使用这款软件，某种功能并不是其原有创建时所具有的原始目的，但是"解码"的过程也是一个异常复杂的过程。对于非物质文化遗产信息模型，最终的解码必须带有创造性，如同我们记录了所有莫扎特的曲谱，归纳和总结了所有曲谱的普遍性模式以及随机变化比率，但是我们依旧无法创作出莫扎特的曲子。信息模型的作用在于准确地记录，并有效地传达信息，解码过程中的不确定性是在所难免的，但是 A 和 B 级问题的解决可以大大降低 C 级问题的不确定性。虚拟修复所涉及的信息建模将会基于建筑信息模型，这不仅仅因为建筑信息模型有着较为成熟的研究基础，这也与文化遗产保护的发展模式相类似，都是从建筑遗产保护的基础之上发展而来。

6.　Hall S. Encoding/decoding[J]. Media and cultural studies: Keyworks, 2001: 16676.
7.　因为符号的含义是具有随意性的，同样的符号与不同的社会地位、政治背景以及行业规范等要素结合起来，就会存在不同的意义。

第二节　虚拟修复的信息模型

一、历史建筑信息模型

历史建筑信息模型（Historic Building Information Modelling，H-BIM）是以建筑信息模型（Building Information Modeling，BIM）为基础建立的[8]，BIM 从最初的设计开始就将所有信息都包含在一个模型中，因此可以确保时间和成本效益估算。某种程度上 BIM 具有五维属性的数字化特征，这包括基本空间维度——宽度、高度和深度，以及第四个维度——时间，第五个维度——成本。信息模型可以帮助团队做出及时而高效的决策提供可靠的依据。[9] 由于 BIM 近年来通过提供高质量的信息而得到了长足的发展，因此降低了建筑项目各个阶段的缺陷和风险。

早在 1992 年，范·纽德维尔（G.A.Van Nederveen）和杜尔曼（F.P.Tolman）在《对建筑物的多个视图建模》（Modelling multiple views on buildings）一文中第一次使用"Building Information Model"这个术语。[10] BIM 这个词最早由耶鲁大学建筑学院的菲利普·伯恩斯坦（Phil Bernstein）使用。另一种理论认为，美国佐治亚大学建筑与计算学院的教授查尔斯·M. 伊斯特曼（Charles M.Eastman）在他的书中广泛使用了这个词，1975 年，伊斯特曼在论文《在建筑设计中使用电脑代替图纸》（The use of computers instead of drawings in building design）中提出了"建

---

8. BIM 被定义成由完全和充足信息构成以支持其生命周期管理，并可由计算机应用程序直接解释的建筑或建筑工程信息模型。BIM 是环境、结构或建筑的三维数字化表示，涵盖了几何学、空间关系、地理信息系统、各种建筑组件的性质及数量。BIM 可以用来展示整个建筑生命周期，包括了兴建过程及营运过程，同时建筑内各个部分和各个系统都可以呈现出来，包括了设施的物理和功能特征的数字表示，为参与部门提取建筑内材料的信息和共享信息资源提供了便利。这些信息包括：图纸、结构元件、机械系统、材料系统、数据供应商和财务数据等。

9. 整体项目团队包括建筑师、土木工程师、测量师、机械工程师、承包商、修复师等都参与了信息模型的构建。

10. Van Nederveen G A, Tolman F P. Modelling multiple views on buildings[J]. Automation in Construction, 1992, 1(3): 215-224.

筑描述系统"（Building Description System，BDS），也就是 BIM 的雏形。[11] 后来，德国人杰瑞·莱瑟林（Jerry Laiserin）用这个词来表示制造过程，并以数字形式促进信息交流。BIM 的第一次实施是在 1987 年由图软公司（GRAPHISOFT）公司的 ArchiCAD 平台完成的，尽管当时学界有将 BIM 技术用于建筑设计和生命周期管理的趋势，但很少有人研究 BIM 在文化遗产古迹管理和文献记录方面的价值。时至今日，在建筑设计领域，数字化设计已经完全被引入其中，涉及了建筑行业的各个分支，这包括设计、监理、展示、记录与可视化等方向。BIM 几乎应用在所有大型建筑项目中，这一工具包括了建筑学、工程学以及土木工程学等多学科交叉的新技术系统，并将建筑工程项目中相关的信息数据集合在一个系统中，设计的修改也会涉及相关信息的调整，这种多部门协调的模拟系统大大优化了设计与建造过程中的资源浪费。

建筑领域的数字化过程大致有两种模式：一方面是针对绘图工具与设计工具的数字化转变；另一方面是用参数化的方式探索新的建筑技术方法。第一种模式将传统的工作流程进行了数字化的转换，使用鼠标和键盘代替了铅笔和尺子，这种数字化的转换只是改变了输出与输入的方法，但基本的性质与特质是不变的。如同建筑效果图 20 多年前用喷笔绘制，现在改为了软件渲染，画面的准确性更高了，但本质上并没有什么不同，只是工作模式上的转变。而第 2 种模式则是在基础上扭转了建筑行业的项目环境，BIM 系统将原有的图纸、报告、表格、程序、预算、MEP（Mechanical，Electrical，Plumbing）等多种传统项目管理的元素集成在了一个系统中形成联动，建筑设计的过程中就已经可以将相关的预算输出。这与 CAD（Computer Aided Design）系统 [12] 的运作模式是有本质的区别的，在功能上有着某些层次的相似性，但其内部结构则是完全不同的。CAD 系统沿袭了传统建筑项目中的结构，提供了更为便捷的数字化工具，将人工绘制的部分转换

11. Eastman C. The use of computers instead of drawings in building design[J]. AIA Journal, 1975, 63(3): 46-50.
12. 20 世纪 60 年代，MIT 提出了交互式图形学的研究计划，美国通用公司与波音公司自行研发的绘图系统，在个人计算机普及以后才转为民用。

为数字化的内容，方便修改与保存，但本质上还是沿用传统的建筑项目的工作流程。BIM 系统则是本质上转变了传统建筑项目的工作流程，优化了施工过程中的管理内容，允许不同部门在同一系统中同时推进工作，管理上的优化与协调是传统项目管理所不能比拟的，这种参数的共享化与三维图像化的界面可以使不同类型的部门在虚拟环境中进行互动。

2007 年，爱尔兰都柏林理工学院莫里斯·墨菲（Maurice Murphy）等人提出将 BIM 中的对象映射到扫描出的点云模型，这一过程将加速逆向建模的过程，同时方便管理工程中的构造以及材料相关的信息模型，这一系统被称之为 H-BIM（Historic Building Information Modelling）[13]。2009 年，他在《历史建筑信息模型》（Historic Building Information Modelling）一文中详细地阐述了这一概念。[14] 研究将当代技术与 BIM 方法结合在文化遗产保护领域，这是一个基于历史数据构建的参数对象的信息模型，同时将参数对象映射到点云和图像测量数据的系统。也有部分学者使用"遗产建筑信息模型"（Heritage Building Information Modelling）这一术语，[15] 但两个术语所指的概念并没有本质的区别。在文化遗产数字化保护不断发展下，在建筑师、考古学家、文化遗产保护学者和工程师的共同推进下，H-BIM 改变了专业人士记录和管理历史遗迹的方式。十多年过去了，针对这一领域的 H-BIM 系统已经不再仅限于研究领域，更多地被应用在实际的项目中，不断有建筑保护与计算机学科的学者对于 H-BIM 系统做出不断的完善。针对历史建筑的信息模型系统，欧美与中国都有学者展开研究，但欧洲的情况不同于中国，在欧盟地平线 2020 工作计划 [16] 中提到："欧洲现有建筑材料的大约四

---

13. Murphy M, McGovern E, Pavia S. Parametric Vector Modelling of Laser and Image Surveys of 17th Century Classical Architecture in Dublin[C].VAST. 2007: 27-29.

14. Murphy M, McGovern E, Pavia S. Historic building information modelling (H-BIM)[J]. Structural Survey, 2009, 27(4): 311-327.

15. Heritage building information modelling[M]. Abingdon: Taylor & Francis, 2017.

16. 有史以来最大的欧盟研究和创新计划，在 7 年（2014 年至 2020 年）期间提供近 800 亿欧元的资金。通过从实验室到市场的创新，推动经济增长和创造就业机会的手段，这是一项欧洲 2020 旗舰计划，旨在确保欧洲的全球竞争力。

分之一是在 20 世纪中叶之前建造的。许多建筑往往因其文化、建筑和历史意义而受到重视，这不仅反映了欧洲城市的独特特征，也反映在包括住房、公共建筑等的基本基础设施。"欧洲历史建筑占据了现有城市建筑的大部分比例，对于历史建筑的修缮与维护，以及数字化系统设计与管理显得异常重要。

任何的历史建筑所表现出的独特性和识别性都有其各自的历史背景，虽然这其中也包含了标准化与模块化的建造，但经过时间沉淀的元素被保留了下来。在这个框架中，历史建筑的每个构成要素都是整体不可分割的一部分，这要从历史和文化的角度研究与揭示。多年来技术的不断进步可以使我们从宏观和微观的不同角度观察与分析历史建筑的物理细节，但什么样的因素让建筑元素成为特定性的视觉因子不是这些技术所能解释的，而这种带有历史背景的复杂性最终决定了那些元素被时间淘汰。历史建筑的信息模型不同于新的建筑，历史建筑带有线性的时间框架，在这个框架中现有的建筑信息是逆向计算得出的，我们通过三维扫描逆向建模得到现有历史建筑的基础，从中拆解分析不同的组件。构建的信息模型因文献的完整性而富于变化，这种变化也是信息构建过程中的方法理论的变化。通过对标准化历史元素的构建可以推演出对于其他相同构件的修复，这种推演建立在文献的基础之上。这样的推演也会遇到一定的困难，因为历史建筑的独特性就在于装饰元素等细节上的唯一性。

H-BIM 实际上是一个大型的数据信息库，这些信息相互关联，层次之间形成的是多元的信息交互，所承载的信息也会随着时间不断叠加积累。雷德侯在《万物：中国艺术中的模件和规模化生产》中提出了"模件体系"[17、18]，模件的结构关系是一种隐喻化的社会等级，这种标准化与分级化的项目管理体系正是一种原

17. "中国人在历史上很早就开始借助模件体系从事工作，且将其发展到了令人惊叹的先进水准。他们在语言、文学、哲学，还有社会组织以及他们的艺术之中，都应用了模件体系。确实，模件体系的发明看来完全合乎中国人的思维模式。"
18. "对部件的全面分类和标准化，从简单的斗拱到院落，加之尺寸和等级的统一规制，使得营造成为一种理性活动。所有的参与者都在一个固定的框架中进行操作。在动工之前，他们只需要在几点——比如等级和间数——上达成一致，便可列出一份准确的木材和其他材料的用料表。"

始信息模型。[19]H-BIM 的体系也与"模件体系"类似,从个体历史建筑的维护、修缮、维护以及信息管理到历史建筑群或历史街区的规划与维护,信息模型需要将建筑构件进行精细化分类与管理。与此同时,对于所在区域的特征与现状做出评估,这也包括对使用建筑构件的材质做出分析与记录。

二、信息模型构建流程

文化遗产信息模型的构建更为复杂,这是由于文化遗产的物理特征在软件库中并不具有代表性。在 H-BIM 中参数对象是根据历史数据(调查、分析和文献)监测数据、结构信息构建的,目的是将元素映射到点云数据和图像调查数据之上,这个过程是逆向工程解决方案,即代表建筑元素的参数对象被映射到激光扫描或摄影测量数据,同时需要建立与之匹配的参数库,这是由历史文献和建筑图纸所构成的。这些参数对象是通过软件嵌入式脚本语言构建的,可以称为"几何描述性语言"(Geometric Descriptive Language,GDL)。[20]在三维模型被创建后,下一个阶段是将三维模型集成到地理信息系统(GIS)中进行进一步的分析,并整合语义丰富的模型来构建详细的历史建筑信息模型。构建的信息模型在多个维度中具有所有物理和功能构建特性,例如三维坐标系统、时间和非架构信息等,这对于历史建筑的管理与保护来说是十分必要的。在处理空间关系和信息查询等问题时,地理信息系统允许用户创建交互式查询、分析和空间信息编辑,这一技术也被广泛应用于城市建模。历史建筑建模与普通建模相比的困难在于其复杂的构件,使用传统的方法会使问题变得更为复杂。此外,所得到的模型应该具有不同层次的细节,以满足不同的受众访问需求。莫里斯·墨菲采用 CityGML 的解决

---

19. 雷德侯. 万物:中国艺术中的模件化和规模化生产(module and mass production in Chinese art). 北京:生活·读书·新知三联书店,2005.

20. Dore C, Murphy M. Historic building information modelling (H-BIM)[M]//Handbook of Research on Emerging Digital Tools for Architectural Surveying, Modeling, and Representation. Hershey: IGI Global, 2015: 233-273.

方案，提供了一个可互操作的框架，用于三维建模、语义、拓扑和外观属性的建立。框架包括建筑、植被、交通、水体和土地等核心模块，每个模块都有特定的定义语义、属性和关系框架，确保了模型的互操作性。CityGML 对城市对象有详细的语义框架，并允许信息存储为属性或转换为外部引用内容。

目前的 BIM 构建平台被分为 3 类工具：1. 三维模型设计工具；2. 可视化模型的工具；3. 模型计算分析工具。较为常用的软件系统有：REVIT[21]、ArchiCAD[22] 和 Tekla Structures[23]，还有一些开源的 BIM 软件：Edificius、Tekla BIMsight、Autodesk Navisworks Freedom 等。与此同时，一些学者使用开放性的管理软件编写 H-BIM 系统，但这系统大多建立在某一个大型文化遗产保护项目之上，虽然具有元数据层面上的交互性，但界面与交互并不友好，也不适合推广。目前为止，REVIT 已经被证明是建立 H-BIM 最为合适的程序系统，特别是在历史建筑领域，在保持原始形状、编辑可能性、信息归属和导入模型的参数化等方面有着不可比拟的优势，同时 REVIT 也在建筑行业有着较为广泛的使用度，对于 H-BIM 后期的维护与管理有着巨大的优势。

在国际上相关研究领域，H-BIM 的信息管理与建模都是建立在 REVIT 平台之上；国内学者开发的明清古建筑信息模型设计平台则是建立在 AutoCAD 数据库之上，信息管理为主，交互内容方面的应用性还需进一步开发，这与资金和开发经验有着直接的关系。[24] REVIT 的"族（Family）"体系可以实现对建筑构件的分类建模与管理。与西方建筑不同，我国历史建筑模块化同构性更为统一，斗拱、梁柱、开间这些建筑相关的营造模式都有规律可循，并且遵从礼制的中国，

---

21. Autodesk 公司的 REVIT 是一个较为成熟的系统化 BIM 软件，在架构、结构和 MEP 三方面同时构建信息系统，软件也支持开放的基于 XML 的国际标准，这使得商业客户或承包商可以建立统一的 BIM 工作流程。

22. 图软公司的 ArchiCAD 也是一个基于 BIM 概念的独立软件架构设计平台，使用几何描述语言创建任意数量的 BIM 参数对象，并将其存储在内部的数据库中。

23. Tekla Structures 是 TEKLA 公司的一款 BIM 软件，软件涵盖从概念设计到施工结构管理的整个建筑过程，支持标准化和互操作性的开放解决方案。

24. 王茹, 孙卫新, 张祥. 明清古建筑构件参数化信息模型实现技术研究 [J]. 西安建筑科技大学学报 (自然科学版), 2013, 45(4)：479-486.

对于这些带有阶级性质的模式几千年来都严格遵守，这也为信息模型的建立提供了更为便捷的基础，但工程量依然巨大。不同于欧洲，走在威尼斯的街头，你抚摸到的建筑石块可能从文艺复兴时期就已经存在，中国的建筑结构以木材居多，并且王朝更替对于上代的建筑与宫殿大都付之一炬。直至清朝时期，外民族才改变这一传统，使得我们能看到故宫这样庞大的建筑群。国内对于古建筑的信息模型的研究也大都集中于此，明清古建筑的构件也较为统一，建筑的营造模式经过长时间演变也形成了较为固定的模式（只针对官制建筑）。

H-BIM 与新建建筑的架构不同，参数化模型是被逆向建立的，这项工作的困难就在于建筑遗产的信息流失，古代建筑是大多工匠出身，经验口口相传，留下为数不多的文献并没有对建筑细节做更为深入的记录，宋代《营造法式》与清工部《工程做法》具有参照性，但每一栋建筑遗产都有其特性，个体性的差异也十分明显。以明清建筑为例，每一座建筑遗产都包含上万件构件信息，构建之间的组合也异常复杂，这就需要 H-BIM 建立一套完整的信息构架，并制定一套标准，以及形成完整的"族"数据库。录入的模型数据应该形成统一的标准，这对于搜索应用时异常重要。"族"不同于 CAD 系统的"模块（Block）"，"族"在导入后的修正带有一定的交互性，微调后的参数可以直接微调建筑的参数。这种关联性的调整为构建的组合带来的极大的便捷性。同时，H-BIM 系统应逐渐从建筑设计领域转向工程、预算、MEP 领域，特别是部分还在使用的建筑遗产资源，这种数据模型的改善是非常必要的。

H-BIM 应以建筑本体为基础，多维度完善信息模型，因不同时代建筑的建造工艺与材料趋同，检索结构应以时间维度为基准。[25] 首先，需要构建的是建筑遗产本体的初始信息，这包括建造年代、材质、构造等基础信息，这类信息以文字资料为主，针对建筑本身的描述都应归类于此。这其中包括原始图纸、照片、档案等直接信息。其次，基于建筑本身所扩展出的信息内容，这包括界画、照片以及同时期其他同类型建筑的装饰，同时也会记录与建筑相关同时期人文社会以

25. 张育南，常磊. 中国大木建筑遗产 BIM 模型的应用系统集成研究 [J]. 华中建筑，2017(2): 37-41.

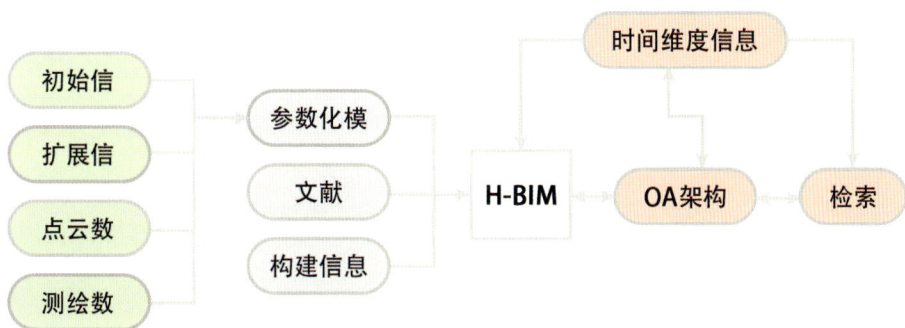

图 17　H-BIM 架构

及审美信息。最后，则是通过技术手段测绘出的实际数据，这包括剔除了多余信息的点云模型和测绘数据。这些与建筑本体直接相关的信息构成了参数化模型的信息内容，重新建模的建筑需要保留大部分建筑原有的信息内容，并与之一一对应，这种信息是带有可逆性的，与之相同维度的文献信息为建筑构件以及局部细节提供了资料上的支持，这包括同时期建造工艺的文献资料，而构件信息则为建筑中所包含的模块化构件内容，组合构建的模式将依照与参数化模型的细节，最终汇总为 H-BIM。信息平台的整理需要将三维尺度空间信息、构件管理组合信息、文献管理信息实现异构信息的整合。H-BIM 基础结构将依照元数据标准建立，交互界面则侧重于 OA 架构，其中平行的时间维度信息包括历史年代所出现的变化记录（破坏、虫蛀、开裂等），以及不同时期修缮过程中的变化记录（修缮方法、原材料信息、维护替换材料信息等），这些信息应该与最终的管理交互界面统一为 OA 架构以方便不同学科的信息输入，同时也保证检索时不遗漏相关的信息内容（图 17）。

　　信息模型的构建并不是简单意义上的信息内容越详细越好，而是在优化的信息架构中通过实践不断丰富，以及信息模型的继承性。这种继承性主要指随着时间的推移，信息本身是否可以被后人所应用。H-BIM应为信息管理、分类、分析、记录、共享、交互等多类型综合系统，涉及多学科领域的交叉，不能以某一学科为信息基础，而是考虑到同构性因素，但与此同时也会造成数据量的庞杂，在更迭信息时不同类型的信息相关联，信息异构性会趋于明显。信息时代对于信息的更迭是我们所不可预估的，以东园的数字信息为例：美国普渡大学的东园虚拟现实展示内容，数字资源的总量为300多兆，由于计算机运算能力的限制，并不能运行更为复杂的数字内容，一些看似并不重要的数字信息被人为忽略，以提高项目运行的流畅度。建筑模型中并没有将构件以建造的形式进行记录，时至今日我们已经可以使用REVIT对每一个构件进行编码，直接将模型文件进行拆解，再通过移动设备对于构件的二维码进行扫描，从而在施工时按照构件的安装顺序进行建造与堆放，同时这些编码信息也可以用于后期修缮管理使用。面对当年的数字资源，除了建筑中准确的三维尺度可以作为参照，其他的数字信息已经变得模糊不清，这种"模糊"不仅仅是视觉上的，同时也带有不同时代对于感官体验的审美差别。建筑遗产的信息模型应包含时间维度信息（包括测绘数据、检测数据、修缮记录、维护记录）、参与方信息和构造信息（包括几何信息、非几何信息）。[26]每一组信息模型也会细分出更为细致的数据内容与分类，这些记录带有时间的局限性，信息类型也将更加的宽泛，涉及多个学科。在宏观层面上，历史建筑群组、GIS体系、数据图像管理都需要在大量数据基础之上进行信息模型优化。两个层面上的信息模型应该具有并行的属性，单体层面上建筑遗产中编号、构件、尺寸等细节信息须独立构建并具有个体针对性，如果将高像素贴图等信息同模型一并保存，将会消耗巨大的运算资源，而不需要这些数据的管理记录人员则通过分类数据，检索需要的内容（图18）。

三、虚拟修复的信息模型的本体、语义与重构

虚拟修复是一个复杂的信息分析与构建的过程，其结果包括了不同技术和规范所产生的数据，同时这些技术与规范用来评估修复的结果。虚拟修复的信息存在大量的多源性与异构性，这包括描述性信息和上下文信息。将这些不同的数据

---

26. 王茹，朱旭，黄鑫. 基于 Revit 的古建筑构件信息模型研究 [J]. 图学学报，2016, 37(6): 822-825.

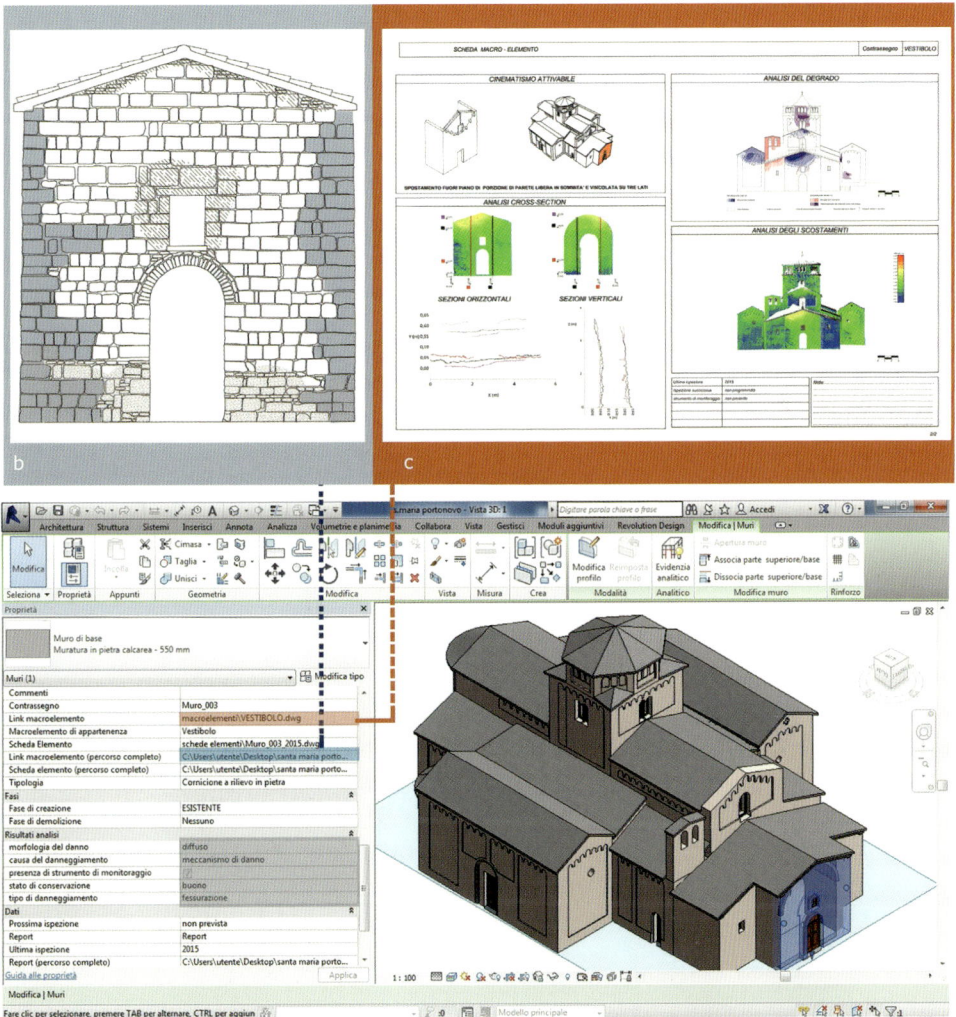

图 18　Knowledge-based data enrichment for H-BIM

整合到一个独特的信息模型中，并整合未来的数据，从而能够完全描述该文化遗产的保护状态。文化遗产的描述和分析使用了大量多样化的资源，这些资源基于不同的文献来源，如文本、图形、声音等；也基于不同类型的分析数据，如不同类型的传感器、样本分析、图像成型等；也来源于不同的学科领域，如人文、计算机、建筑、力学等。所有这些资源都包含了文化遗产的物理结构及其随着时间演变所产生的历史性信息。因此，构建、共享和链接这些数据是虚拟修复最终的目的，这我们需要在三个维度上进行构建：模型本体、语义标注与基于现实的虚拟修复，一种基于现实文化遗产状态的三维语义标注本体模型，构建的过程整合了文化遗产的语义、空间和形态维度，通过本体论模型来记录和集成多学科交叉的结构数据，这也是空间化到语义感知的三维表述过程。

虚拟修复的信息模型构建大致有以下几个步骤：1.为主要信息需求建模本体，并提供一个数据结构，利用该数据结构启动数据充实阶段，然后对数据进行有效性的查询；2.对文化遗产的语义本体和信息目录的数据结构进行识别，将语义属性与三维数字几何模型相结合进行遗产信息管理。通过创建一组反映本体属性的共享参数来进行数据充实；3.建立机读格式的数据库，对数据进行分析与转换，并分别描述本体属性。将数据与三维模型相结合并建立查询通道；4.创建基于演示数据 WEB 应用程序，允许使用结构化元数据和三维可视化内容。5.通过语义的三维重构，以创建更易于交互和传播的模型，可以提供丰富的语义信息，共享信息，建立系统性的信息诊断与管理机制，为虚拟修复提供数据支持。虚拟修复的信息模型本体主要用于描述、共享与重构信息数据，在元数据的本体描述中也提到了这个哲学领域借用来的概念，而在计算机学科领域被描述为：共享概念化的明确与正式的规范，是针对特定领域共享知识的形式化规范。语义则是链接被描述主体与信息之间的桥梁，它转换了信息结构的语法框架，以方便不同的注释进行映射，这包括了 4 种基本模型：标记、属性、关系和本体。[27] 在虚拟修复的过程中需要对使用到的资源进行注释，这些注释信息可以帮助理解被修复的对象。用图像和三维模型进行语义注释的解决方案过于单一，不足以解决对文化遗产进行注释的复杂问题，这就需要语义描述必须能够依赖于丰富而结构化的信息，明确被修复对象形态学上的复杂性，建立从图像和空间数据到语义丰富的三维描述所构成的信息连续体，同时确保信息模型从空间、时间和形态多维角度进行连续地关联注释。特别是对于三维模型注释，信息可以附加到三维模型中的点、线、

27. Manuel A, Véron P, De Luca L. 2D/3D semantic annotation of spatialized images for the documentation and analysis of cultural heritage[C]. Proceedings of the 14th Eurographics Workshop on Graphics and Cultural Heritage. Eurographics Association, 2016: 101-104.

面元素或对象本身上。最终则是基于现实的三维重构，具体的方法已经在可视化数据采集的小节中论述过了。这将构建一个虚拟修复的三维资源数据库，通过定量的数据分析与定性的解释描述，共同构建复合的信息模型。

　　文化遗产的三维数据采集和建模工作是从一个广泛的方法框架开始的，除了需要制定关于测量仪器和数据采集设备的技术规范外，需要在文化遗产文献信息的深入分析之上构建三维数据采集框架，文化遗产文献信息是我们理解文化价值认同的基础。文献的相关性和有效性决定了以收集数据和信息所采用的方法，以及后续对文化遗产进行统计、分析、评估、修复、保护和管理干预的后续内容。新的技术和工具使我们能够创建空间数据型的数据库，结合相关信息的结构和材料，以及对象的保护现状，诊断分析和历史数据，使数据进行系统化的集成，以支持可持续性的修复与保护策略。在这个框架中，数字信息技术是实现的基础，通过采集对象所处的空间坐标，可以迅速地查询到 GIS 等相关信息系。同时这些文化遗产的三维数据不仅可以用于保护和监控目的（不同时期记录的三维数据可以进行比对，用于监控损耗情况），还可以用于相关交叉学科的研究工作，并创建用于保存、诊断、物理修复和管理过程的三维数据库。

　　虚拟修复的信息模型可以在不同层次和多种维度上管理文化遗产的资源信息，通过语义感知促进跨学科的协作，同时解决互操作性问题。信息模型的本体体系结构也被定义为存储文化遗产对象的语义信息，在语义 WEB 技术支持下允许本体进行扩展。虚拟修复的信息模型本体与 BIM 信息格式，如信息交换标准（Industry Foundation Classes，IFC）[28] 紧密连接，其与语义 WEB 中的三维内容相连接。IFC 作为一种开放性质信息格式，主要用于信息交换与共享，因其信息格式的一致性，可以在不同软件间进行交互，这与现行的《伦敦宣言》中所倡导的"透明性"原则相一致。为了避免信息交互过程中发生错误，造成在实际项目上因其时间和财务上的损失，Autodesk、Bentley、Graphisoft、TEKLA 等多家公司

---

28. IFC 则是由国际协同工作联盟（International Alliance For Interoperability，IAI）于 1994 年所建立的信息标准。IFC 是国际通用的 BIM 标准，现在很多 BIM 软件都采用其作为数据交换的标准。

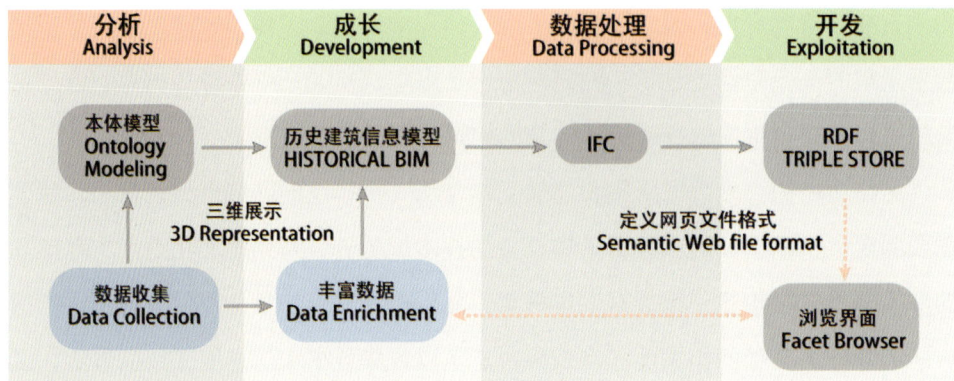

分析 Analysis　　成长 Development　　数据处理 Data Processing　　开发 Exploitation

本体模型 Ontology Modeling

历史建筑信息模型 HISTORICAL BIM

IFC

RDF TRIPLE STORE

三维展示 3D Representation

定义网页文件格式 Semantic Web file format

数据收集 Data Collection

丰富数据 Data Enrichment

浏览界面 Facet Browser

图 19　信息交换标准

都已陆续开发以 BIM 概念为基础的 IFC 标准的软件。IFC 一般分为 4 个层级 [29]，不同软件之间进行信息交换或者信息需要长期保存的时候，IFC 则成为最佳的转换方式（图 19）。[30] 在文化遗产领域，标准则更为复杂。在利用历史数据进行虚拟修复时，过程模型和参数模型都没有提供一个特定的时间框架或模型来描述它们的历史数据来源。同时与复杂的可视化模型相反，保护实践和工程检测因为需求不同，对于模型有着不同程度的准确性要求，尤其是在扫描表面背后的数据推测方面，程序建模和参数化建模技术都集中在生成可视化模型上。建筑行业的信息管理结构为虚拟修复的信息模型架构提供了更为科学的基础架构，但这些国际标准首先针对建筑行业，并且主要是西方建筑体系，所以使其应用到不同国家、不同类型的文化遗产体系还有很长的路要走。

　　信息模型参与管理文化遗产的三维描述信息已经是该学科国际发展的趋势，

---

29. 资源层（Resource Layer）、核心层（Core Layer）、界面层（Interoperability Layer）和领域层（Domain Layer），作为基础层级架构，资源层包含测量资料（Measure）、辅助资料（Utility）、几何资料（Geometry）、对象性质（Property）和对象性质类型（Property Type），其它层都可以引用资源层中的实体。

30. 资源层主要定义了工程项目的通用信息，这些信息独立于具体建筑，没有整体结构，是分散的基础信息。核心层主要定义了产品、过程、控制等相关信息。界面层主要是服务于领域层，使各个领域间的信息能够进行交互。领域层作为 IFC 体系架构的顶层主要面向各个专业领域的实体类型。需要注意的是，这些结构层级主要针对机读语言，IFC 是建立在各个软件专用的数据模型格式之上的基于对象和公开数据模型的格式。

在欧洲在应用研究、技术和创新等层面上，数字化正在扩大其在传统信息资产的理解与访问上的影响。2015 年 6 月启动的"INCEPTION"项目——欧洲包容性文化遗产三维语义建模（Inclusive Cultural Heritage in Europe through 3D Semantic Modelling）旨在实现高效的三维数字化方法，丰富语义建模的后处理工具，基于 WEB 的解决方案和应用程序。INCEPTION 项目允许应用程序根据 SPARQL（语义查询语言）等现代查询语言检索内容，并允许受众定义"动态"扩展。项目的 3 个主要目标为：1.通过刺激和促进跨学科、技术和部门的合作，建立对欧洲文化认同和多样性的包容性理解；2.制订具成本效益的程序和改善工程，以便进行历史建筑及周边环境的实地三维勘测及重构工作；3.开发一个开放标准的语义 WEB 平台，用于访问、处理、共享勘探和数字捕获生成的三维模型。[31]项目旨在缩小文化遗产对于用户体验的差距，通过丰富的三维模型来实现并加强欧洲文化遗产访问与传播。INCEPTION 项目从三维数据捕获到整体数字文档建立，提出了对 H-BIM 建模的语义组织和数据管理方法，以及传统三维模型语义丰富的初步命名。信息建模过程从记录用户需求开始，包括专家和非专家等不同类型的需求。文化遗产语义本体的识别和信息目录的数据结构将允许在语义属性与分层和三维数字模型等多种接口和模式下以管理传统信息。在文化遗产信息模型中，除了三维可视化、技术规范和数据集等普通 BIM 功能之外，语义 BIM 将能够与不同的用户（如学者、技术人员、游客等）联系在一起，以支持用户对文化遗产模型的访问需要。这种包容性的方法包括文化遗产信息模型的开放标准格式，旨在丰富和增强三维描述在信息管理、重构、保护和开发文化遗产方面起到积极的推进作用。将语义属性与三维数字模型相结合是文化遗产信息管理的关键，INCEPTION 项目开发了识别文化遗产形状的方法和算法，采集结果将在 BIM 软件中构建。当在文化遗产模型被访问时，语义将能够连接到不同的用户，以支持用户对文化遗产模型的访问需求。

31. Maietti F, Ferrari F, Medici M. An inclusive approach to Digital Heritage for knowledge and conservation of European assets: the INCEPTION project[J]. ARCHITETTURA, URBANISTICA, AMBIENTE, 2018: 446-455.

第三节　信息模型诊断与评估

文化遗产的保护和物理修复需要建立在多学科交叉诊断与分析的基础之上，包括由不同技术和协议产生的数据，大量的异构信息、描述性信息和上下文信息，将这些多样化的数据整合成一个独特的信息模型，同时将数据与空间相关联，用于整合构建传统的语义、空间和形态维度。保护与物理修复可以在信息模型中进行解算与模拟，信息模型则呈现出独特的空间信息，涉及材质材料和外形的轻微改变，同时信息模型也建立了诊断与评估的时间线，以用于数据比较。信息模型的所有管理工具的使用都是出于分析、保护和维护的目的，这些信息包括：历史文档、监控数据、结构信息、保护或恢复状态等。三维模型具有充分的互操作性和丰富的信息内容，这种模式可以更有效地管理文化遗产资源。使用数字化采集系统构建的三维模型可以精确地反映出现实对象的形态，对比不同时间节点的采集数据可以对文化遗产的保护情况进行诊断与评估。2014 年 5 月，格拉斯哥艺术学院（The Glasgow School of Art）的麦金托什大楼发生火灾，整栋建筑被烧毁，幸运的是苏格兰格拉斯哥艺术与历史环境学院（Glasgow School of Art and Historic Environment Scotland）在 2008 年对该建筑进行了全面化的数字扫描，建立了完善的数字文档，并提供了高分辨率的三维空间数据，并辅以高分辨率高动态范围图像，这些数据也为建筑内部的恢复与重建提供了具有重要价值的信息。研究小组也采集了火灾后的高分辨率三维数据，与2008 年的采集数据进行对比，由于建筑外观并没有烧毁，可以通过两套数据的对比全面评估火灾对于建筑的影响。研究小组通过利用火灾前后的激光扫描数据对麦金托什大厦西立面进行定量状态监测，分析出立面的结构移动分级结果；通过分析三维模型数据，对文化遗产进行灾害管理和风险规划——这种数字化的信息模型使灾后修复与重建成为可能，也正是这些高分辨率的三维数据为文化遗产的传承提供了保证（图 20）。[32]

---

32. Wilson L, Rawlinson A, Frost A, et al. 3D digital documentation for disaster management in historic buildings: Applications following fire damage at the Mackintosh building, The Glasgow School of Art[J]. Journal of Cultural Heritage, 2018, 31: 24-32.

虚拟修复的信息模型可以有效地进行信息管理，并生成文化遗产的准确数字文档，其中包含了保护现状的评估要求和标准，对现有状态的监控、检测和分析衰变模式，通过数字化技术也可以提供病理诊断和执行的远程可视化服务。这些数据库中也包含大量的材料、构件的模型信息，以及其他的相关数据，如相关的文化和历史记忆，以及维护的操作历史与规划。此外，还可以通过引入时间参数来计算当前衰减情况的速度，为保护与维修规划提供数据参考。

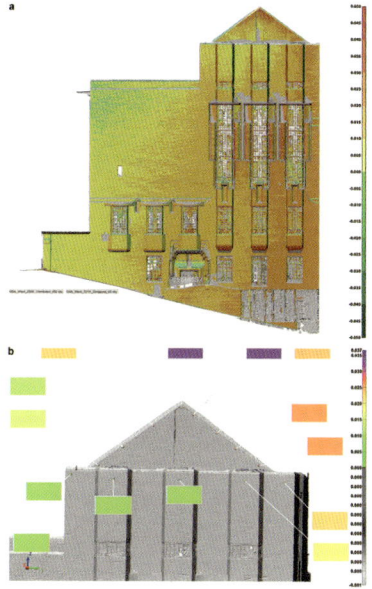

图 20 灾害评估

　　阻碍虚拟修复的信息模型被文化遗产保护项目接受和传播的障碍包括以下几个方面：1. 技术限制；2. 内容复杂性；3. 人为因素。技术障碍包括从硬件功能到可靠连接基础设施的可用性，也包含依赖于设备和基础设施的不同方面，不同的设备基于不同的操作系统和平台，虽然拓宽了解决方案的范围，但使得跨平台开发变得困难。同时计算能力也不能预先管理，由于实时呈现需要良好的硬件性能，因此必须建立更广泛的用户规划，这也意味着应用程序必须在复杂性和效率之间找到平衡。由于文化遗产的户外应用特点，互联网的可用性是虚拟修复增强现实体验的另一个障碍。如果应用程序需要检索远程存储的内容，则用户需要依赖 4G 的信息传输。一方面，未覆盖的区域阻止了应用程序网络功能的使用；另一方面，有限的带宽会使加载文件变得困难。对于三维模型，具有多边形数、文件格式、文件大小等特点，大文件严重影响快速下载的可能性，模型越复杂效果往往越糟糕。最好的方法是从基本模型开始，并不断添加细节，尽可能降低模型的复杂性，使用纹理来添加细节，最终模型应该是尽可能干净的，没有浮点或重叠的面。[33]

33. Mancini A, Clini P, Bozzi C A, et al. Remote Touch Interaction with High Quality Models Using an Autostereoscopic 3D Display[J]. 2017.

第五章

虚拟修复的信息重构与解读

如何判断一个事物或图像是否是真实的？在这个过程中我们会不自觉地将其和周边真实的事物相比较。在适当的环境下，图像和物体在多大程度上引起相同现实的反应和期望就会造成现实感的增强。在感觉上真实的环境中，如果唤起了同样的反应，就会使我们觉得身处在一个真实的环境中。虚拟修复就是这样一个重构现实环境的过程，这也是信息重构与解读的过程。在信息缺乏的情况之下，猜想和推测就会占上风，重构意味着基于材料的客观重建，这些材料就是信息。时至今日，三维可视化技术（包括虚拟现实、增强现实或混合现实）已经成为社会科学和人文学科，特别是文化遗产和考古学领域不可或缺的研究方法，它帮助我们在表征和解释层面对现实和过去的文化遗产进行解读，因此三维可视化技术应用于文化和考古遗产领域的新兴技术导致了虚拟遗产、数字遗产、数字考古、虚拟博物馆、网络考古或虚拟考古等新概念的出现。

在技术发展的今日，虚拟环境的模拟已经可以满足基础研究与教学的需求。1990 年，ICOMOS 在洛桑市通过了《保护和管理考古遗产宪章》（the Charter for the Protection and Management of the Archaeological Heritage），该文件强调了现场保护和展示的意义。换句话说就是考古遗产必须在其原址保存和展示，其中第 6 条维护与保护和第 7 条展示、信息与重建中所述 [1]，所以文化遗产所

1. 第 6 条：考古遗址管理的总体目标是保护遗址地的遗址遗产，包括长期保护措施及保存所有相关的记录资料。把遗址的任何部分移到其他地方都等于破坏了遗址在原环境中的原

在的环境是不可分割的一部分，在"诠释"和"展示"的过程中全面性的环境描述也是对文化遗产的阐释。这种对于历史环境或现实环境的模拟重建涉及了虚拟修复的几个关键性问题：1. 原始环境如何保留？ 2. 修复与重建的信息真实与实证。3. 虚拟修复对于文化遗产的影响。虚拟修复的过程就是通过计算机工具找到将外部感知与内部心理相联系的方法，在这个过程中思维会得到增强，这也使计算机工具的辅助增强了文化碰撞动态过程的视觉感知。虚拟修复主要依托于三维可视化技术进行重构，这并不单单指虚拟模型的重建，这是一个从文本分析到系统构建的立体的过程和非线性的过程，是一个需要不断修正的过程。可视化作为一种学术方法进行讨论和论证，被认为是已确立的学术实践方法之一，而不是"革命性的"或缺乏严谨学术价值的研究方法。

　　信息的重构依赖于可视化的最终呈现，然而可视化是什么？大部分人将其理解为一种技术，用于创建图像与动画的技术。其实，从洞穴壁画开始，人们就通过这种可视化的方法进行学习和认知，在大部分人类历史时间里，通过视觉进行有效的交流，这是一种具有传承性的具象表达与抽象思维。例如：中世纪的木板圣像画从某种程度上就是一种环境的塑造，木板展开时一个祈祷的环境便被建立，在那个时代木板上所呈现的宗教故事增强了人们的视觉感受。这种环境代入感不同时代所表现出的特征是不同的，早期多使用插图类的形式表现，通过视觉与想象，教徒可以置身于某一特定环境中。这些不仅仅是宗教人物和事件的插图，根据个人信仰帮助思考的图像，而是更高的精神和形而上学的思维过程，是从可见到无形，从有形到精神的过程。插图和可视化都是用于信息重构的途径，而区别在于互动性以及信息的载体。插图只用于支持书面语言的图像，信息的主要载体是文本而非图像，图像用于辅助文字信息的内容。

味。第7条：考古遗址向公众的展示是促使现在社会了解自己的起源和发展的一个重要手段，同时也能有效唤起人们的遗址保护意识。展示及有关说明信息应体现最现代的考古知识构成，因此必须不断更新修正，应包括对人类历史和过去的多方面阐释。修复（重建）的主要作用是便于实验性研究和更好地展示说明历史，但修复行为必须进行得非常谨慎，避免对现存的遗址文物造成影响，另外，要从多方面取证以利于修复更接近历史真实。重建或复原的建筑尽可能不建在考古遗迹附近。

可视化则是将图像作为信息的主要载体，而不是文本的依附。这种差别的形成是由于可视化技术与传统插图有着本质的区别，如可视化技术可以将空间信息引入画面表现，这是传统的图像所达不到的，或者说传统的图像具有片面性，图像是一种信息的延展而不是本体。可视化的过程总是涉及数据的空间化，但数据不是直观的空间，必须将其引入空间，以便通过可视化方法来探索数据中的模式和关系。同时空间化增加了书面语言所不具备的额外维度。可视化的特征支持着文化遗产的发现、交互、解释和呈现的全过程，它也成为数字文化遗产研究和传播中最具视觉吸引力的应用之一。在这一领域中，三维可视化被广泛应用于各种环境中，并提供了有用的案例研究。

第一节　信息重构

文艺复兴时期，画家们利用错视原理，将现实建筑环境与幻想场景相结合，通过高超的透视绘画技巧，利用建筑的结构，配合雕塑的装饰，将壁画的各种元素融合在一起，从而产生视觉的幻境，这种艺术形式被称为 "Quadratura"（意大利语）。巴洛克和洛可可艺术中也会使用这种错视原理，在二维或平坦的天花板表面上绘制的三维空间。这种表现手法经常被用于在视觉上暗示开阔的天空，构建虚拟的建筑空间，在某种程度上这是室内装饰的一部分，也是装饰风格与空间设计的延展。通过这些虚构空间的设计我们可以窥探到不同时代的人们对于空间的设计期许，以及不同时代的建筑设计与装饰设计的风格。利用壁画和主体建筑的结构，配合统一的家具与装饰，将多种元素用于感知效果的塑造，这种艺术表现形式对巴洛克风格进行了全面的诠释，结合诗意化的内容，巧妙地利用光学与透视技巧，模拟出完整的奇幻空间。

意大利热那亚大学的克里斯蒂娜·坎迪斯（Cristina Càndito）研究团队使用了一系列基于数字摄影测量的技术以及地形信息研究方法，通过高分辨率图片计算出带有色彩与地理信息的点云模型以及正射影像，反算出模拟空间的三维空间信息，从而获得交互式全景球形照片和平面投影的高分辨率照片。团队基于以建筑壁画为特征的空间研究，不仅仅是对原有建筑空间的调查研究，更配合真实的环境对于壁画所模拟出的空间进行了研究，这有助于全面地理解这一时期人们的空间审美特征。[2]

早在 2000 多年前，利古里亚人就已经定居在热那亚（Genova）了，作为罗马帝国时期最为繁华的中心港口，海洋贸易推动其成为当时欧洲最为富有的地区之一。红宫（Palazzo Rosso）建于 1671 年至 1677 年，由建筑师安东尼·科拉迪（Pietro Antonio Corradi）为布里尼奥尔家族两兄弟 Ridolfo Maria 和 Gio Francesco Brignole Sale 设计建造，这处建筑遗址都属于典型的热那亚家族建筑。1683 年，在 Ridolfo Maria 去世后，Gio Francesco 决定在二层装饰一系列房间（1687 年至 1692 年），这些房间最初装饰着 Phaethon 神话，而大厅和凉廊之间是四季房间，这是一个极富创意的装饰主题。春日房间的拱顶上绘制着维纳斯引诱玛尔斯的主题。夏日房间的拱顶上绘制着太阳神阿波罗以及布里尼奥尔家族的纹章。意大利热那亚大学克里斯蒂娜·坎底托（Cristina Càndito）教授的研究团队对秋日房间（Autumn Hall）和冬日房间（Winter Room）两个项目使用节点摄影技术进行了一系列反向透视构造以及虚拟空间重建的研究。秋日房间的拱顶由塞巴斯蒂亚诺·蒙奇（Sebastiano Monchi）绘制着巴克斯（Bacchus）和阿里阿德涅（Ariadne）的神话，墙壁则是 Antonio Haffner 绘制的幻觉壁画（Quadratura）。这些壁画为房间创建出一组幻境空间，将壁画、实体建筑、墙面装饰和室内陈设等多种元素组合在一起，形成在那个时代足以乱真的想象空间，拓展了房间的空间感和装饰感。该项目的主体就是冬日房间，房间位于红宫（Palazzo Rosso）的东南角，位于凉廊和秋日房间之间，分别通过西侧和北侧的两个入口连接。房间大约 8 平方米，南墙上有两扇窗户，东边有一扇窗户，房间的回廊拱顶高度为 7.36 米。房间的装饰从拱顶延伸到 4 面墙面，由周围建筑空间相结合的壁画构成。1686 年至 1687 年间，格雷戈里奥·德·法拉利（Gregorio de Ferrari）将这个拱顶壁画，由贾科莫·玛丽

2. Càndito C. Dynamic images of true, painted and reflected architecture[J]. Geometrias & Graphica 2015. Proceedings. Porto: Aproged, 2016.

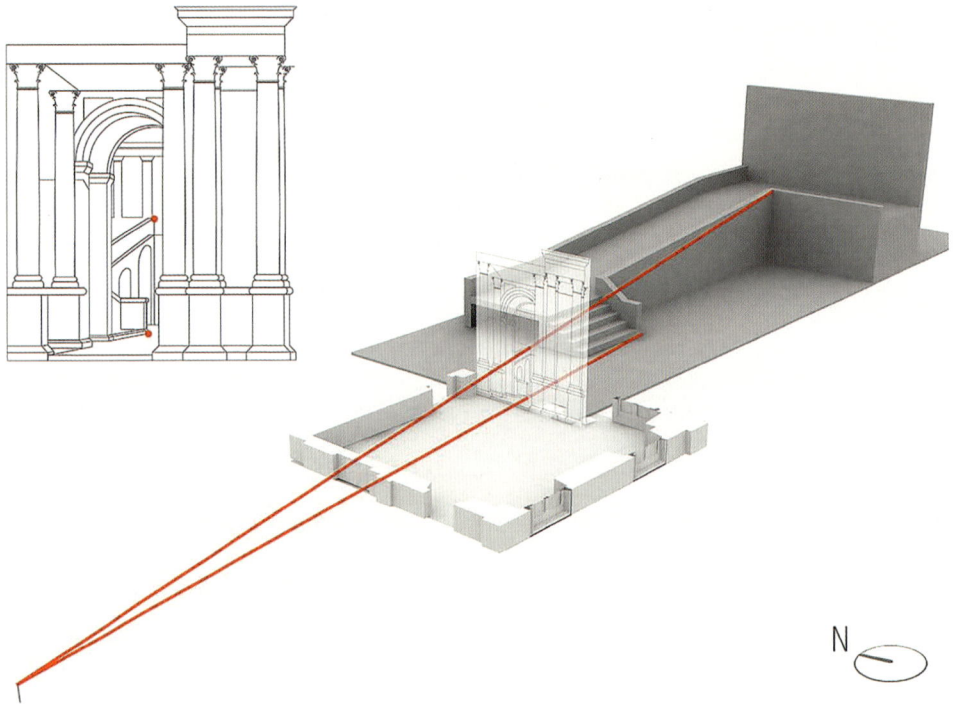

图 21 冬日房间虚拟空间模拟建模 2

亚·穆托通（Giacomo Maria Muttone）设计的灰泥和安东尼奥·哈弗纳（Antonio Haffner）设计的墙壁四边形。该空间在 18 世纪进行了修改，第二次世界大战后的修复工作是根据 1677 年文件中的原始项目的平面测量进行的，该文件说明了凉廊结构，这可能从未实现过。[3]

节点摄影技术允许以动态和三维的形式感知真实的建筑空间及其装饰，研究团队使用三维模型对壁画中的虚拟建筑空间进行了重建，这些都基于壁画中所有构建的空间。由于壁画中建筑元素的存在，这些特征使用软件可以进行识别，并逆向构建出壁画中的三维空间，这主要利用了壁画所表现出的精确透视，最终重要的是通过这些图形逆向计算出壁画绘制时的视角（也就是拍摄时镜头所在的位置），建筑的装饰和拱顶结构与壁画的虚幻空间共享一个视角（图

3. Càndito C. Architectural Perspective in Two Seventeenth-Century Galleries in Genoa[C]// INTBAU International Annual Event. Springer, Cham, 2017: 331-341.

21）。研究团队重建了平面和曲面表面的虚幻空间，以及壁画绘制出的空间与真实空间的关系。然而，视角的重构必须根据现场空间材料以及光学影像，同时也应该考虑到壁画艺术家所试图表现出的虚幻空间的批评性评价。[4] 这些壁画艺术家有关线性透视与几何结构的知识体系也被完整地记录下来，通过在计算机中模拟的虚拟修复会发现其违背透视原理的情况，这种原理可以反映出透视概念不同发展阶段的特征，也表现出艺术家拓宽视点从而完善三维虚幻空间的意愿。从 17 世纪开始，热那亚的装饰就体现了这种时尚，它涉及绘画中的三维元素，并融合了具象艺术的表现力，将两者统一的则是真实与虚拟的复合建筑环境。[5]

古人对环境的模拟与重构都建立在可视的基础之上，这种表现形式在不同的宗教与文化体系下呈现不同的状态，但视觉也是最具欺骗性的，这种表象的认同感是无法带来内心的触动的，这也是为什么部分宗教将神的形象定位成不可知的状态，或者说没有统一的常态。虚拟修复所涉及的信息重构也不能单纯地建立在视觉的基础上，采集的信息数据的准确性要远远大于视觉的呈现，数据所带来的真实性支撑了后续研究的展开。

虚拟修复的最终展示是实现内容的可视化，数据支撑了重构的真实性。这种真实性如何判断？当我们进入博物馆在很大程度上信息是不对等的，这不仅仅针对普通观众，专家学者进入博物馆时也是一样的，在不能触摸实物的基础上，我们很难分辨一件古物的真假。大多数博物馆的藏品是不能被触碰的，我们的感知在某种程度上是缺失的，这与观察虚拟修复所复原出的藏品在知觉层面上维度是一致的，只有视觉这一种感官。这并不是否认观察实物所带来的体验，如同站在威尼斯的桥头，也许文艺复兴的先贤们就站过同样的位置，这种

4. Càndito C. Representation and Elaboration of Architectural Perspectives[M]. Handbook of Research on Emerging Technologies for Digital Preservation and Information Modeling. Hershey: IGI Global, 2017: 384-414.
5. Gombrich, E. H. (1960). Art and illusion. A study in the Psychology of Pictorial Representation[M]. Washington, DC: Pantheon Books.

存在感拉近了我们与那个时代的距离。

　　计算机技术发展至今已经颠覆了我们对于虚拟事物的态度，人们今天所面临的境遇如同使用金币的人开始使用纸币一样，对于虚拟的事物逐渐开始接受。如前面的章节中所提到的计算机图形技术发展伊始，具有远见的研究者就描绘出现今虚拟现实的技术蓝图，掌握了可视化技术的我们不难想象未来虚拟所带来的改变。数字化技术对博物馆的范围和功能进行了重新评价，这引发了博物馆传播策略的改变。数字化技术的目标既包括文化遗产本身，也包括改善文化遗产机构的信息质量，增加对于受众的吸引力。可以说它提供了一种方法，在不违背藏品首要地位的情况下增强体验感受。数字化博物馆内容被视为"非先验环境"（Non A Priori Environment）[6]，即基于新技术构建的整合传播策略，以适应现代科技社会的需求。意大利 MAV 全数字化博物馆展现出了未来数字化时代所能呈现出的信息展示雏形。该博物馆的形式与网上常见的数字化博物馆不同，也不同于将藏品数字化以后将可视化内容放置在网上供人浏览，MAV 博物馆是一座具有实体建筑的数字化虚拟博物馆，位于赫库兰尼姆的中心，占地 5000 多平方米，共分为三层。靠近主要的旅游景点雷纳古市场、维苏威火山国家公园和黄金海岸，它是意大利文化和技术应用最先进的文化遗产和交流中心之一。博物馆提供虚拟的、交互式的游览体验，参观者可以体验到公元 79 年摧毁罗马庞贝和赫库兰尼姆古城的普林尼火山爆发前的一段激动人心的时光。三维虚拟场景重建、全息投影互动图像和多媒体装置使庞培、赫库兰尼姆、巴亚、斯塔比亚和卡普里的主要考古遗址恢复到了被毁坏前的状态。参观者可以进入虚拟世界，体验不同时期考古遗址的风貌。MAV 博物馆促进了数字文化遗产概念的发展，是作为一种增强的概念出现的，而不是替代。然而，尽管使用了最为先进的技术，信息的传递仍然是传统和被动的。换句话说，参观者虽然通过数字化增强了人们对于考古遗址的体验，但很难围绕这些文化遗产构建出一个完整的认知框架（图 22）。

---

6. Hermon S, Kalisperis L. Between the Real and the Virtual: 3D visualization in the Cultural Heritage domain-expectations and prospects[J]. Virtual Archaeology Review, 2011, 2(4): 59-63.

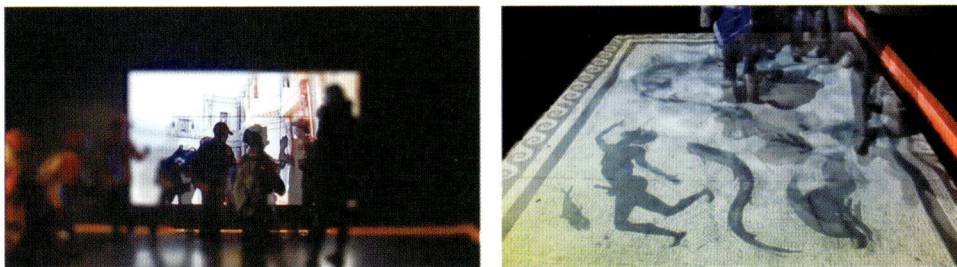

图 22 MAV 博物馆

　　博物馆展示方式一直在不断地尝试扩展或丰富参观者的体验内容，这种拓展应用大致分数字互动网站、数字化展厅、移动设备软件开发等。时至今日，博物馆的功能不仅仅是"接待"这么简单，它包含了整个文化遗产的价值体系。[7]数字博物馆设计技术几乎覆盖了现今大部分计算机技术（网络技术、数据库、多媒体、虚拟现实、人工智能、人机交互），所构建出的是一套完整的数字化信息资源系统，是以数字化形式对于文化遗产的相关信息进行储存、管理，并通过信息平台提供展示、研究和教育等各类型服务的综合体。虚拟博物馆（馆藏文物完全虚拟化）是最为常见的数字化虚拟展示形式，参观者通过访问网页页面进行浏览。由于体验感较差，应用技术也大都是十多年前的 WEB1.0 时代的技术，以至于国内 80% 的博物馆都推出这一类型的虚拟博物馆，展示形式也只是把可以快速浏览的网页内容复杂化（一段文字本来可以进行快速阅读，制作成动画的形式以后，无形中浪费了参观者的时间和耐心）。这种形式最大的问题在于服务的虚拟化，服务对象不加以区分的交互形式，让整个过程变得如同鸡肋，专业的研究者需要经过复杂的操作才能找到所需要的信息内容，而普通参观者在缺乏自主性的操作过程中逐渐失去了兴趣。博物馆处在一种异构的环境中，不同的物理信息资源的数字化对于博物馆本身是困难的，并且数字化后的应用也需要大量的研究资金支持，如何通过数字化设计实现资源共享的

---

7. 早在 1993 年美国就建立了国家信息基础设施（NII），其中数字化博物馆和图书馆为重点建设项目。1995 年在比利时召开的全球信息社会化大会将全球数字图书馆计划与数字博物馆计划作为全球信息化的组成部分。

图 23 金山沉船考古现场实施扫描

最大化是现今面临的最大问题。文化遗产的数字信息化能够弥合语义理解的差异，可以使受众在数字化层面直接获得相关信息，但这一过程体验感会被不同程度的弱化。美国弗吉尼亚理工大学穆拉德·欧扎尼（Mourad Ouzzani）的研究小组将数据查询细分为三种模型。最上层是虚拟操作联合模式，直接通过用户自定义的角度视图查询。中间则为在某一特定领域的查询操作，而底层为物理性查询。这种分层次的查询模式面向不同的应用对象，但底层的数据信息是一致的，只是将不同类型的信息资源封装为不同类型的服务形式，屏蔽掉不必要的技术细节，通过语义描述资源信息，以对应不同类型用户的服务描述。[8]

　　虚拟修复的信息重构也包括考古数据，考古发掘研究本身就具有破坏性，考古学家在发掘的过程中进行全面与系统的数据记录，从而克服这一根本缺陷。记录的数据可以通过分析与重建发掘现场，从而弥补开挖的过程中带来的破坏，

8. Ouzzani M, Bouguettaya A. Efficient access to WEB services[J]. Internet Computing IEEE, 2004, 8(2):34-44.

因为破坏是不可逆的。虚拟修复提供了一种重新认知考古对象的途径，被发掘的器物、壁画与建筑的特征通常情况下是以碎片化和不完整的形式出现的。同时，考古现场也是需要进行记录的，这个过程产生的数据可以决定考古发掘的进程。图中展示的是金山古船遗址的发掘现场，在考古研究开始进行时就通过无人机对于整个挖掘现场进行拍摄，通过逆向运算得出现场的三维模型，这样的记录平均每天一次，频率与发掘的数据节点相关联，如果挖掘进程较快，数据采集的频率也会相应提升（图 23）。收集的数据为后续的挖掘与修复研究提供了保障，在实际的操作过程中，部分挖掘现场并不能确定进一步的挖掘是否存在研究的意义。以古船现场为例，考古对象极易腐烂，每一层的数据都可以将立体的船体造型记录下来，也就是船体沉浸在其中的基本形态，这在以前考古现场时无法实现的。例如马王堆的发掘现场，用于记录的只是两台普通的黑白相机，由于胶卷发霉以至于这两台相机所记录下的内容也不是很完整。而实时的数据扫描通过剥离泥土部分的数据就可以还原出船体沉没时的样子，如果在挖掘后再进行拼接所得出的数据准确度是不一样的。在另一个层面，我们不能确定该考古现场是否有价值，随着挖掘的过程，其价值一点点显露了出来，在这一领域更为有经验的学者进驻以后，可以通过分析挖掘数据将部分重要的信息重建出来。

第二节 存在与网真

文化遗产的虚拟修复最为重要的可视化技术就是"虚拟现实"（包括与之相关的数字化技术）。时至今日，我们已经广泛地使用"虚拟现实"一词，却很少认识到这个词语已经被广泛地应用于各个领域，作为一个研究型术语，它有缺乏指定性，因为在不同的学术语境下所指代的含义是不同的。我们抛开基础的概念，针对研究内容的体验可以简单地分为三类：1.作为一种分析工具；2.改变维度；3.检验与其他体验媒介的关系。这种思路出现于"虚拟现实"技术刚被应用的时候，学者对于该项应用寄于很高的期望，希望使用这一技术提高沉浸感，如果书面的文字叙述能够提供心理上的沉浸感，那么在媒介化的世界中增加交互性应该会进一步增强沉浸感。沉浸感是一个人在中介环境中而不是在直接的物理环境中感到存在的程度。虚拟现实有效地使进入其中的受众沉浸在重构考古遗址或混合真实感环境中，虚拟空间中居住着智慧和栩栩如生的数字模拟，在虚拟空间中的互动可以重温过去的经验社会，这样的虚拟空间帮助考古学家通过经验的方法解释考古学。

随着虚拟现实技术的发展，学者们逐渐开始关注对于虚拟的"真实"性的讨论，其围绕着两个重要的概念展开，即"存在"（Presence）和"网真"（Telepresence）[9]。一种新的媒介在诞生时，学者们就会基于这两个概念进行研究，但"虚拟现实"作为一种新的媒介无法依赖于其他媒介的经验去理解虚拟现实的本质。某种程度上"虚拟现实"这一概念存在着一种悖论，虚拟意味着是模拟真实的事物，但虚拟现实最终的结果创造了非真实的现实。虚拟修复是模拟的重构，是提供一种重新构建文化遗产特征的途径，而这些文化遗产的特征通常只存在于信息的碎片中。在虚拟修复文化遗产的过程中，需要模拟出具有历史意义的特定空间，这些相关的信息是不对等的，虚拟空间中的信息由考古所得出的信息以及相关的文献所组成，这些信息部分存活了下来，但有些则呈现缺失的状态。因此，这种虚拟空间的创造必须是重建的，重建过程基本上是由问题和决定构成的，如虚拟空间的创建涉及几何、比例、美学和功能设计等方面的问题。在文化遗产虚拟的修复过程中，人们依靠考古记录的文献与数据来做出决定，重建过程中所做的决策必然会影响重建的未来使用和应用。虚拟修复并不单单针对被损坏了的器物或建筑修复，更是对与之相关的信息进行全面的修复，通过这种方法，将挖掘记录和相关解释转化为信息模型。

"虚拟现实"的起源可以追溯到法国剧作家安托南·阿尔托（Antonin Artaud），在其著作《戏剧及其重影》（*The Theatre and Its Double*）中将剧院

---

9. Telepresence 的翻译取决于对于这一概念的理解，如今该技术特指远程呈现系统，并不单单特指某一种技术类型，在早期的概念中还涉及遥在交互的部分内容，也包含对于感官模拟的内容。

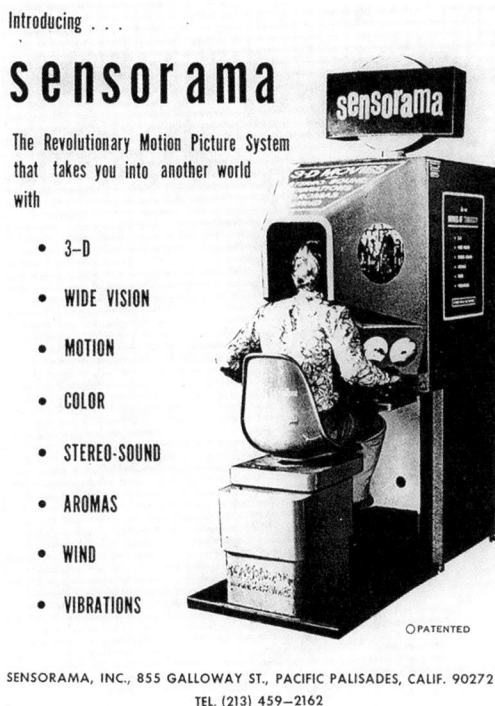

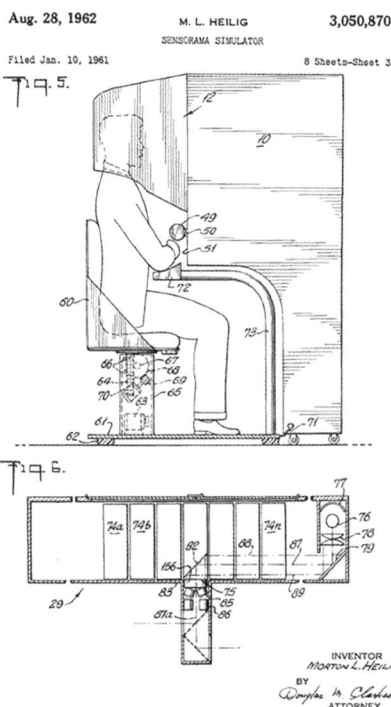

图 24 第一台虚拟现实设备专利

描述为"虚拟现实"（la réalité virtuelle）。[10] 到了 20 世纪 40 年代，在斯坦利·格劳曼·温鲍姆（Stanley Grauman Weinbaum）的科幻小说中第一次描述出具有现代虚拟现实设备雏形的系统。[11] "虚拟"这个词被用于计算机术语，特指"通过软件实现但并不以物理形式存在"（not physically existing but made to appear by software）。到了 1962 年，莫顿·海利希（Morton Heilig）创建了一个原型被称为 Sensorama 的设备，在这个包裹头部的设备里，5 部短片可以同时进行播放（图 24）。

---

10. Antonin Artaud, The Alchemical Theater, in The Theater and its Double[M]. trans. Mary Caroline Richards, New York: Grove Press, 1958, p. 49, emphasis in original. See also Samuel WEBer, 'The Virtual Reality of Theater': Antonin Artaud", in Theatricality as Medium, New York: Fordham University Press, 2004: 277-94.

11. Weinbaum S G. Pygmalion's Spectacles[M]. Booklassic, 2015.

虚拟现实在人文社会科学领域的应用已有 40 多年的历史，学者们对相关的理论和方法论问题已经进行了深入地探讨。概括地说，虚拟现实可以看作是一个模拟现实的想象空间，而虚拟的可视化内容有助于理解、表示和分析现实的复杂性，从而理解一个特定的问题或预测一个特定的行为。虚拟现实可以被定义为一种视觉的访问形式，在大部分情况下，在建筑与考古学领域互动信息并不总是容易在现实中获得，这使得虚拟现实最终成为测试和评估复杂信息的实用性工具，这也重新定义了该方向的研究目标。在文化遗产虚拟现实系统中有两个组成部分，一部分专注于研究，一部分专注于沟通。这并不是以简单的文化遗产的数字化转换，而是利用研究的结果建立基于视觉化工具的沟通渠道。首先通过虚拟修复整合了不同来源的多种信息：调查、绘图、图像、文献、GIS 数据和史前地层信息等，通过虚拟现实的可视化手段，体现出文化遗产内容的三维性、互动性和空间性，无论是科学研究目的的交互，还是面向大众的信息沟通，这种认知都增强了文化遗产交叉研究的多种可能性。

存在和现实判断是虚拟现实领域中需要考虑的两个重要变量，20 世纪詹姆斯·杰尔姆·吉布森（James Jerome Gibson）根据人类体验而不是技术硬件来定义虚拟现实，其理念的关键是"存在"。"存在"可以被认为是个体对于物理环境的经验，所指的不是个体在物质世界中所处的环境，而是心理过程所介导形成的环境感知，存在感被定义为在"环境"中的存在感。人类的许多感知因素有助于产生这种感觉，包括来自某些或所有感官通道的输入，以及更用心的注意力、知觉和其他心理过程，这些过程将传入的感官数据与当前的关注和过去的经验同化[12]。如何形成这种"存在"感，无意识的知觉过程、有意识的注意力方向和有意识的叙事化过程的结合，都有助于感知中介体验。[13] 存在的意义与现实的概念密切相关，不同的本体立场支持不同的存在、远程存在和虚拟存在的标准。环境中的存在，无论是真实的还是模拟的都意味着个体可以

---

12. Gibson J J. The senses considered as perceptual systems[J]. 1966.

13. Reeves B, Nass C I. The media equation: How people treat computers, television, and new media like real people and places[M]. Cambridge: Cambridge university press, 1996.

感知自己、对象和其他人。这不仅仅是存在于现实空间，而且存在于沉浸主体，以及互动的社会文化网络中。环境，无论是真实的还是虚拟的都不是私密的空间，而是由人工介导的，具有社会互动性的公共场所。[14] 模拟出"存在"的真实，不仅仅要单一的对于感官的模拟，空间的社会与文化属性也是加强存在感的一部分。如何有助于体验"存在"？嘉莉·海特（Carrie Heeter）描述了三种不同类型的存在，即主观的个人存在、社会存在和个人存在。[15] 在虚拟现实系统中"存在"可以作为一种技术的特征进行客观的评估，并且具有一定的研究维度。例如，系统可以在多大程度上为沉浸对象提供一个包容的、广泛的和生动的虚拟环境。沉浸感的其他维度涉及身体匹配的程度，以及对象可以在多大程度上采取自主行动，以及在多大程度上产生自主反应。"存在"是一种意识状态，可能与沉浸同时出现，并与身处某地的感觉有关。在缺乏明确的理论和相关的研究维度的情况下，很难通过社会科学研究来解决各种虚拟现实系统之间的异同，也很难对虚拟现实和其他媒介的关系进行研究。在非中介的知觉中，"存在"被认为是理所当然的，除了直接的物理环境之外，还有什么能体验到呢？就是通过媒介。

"网真"（Telepresence）这个术语被定义为通过媒介在环境中存在的体验。也就是说，网真就是对象在中介环境中，而不是在直接的物理环境中，感到"存在"的程度。这个术语是由马文·明斯基（Marvin Minsky）创造的[16]，用来指代远程操作物理对象的系统。随着相关研究的发展，网真的概念逐渐开始强调远程操作和虚拟环境之间的相似性。[17] 因此，媒介只有作为一种渠道，作为连

---

14. Mantovani G, Riva G. "Real" presence: how different ontologies generate different criteria for presence, telepresence, and virtual presence[J]. Presence, 1999, 8(5): 540-550.

15. Heeter C. Being there: The subjective experience of presence[J]. Presence: Teleoperators & Virtual Environments, 1992, 1(2): 262-271.

16. Minsky M. Telepresence[J]. 1980.

17. "虚拟现实"被定义为感知者体验网真的真实和模拟环境。事实上，考虑到所涉及的概念的广泛定义，虚拟现实的定义实际上包括中介体验。传统上，通信过程被描述为信息传递的过程，作为连接发送方和接收方的过程。

接发送方和接收方的一种手段时才重要。相比之下，"网真"关注的既是发送者又是接收者的个体之间的关系，以及个体互动的中介环境。[18]从某种意义上说，"虚拟现实"唤起了一种临场感。类似的感觉可以通过几乎任何媒介的技术来体验。报纸、信件和杂志把读者放在作者讲述故事的环境中；电视把观众放在一个虚拟的环境里；电子游戏创造了虚拟的空间，玩家可以在其中扮演其中的角色。因此，从远程呈现的角度来看，"虚拟现实"提供了一个概念性的框架，在这个框架中，新开发的技术可以与其他媒介技术进行比较。从这个角度来看，虚拟现实指的是一种体验，而不是机器设备，因为虚拟现实包含了个人的存在体验，其依赖测度必须都是个体体验的测度，所以虚拟现实不只是基于技术的，其可以在多个维度上进行跨技术的变化。从体验的角度来讲，这是一种个人的心理感受"[19、20]，人类的感知系统在进化的过程中被调整为以适应对现实环境的感知，虚拟现实的体验可以通过吸引这些相同的感知机制来增强。由于"网真"必须通过某种媒介来体验，媒介的性质也会影响虚拟现实的感知。影响特定媒介情境的因素包括环境中所使用的感官刺激的组合方式和参与者互动的方式，以及个人体验的主观感受。而视觉在所有感官中最具主导性，认知心理学的研究表明，视觉化能力与视觉化工具可以促使人们以更恰当的方式感知信息。虚拟现实环境中数据是感官和认知过程的输入信号，信息是具有关联意义的数据，视觉工具促使人们能够利用认知机制，决定如何行动、执行任务和创造新的信息。因此，虚拟现实允许对概念、对象或空间及其上下文进行三维可视化，并提供了一个显示数据的可视化框架。同时，虚拟现实可以使三维数据进行交

18. Sheridan T B. Musings on telepresence and virtual presence[J]. Presence: Teleoperators & Virtual Environments, 1992, 1(1): 120-126.

19. Pine B J, Gilmore J H. The experience economy[M]. Cambridge: Harvard Business Press, 2011.

20. 当一个人的情绪、体力、智力甚至精神达到某一特定水平时，在其意识中所产生的美好感觉。人在社会生活中超越于一般经验、认识之上的那种独特的、高强度的、难以叙述的瞬间性的深层感动。因此，体验不仅会涉及人们的感官、情感、情绪等感性因素，也会涉及知识、智力、思考等理性因素，同时也包括身体的一些活动。

互，并促进个体、数据和信息之间的交互，还可以对信息进行转换，使其更容易被视觉捕捉，从而更容易被感知。虚拟现实作为一种组织和传递信息的系统，通过对空间的重新诠释，并向用户传递多重意义，其在虚拟空间和现实空间之间产生了一种"对偶性"[21]，这种对偶性往往与想象的情境联系在一起，与日常生活或经历联系在一起。因此，信息模型成为现实与虚拟之间的接触点，作为一种有意识的活动，并以此来构建，其需要不同来源的信息进行判断，结合不同参与者的方面和观点，并向访问者提供不同的可能性。[22]

　　虚拟现实也是一种媒介，拥有自己的语言和符号系统，其呈现出一种现代非线性的思维方式，激发受众与技术之间的交互。这意味着虚拟现实环境的构建不仅仅是一个技术挑战，而更多的是关于概念化步骤、解释性框架、模仿现实的程度、叙事结构等多方面的选择，这也包括了用户的交互经验和对虚拟空间的解释。在虚拟环境重建的伊始，我们应该意识到我们在使用不同的语言收集和传递信息，因此我们必须了解它的语法和它所使用的"符号系统"。虚拟现实的模式提供了一种新的内部认知方式，感官在虚拟空间中是混合的状态，部分感官被设备控制，而部分感官被现实世界控制（如重力影响），我们无法避免外部交流和内部认知符号系统之间相互依赖的可能性。所以，如果外在表现方式和内在表现方式之间的距离较短，我们就不需要花费太多的精力去转换外在的信息，这是一种更加直观的方式。把虚拟现实作为一种新的语言，一种新的媒体，我们就不能把它仅仅局限于被动的观察，我们需要主动的互动来获得这种语言。遵循这一理念，通过获取和存储信息来学习是一种惰性的知识，而解释虚拟现实并理解它是一种主动的知识。[23] 感官刺激的组合方式对创造环境的存在感起着至关重要的作用，在中介的环境中真实感官和虚拟感官之间的相互作用中，内容的差异也会影响对存在的感知，这有时因个体而异。然而，

21. 描述导致相同的物理结果，表面上不同的理论之间的对应关系。

22. Hermon S, Kalisperis L. Between the Real and the Virtual: 3D visualization in the Cultural Heritage domain-expectations and prospects[J]. Virtual Archaeology Review, 2011, 2(4): 59-63.

23. Laurel B. Computers as theatre[M]. New Jersey: Addison-Wesley, 2013.

这些变量的生动性和交互性决定了感官的体验度。

文化遗产领域的数字化应用的研究焦点之一就在于受众的参与性，虚拟修复的环境内容很大程度上需要推广与应用，游戏正是增加文化遗产项目参与度的突破口。受众分享文化感知，并通过实践、观察和交互来学习，在活动中体验到参与感，享受环境带来的真实，感受文化观念，在一个虚拟环境中可以实时地触发历史事件。利用游戏来支持文化遗产的参与性教学（包括博物馆应用）的案例并不多，这主要是因为游戏制作的跨学科属性，包括了计算机图形学、数字引擎、虚拟现实和增强现实以及人工智能方面诸多学科的尖端技术，同时需要在故事需求、界面特性、网络、WEB 连接、评分系统等方面进行优化，这需要大量的研发投入和资金支持。南加州大学 Game Pipe 实验室主任迈克尔·兹达（MIchael Zyda）教授将基于文化遗产的游戏项目定义为"严肃游戏"（Serious Games），是"一种计算机应用，其目的是将严肃性的教育、学习、交流和信息，与来自游戏可玩性的源泉相结合"。[24] 首先从字面意义上讲游戏是一场身体或精神上的比赛，根据特定的规则进行，目的是为了娱乐或奖励参与者。[25] 无论什么样的游戏类型其最终目的就是娱乐，而严肃游戏附加了更多的意义。与此同时，严肃游戏的尖端技术与娱乐游戏的尖端技术是相同的，而文化遗产的严肃游戏应用并没有像娱乐游戏应用一样的庞大用户基数，所以最终的应用效果大都不尽如人意，这也影响了文化遗产项目推广范围的扩大。数字化游戏应用领域太过复杂与主观，而在文化遗产领域涉及三类游戏类应用：原型与演示、虚拟博物馆、商业历史游戏。也有部分学者将其进行不同的归类，但应用方向大致如此。严肃游戏应用程序的主要优势可以概括为在通信、信息的视觉表达、协作机制、交互性和娱乐方面。其邀请用户与数据处理应用程序进行交互，将教学、培训、通信或信息方面与游戏机制相结合，提供富有吸引

---

24. "computer application, which the aim is to combine Serious aspects (the education), the learning, the communication, or the information with the playful springs from the video Games".

25. Zyda M. From visual simulation to virtual reality to games[J]. Computer, 2005, 38(9): 25-32.

力的情节与内容。

对于受众而言，对于人类过去的视觉经验是匮乏的，建筑与器物都从经验主义的考古遗迹中重建出来，而对于人们的外貌和行动方式却没有那么直接的感官经验。诚然，对于服装等直观视觉内容可以从历史或文献中重建（或者从电视剧，但本书将部分电视剧制作人员也归为受众），但对于某个历史时期的整体视觉印象是缺乏的。如果不将游戏性引入虚拟修复，最终得到的结果是不完整的，大部分虚拟修复的环境，参观者都处于一个没有人类存在的诡异空间，空无一人的宫殿如果能勉强接受，那空无一人的集市和我们参观一个遗址又有什么区别呢？基于现代的计算机技术，我们很难基于网络社交重建某个历史时期的社会环境，因为受众并不会以特定的思维模式回馈信息，而人工智能又无法在这个时代进行完善，所以游戏模式的加入无疑是最好的解决方法。

历史文化虚拟空间的构建作为文化遗产的诠释与展示一种具体的实践，应基于过去的人与物之间的具体关系，通过现在的社会网络构成折射对历史的理解，强调了感官考古、空间实践和社会互动的作用。游戏模式为文化遗产的虚拟体验提供了很好的实践内容，我们在这里并不是一味强调对于文化遗产的虚拟展示必须加入游戏性的部分特征，但是大量研究人员在深入分析了受众行为与心理后，找到了在虚拟空间中加强这种体验感的具体手段。虚拟人物的动作如何能改变人们在虚拟环境之外的思考、感受和行动的方式？虚拟环境中的交互心理表征如何能影响根植于身体内部的感官体验？这些都是在这一领域值得关注的问题。信息时代的开发人员创造诸多无缝集成到生活中的媒介形式，通过小尺寸、移动性或由身体移动或触摸控制的界面将工具和身体融为一体。从电子游戏到汽车导航系统，界面的设计选择可能会含蓄地塑造用户对其数字体验和媒体交互之外的体验形成心理表征的方式。随着认知根植于身体，学习发生在无意识的层面，记忆和心理表征可能从身体延伸到技术，模糊了身体和中介的界限。

文化遗产的虚拟修复将空间体验的复杂性降低到一个 XYZ 网格的数学绝对空间中，这种体验就像在没有社会和文化存在的情况下，或者在没有人类尺度的无生命的宇宙中漫步。在这个过程中，追求现实主义的叙事，或将叙事解释强加于空间体验中，不如从受众意识方面进行考量，如：什么类型的空间形式更能准确地表达？文化遗产的地理位置是如何影响真实体验的？形而上学的或象征性的仪式与经验能被模拟？虚拟环境如何考虑情感、感知，以及如何传达文化与历史背景？通过对文化遗产的再现或模拟，虚拟修复成为古代文化和现代使用者之间的桥梁。在某种意义上说，古人已经逝去，不能提问或回答问题，但我们可以通过与他们和他们周围的模拟互动来了解他们。例如，尽管古希腊的帕特农神庙给我们留下了深刻的印象，但对于普通的古希腊人来说，他们实际上生活在物质的贫困中，而且经常处于战争的状态，我们在现实中能体验到这些神庙的宏伟，却无法体会到古希腊人为什么要倾尽全力去建造这些神庙，什么样的精神在支撑着他们的意志。虚拟体验这些使我们超越了有限的、分裂的、有方向性的空间，并作为一种唤起过去存在的具体方式与文化遗产产生特别的关联。这种通过空间的唤起存在感代表了一种从笛卡尔的空间模型的转变，这种模型认为空间是数学的划分，空间是物体的容器，而空间是可移动的、动态的和活跃的，虚拟空间的形态学图式可能对"做"而不是"看"做出反应。也就是说，它对过程的反应会成为具体的主观性操作。在寻求创造互动和空间接触的形式来传达虚拟遗产的文化背景时，游戏模式在用户的互动中是最为有效的，代入感也是最强的。游戏构建了玩家导航和询问的空间内容。这种方法从根本上促进了数字媒体消费者从知识接受者到积极参与者的角色转换。因此，模拟的过程不是数据检索和访问，而是审美沉浸与交互，这种非叙事性结构的传播效率大大被增强。虽然笛卡尔几何学是许多游戏设计的基础，但感性和经验的技巧才是加强虚拟体验的关键。在模拟的地形上进行活动会产生运动感，出汗、兴奋、沮丧和焦虑的感觉是身体本能活动的证据，这种发自内心的反映在身体达到极限后仍会在虚拟空间中停留很长时间。这种内在的反映以及虚拟空间和受众之间的动态反馈表明了一种现象学的主观性，即受众同时沉浸在屏幕和现实世界中。人类的知觉和经验是通过身体的相互作用来调节的，而现象学的方法不认为虚拟环境是一个被动的容器，等待着被充满意义。

在虚拟环境中，存在感和兴奋感优先于与直接体验相关的反射和沉思。这集中反映在游戏中有很多模式可以应用到受众探索虚拟文化遗产空间中。虚拟运动可以创造出一种模拟的空间性，将现实扩展到一种更富有想象力、更迷人、更抒情的空间沉浸关系。当受众身处虚拟空间中时，模拟现实的创造就超越了纯粹的视觉，将数据空间转化为现实空间。这种虚拟体验也是一种隐喻性的联想体验，这在很大程度上要归功于我们在现实世界中的个人动作记忆，如：花园散步、驾驶汽车、攀爬山峰等。这些下意识的动作体验能够加强对于虚拟世界的认同感，对虚拟空间的隐喻被用来构建一个散漫的架构，这个架构自主随机，允许受众用自己的方式理解世界，并将其用于自身的目的。虚拟体验也是联想性的，它将最初被认为主要是视觉体验的东西转化为动态体验。通过这种方式，虚拟文化遗产可以成为一个策略空间，为文化遗产的语境、个人需求提供空间。游戏的过程可以从一系列选择的悖论中获得乐趣，而不是从文献的权威性中获得乐趣，在这些游戏中，我们不仅可以看到文化遗产本身，还可以看到交互的存在与空间本身。通过这种方式，空间沉浸成为文化性的中心，通过一个感知身体的运动，结合记忆和个人经验，对历史有了响应性的接触。以任务为导向的虚拟体验，随着时间的推移和复杂性的提高，以及与现实世界的冲突，增强受众的能动性和成就感。通过受众的主体性，虚拟空间环境可以精确地在形而上或象征性仪式的层面发挥作用，提供不同的文化视角，创造与众不同的存在感。这种唤起过去的存在感依赖于对虚拟空间的不同处理，在虚拟修复的架构中应用游戏中的约束、启示和挑战等模式可以传达特定文化背景的信息。这会形成有机社会的存在，而不是受众孤独的考验。通过这种方式，文化遗产不仅作为屏幕上的空间表现形式，而且作为过去存在的特殊方式展现在人们面前。

严肃游戏是一种真正的学习工具，用于构建知识和技能，这些知识和技能与个人在交互环境中的行为相关联，而混合现实的技术在其中非常重要。在严肃游戏中混合现实的整合允许考虑新的交互模式。[26] 混合现实的概念是基于虚拟

---

26. Leclet-Groux D, Caron G, Mouaddib E, et al. A Serious Game for 3D cultural. heritage[C]. Digital Heritage International Congress (DigitalHeritage), 2013. IEEE, 2013, 1: 409-412.

现实的基础建立的，前文已经提到虚拟现实作为一种通信媒介存在，呈现主动的知识获取方式，其三个基本特征为：Immersion - Interaction - Imagination（沉浸、交互、构想），本体则是整个系统的主导。麦克·海姆（Michael Heim）在《从界面到网络空间——虚拟实在的形而上学》（*The Metaphysics of Virtual Reality*）一书中提到："虚拟，本质上或实际上尽管没有被正式认可或承认的。现实，一个真实的事件、实体或状态。"书中也同时展示出了7种不同的虚拟现实概念：1. 模拟性（模拟环境和再现体验）。2. 交互作用（作为一种数字化的象征与主体进行交互，交互本身才能体现其存在的价值）。3. 人工性（虚拟现实本身就是一种人工造物）。4. 沉浸性（在虚拟空间中建立感官的沉浸）。5. 遥在（Telepresence）（远程模拟，即所处的虚拟环境并不与主体感官所在的真实环境建立同步关系）。6. 全身沉浸（对身体动作进行跟踪，将数据在虚拟环境中进行模拟）。7. 网络通信（通过网络实现虚拟模拟）。以上7种虚拟现实的概念展现出了现有技术可以实现的虚拟现实类型。[27] 这本书写于1993年，那时还没有混合现实（MR）的概念。到了1994年，多伦多大学的保罗·米尔格拉姆（Paul Milgram）和日本学者岸野文郎（Fumio Kishino）撰写了一篇题为《混合现实与视觉显示分类》的论文[28]，在这篇论文中他们定义了"现实 - 虚拟连续（Reality-Virtuality Continuum）"的概念用于描述从真实环境到虚拟环境的跨度[29]。混合现实（Mixed Reality）作为虚拟交互的拓展，与增强现实有着截然不同的属性，增强现实强调虚拟技术融入真实环境，而混合现实则允许现实与虚拟空间的相互融合。混合现实频谱中最左边为物理现实，最右边为数字现实，混合现实的定义基于两者之间的混合。将图形叠加在物理现实上的体验是增强

---

27. Heim M. The metaphysics of virtual reality[M]. Oxford: Oxford University Press, 1994.
28. P. Milgram and F. Kishino, "A TAXONOMY OF MIXED REALITY VISUAL DISPLAYS，" IEICE Trans. Inf. Syst., vol. Vol E77-D, no. 12, pp.1-15, 1994.
29. 两者之间靠近现实环境的区域称为增强现实，而靠近虚拟环境的则是增强虚拟。真实环境和虚拟环境分别作为连续统的两端，位于它们中间的被称为"混合实境（Mixed Reality）"，其中靠近真实环境的是增强现实（Augmented Reality），靠近虚拟环境的则是增强虚境（Augmented Virtuality）。

混合现实频谱
Mixed reality spectrum

混合现实
Mixed Reality

物理现实
Physical
Reality

数字现实
Digital
Reality

增强现实
Augmented
Reality

虚拟现实
Virtual
Reality

图 25　混合现实频谱

现实，将现实隐藏起来呈现数字体验是虚拟现实，这两个极端之间则是混合现实。可以看到混合现实的空间形态，可以将虚拟空间置入现实空间，也可以将模拟现实空间置入虚拟空间。为了完整地建立对于文化遗产以及环境的整体感官，我们对现实空间进行模拟，同时将制作的模型置于现实空间中，最终通过分析进入其中的主体感官体验，优化设计内容与结果（图 25）。

　　混合现实一般基于两种模式，在第一种模式下，数字信息被叠加在真实的体验上，所以体验的主体基本上是在一个真实的空间中进行的，这个空间由于信息的叠加层而扩大；而在第 2 种模式中则将真实的元素、物体、受众引入虚拟空间，使体验发生在不同沉浸维度的数字空间中。在这两种模式下，主体与真实在虚拟空间中存在着不同层次的互动，从而受众的交互内容都会对自身的感知产生重大影响。这一概念就于装置在建立信息的反馈时，在有效地确定认知需求的方向后，程序之间的差异随着时间的推移变得越来越不清楚，或者说没有明显的界线，处在这一"混合"区域的交互内容都可称为混合现实。同时，真实或虚拟的场景被附加了更为丰富的内容（图 26）。[30]

30.　Bertuzzi J, Zreik K . Mixed Reality Games - Augmented Cultural Heritage[J]. SIGraDi 2011 [Proceedings of the 15th Iberoamerican Congress of Digital Graphics] Argentina - Santa，Fe. 16—18. November 2011: 304-307.

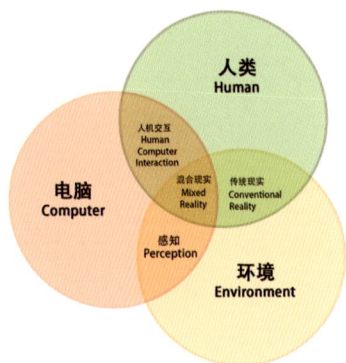

图 26 微软混合现实图表

文化遗产的虚拟修复已经从静态发展到了动态与互动的媒介方式，互联网是推动这一变革的诱因，混合现实的技术主要基于可视化环境和与三维信息交互，而构建混合现实的应用程序的成本已经大幅下降，与之相关的混合现实界面、交互技术和设备正在快速发展。在虚拟博物馆展览或参观中使用混合现实技术不只是简单地展示虚拟物品，而是增加交互的可能性。对如何塑造和利用混合现实，微软也针对相关技术的发展提出了新的技术路径：1. 混合现实将覆盖虚拟现实至增强现实之间的所有场景。2. 构建顶尖的设备和技术来驱动系统，包括完善 HoloLens 技术（由于硬件成本过高，以及沉浸体验感较差，这款硬件并不适合用于设计教学）。3. 创造应用和服务的统一平台。混合现实是混合物理世界和数字世界的结果，同时也是人类、计算机和环境相互作用下的结果，最终通过计算机视觉、图形处理、显示技术和输入系统等技术综合实现的。过去几十年来，人机交互不停地在发展，输入手段也在不断变化，这其中包括键盘、鼠标、触摸屏、语音和 Kinect 跟踪设备。人类、计算机和环境之间的相互作用被有效感知，这一综合体正是混合现实。

依据图纸数字复原建筑模型，将其放在现实环境中，受众视角可以在现实建筑环境与虚拟环境间切换，以交互的方式真实的体会历史建筑的全貌（现实环境中建筑的一部分已经被拆除或损坏，通过数字模拟的方式还原历史建筑原有特征），虚拟交互视角将现实视角与重构空间相融合，在混合的空间中获取文化历史信息，这种参与度是无法通过二维图纸与文字信息获取的。虽然这些"文化遗产"的重建是以虚拟的形式，但正是通过这种感知机制，通过虚拟重建场景激发了观察者的情绪，这种交互更能使其与之共鸣。在受众的视角，重建空间的感知准确度以及参与的流畅度是真实体验感的关键。基于图纸实现建筑模型，需要考量的技术问题很多，最为重要的是图纸比例与环境的真实性，以及需要考量同时期建筑的设计模式与方法，最为准确的技术就是将同类型同时期图纸与历史建筑进行对比，从而判断与图纸间的误差系数。为了构建感知上的精确数字空间，同时也需要模拟建筑表面材质等细节，实现现实与虚拟修复目标视觉上的一致性。[31] 意大利 Casa del Fascio 建筑数字复原项目，复原了该地区（1938 年至 1942 年间）的空间形态。项目选择了 6 个全景点作为观察者视角，这 6 个视角覆盖了虚拟建筑的主要特征，项目使用鱼眼镜头在 6 个选定位置拍摄现实场景，使用 EasyPano 软件将照片拼接合成为全景图。这些全景图也将被用于全局照明的反射贴图，将虚拟建筑模型置于场景中时，模型渲染时附带的阴影与反射信息将更为准确，这样重建模型将会更好地融入现实场景中（图 27）。[32]

　　虚拟现实在早期应用时也主要是用于现实环境的模拟，如飞行驾驶和危险品操作，这种模拟由于技术限制，只能对于操作流程进行机械的复制。随着虚拟现实感知反馈技术的发展以及计算机运算能力的提高，对虚拟现实的应用范围也在不断地扩大。从过去的只能通过键盘和鼠标进行单维的数字模拟，到能够使用多维的感知系统进行全沉浸式的模拟，从过去通过计算分析模拟过程中反馈与影响的信息，到在生理和心理层面多维度进行全因素分析反馈结果。虚拟现实技术已经发展成为一套成熟的系统，不再是冰冷的数字堆积的虚拟计算，而是可以支撑不同学科进行系统研究的工具。虚拟现实时的"交互性"可以使数字模型与用户之间建立特定的关系，并达成信息传递过程的可能性，同时如果介质允许用户影响通信内容或形式，则介质是交互式的。这种交互也有着不同的应用级别，最基本的是允许用户简单地选择信息，更进一步允许用户创建或插入内容，交互性最强的则是在虚拟环境适当地响应用户的输入。只有在沉

31. Cigola M. Digital tools for Urban and Architectural heritage[M]. Geospatial Research: Concepts, Methodologies, Tools, and Applications. Hershey: IGI Global, 2016: 743-764.
32. Ippoliti E, Calvano M, Mores L. 2.5 D/3D MODELS FOR THE ENHANCEMENT OF ARCHITECTURAL-URBAN HERITAGE. AN VIRTUAL TOUR OF DESIGN OF THE FASCIST HEADQUARTERS IN LITTORIA[J]. ISPRS Annals of Photogrammetry, Remote Sensing & Spatial Information Sciences, 2014, 2(5).

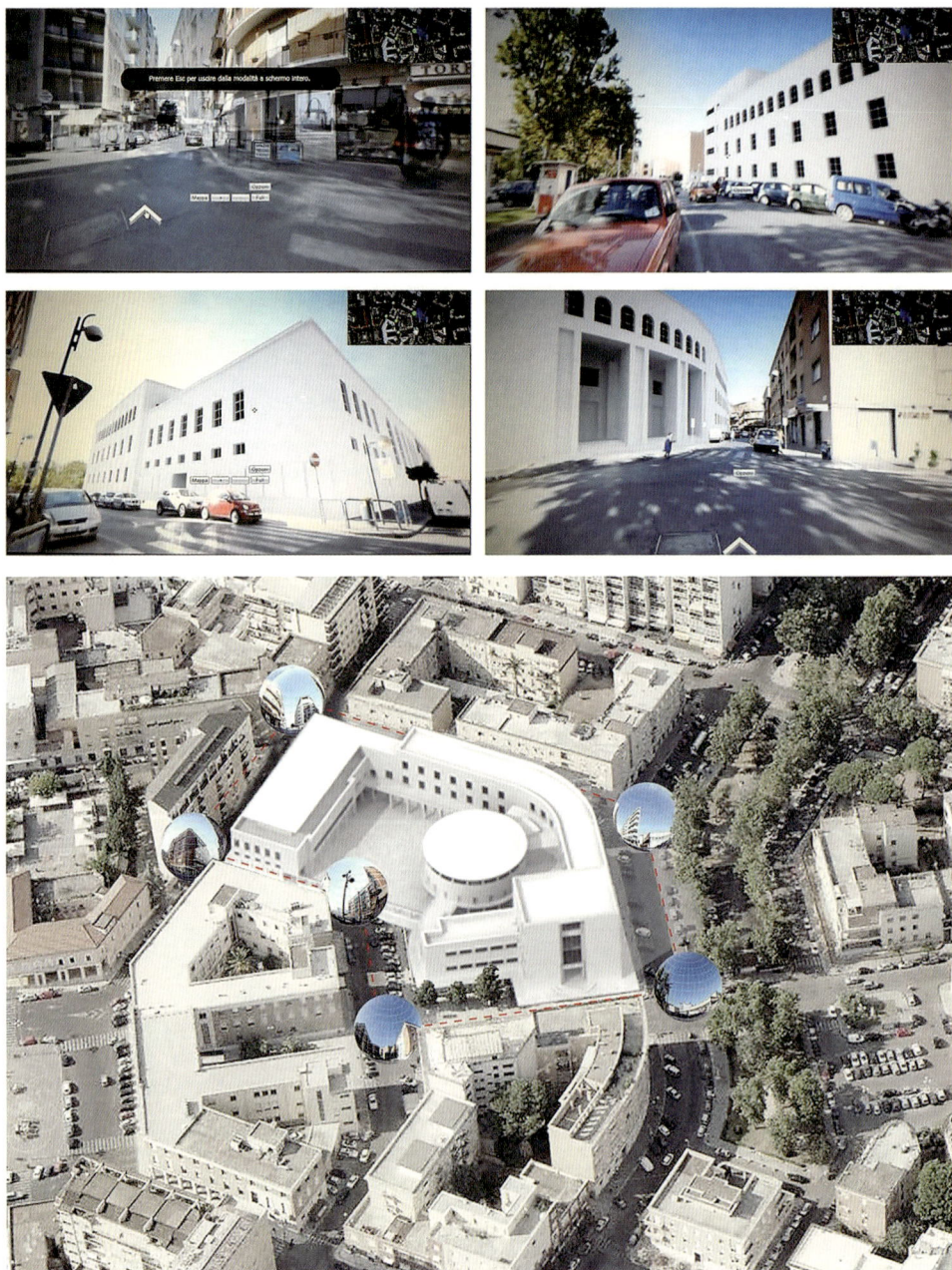

图 27 虚拟场景叠加

浸式模拟中，用户才能通过所有 5 种感官与环境进行交互，才能正确理解虚拟现实中的"沉浸"。这也是混合现实所要达到的目标。

　　博物馆的数字化进程并不仅限于展品内容的数字化，之所以使用这种数字化的手段是为了对文化遗产进行全面性的保护，国外的部分博物馆和研究机构已经尝试对普通观众只展出数字化内容。意大利斯齐法诺亚宫（Schifanoia Palace）[33] 及其著名的月之庭（Hall of Months）在经历了 2012 年的地震后，该建筑已几乎完全不对外开放。由艺术家弗朗西斯科·德尔·科萨（Francesco del Cossa）和埃尔科尔·德·罗伯提（Ercole del Roberti）创作了一系列占星术人物，这是意大利文艺复兴时期艺术中最令人惊叹的杰作之一，以月为周期的大厅装饰，用占星学和神话学的方式来庆祝家族功绩的活动。2014 年，意大利费拉拉大学的研究小组为斯齐法诺亚宫提供了一系列的数字化解决方案，以满足宫殿不对外开放时期游客参观与获取信息的方法手段。通过三维模型的形式展示了不同时期斯齐法诺亚宫的外观以及部分精确的建筑信息（包括建筑的墙壁、飞檐、浮雕等细节），同时保持了数据来源的交互性。交互内容所追求的叙事维度包括对空间、物体和事件的描述与解释，埃斯特家族和费拉拉市的历史逻辑和空间的关联。斯齐法诺亚宫数字化解决方案提供图像型阅读与几何型阅读等多种信息获取方式，不再是线性的信息获取模式，而是同时使用混合现实等技术手段，展现出了文化遗产数字可视化系统的优势，证明了数字工具创新表达与传播复杂内容的模式。动态的视觉冲击和与数字模型的互动创造了交互性的认知感，激发了游客的理解和想象力（图 28）。[34]

　　意大利卡梅里诺大学的研究团队将这种虚拟修复模式应用于智能手机

---

33. Schifanoia Palace 是费拉拉侯爵（Alberto V d'Este）于 1385 年下令建造的 Schifanoia 这个词来自 schifar 或 schivar la noia（为了摆脱无聊），即：摆脱政府紧迫的政治承诺的单调乏味。Schifanoia Palace 在意大利费拉拉的历史上是一个具有象征意义的地方，随着时间的推移，它的曲折演变真实地反映了这座城市的沧桑变迁。它的非凡重要性在于，它是埃斯特王朝（Este dynasty）建造的唯一一座城市住宅，以其近乎原始的形式保存了一个延续的具象周期，为包括艺术史学家罗伯托·朗吉（Roberto Longhi）在内的画派提供了绝对的证据。

34. Incerti M, Iurilli S. Virtuality and multimedia for digital heritage: Schifanoia Palace and its hall of months[M]. Handbook of Research on Emerging Technologies for Digital Preservation and Information Modeling. Hershey: IGI Global, 2017: 288-315.

图 28　意大利斯齐法诺亚宫

APP，将被拆除的建筑与雕塑在现实空间中予以虚拟修复，与普通的增强现实模式不同，虚拟修复的建筑与雕塑需要匹配现有建筑空间的坐标信息，这就使得虚拟内容植入了现实空间，并产生了一定的交互（虽然在阴影与光效上都是模拟生成的，这也是现阶段混合现实研究的重点之一），三维重建内容包括罗马门（Porta Romana，1929 年拆除）、帕尼奇宫（Palazzo Panichi，1971 年拆除）、圣贾科莫宫（San Giacomo，1935 年修改）、索莱斯塔喷泉（Borgo Solestà fountain，1905 年拆除）、阿林戈喷泉（Piazza Arringo fountain，1881 年拆除）、西蒙内蒂广场（Piazza Simonetti，1923 年拆除）、马乔里港（Porta Maggiore，1862 年拆除）（图 29）。

　　基于现实环境的虚拟修复在不同的文献信息间建立了联系，对于文化遗产的归档与重构不再仅仅是顺序上的排列关系，而是建立具有相互数据依托的交互关系。在技术层面也许还有不成熟的地方，可能会对最终的交互效果大打折扣，但是在路径模式上是切实可行的，这也为将来技术与算法成熟后激活特定的文献内容打下基础。这种模式基于城市的空间进行设计，避免了文献档案与现实空间的分离，使最终的交互结果也更为有效。因此，基于"感性"标准的

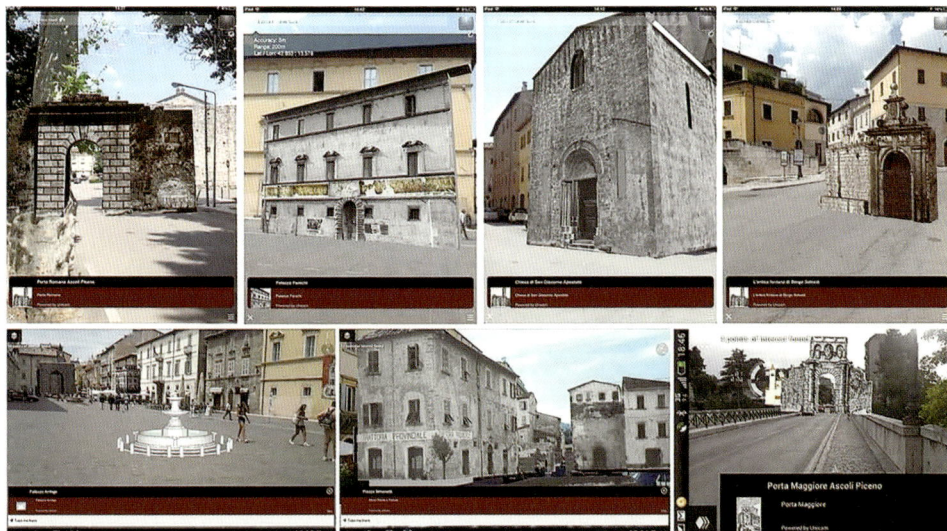

图 29 基于混合现实的虚拟重建

新型模式探索，让受众与文化遗产相关空间进行互动，从而帮助人们了解文化遗产的历史价值，通过虚拟修复的手段，比较当前和历史状态的信息空间，最终加强了文献和实际经验之间的关系。事实上，该模式也提出了一种真实的假设，即通过对文化遗产的可视化三维重构，对其"曾经的样子和位置"进行虚拟修复，旨在加强文化遗产档案保存与传播的新路径[35]。

在文化遗产的信息模型中，通过信息技术发展起来的文化产品成为阐释、理解和交流形式的主体。虚拟修复过程中，通过模拟、重组、检索和调查等方法，可以在信息模型中重新发现历史与文化的价值，同时对虚拟场景进行模拟，可以在同一时间、同一平台上，呈现来自不同来源的多种信息：测量数据、绘图、图像、照片、古代文本、文献、GIS 数据、地层信息、史学等。重构的现实是基于个体从中介陈述或记忆中积累的数据而产生的，这种方法的优势在于

35. Meschini A, Rossi D, Petrucci E, et al. Expanded Cultural Heritage Representation: Digital Applications for Mixed-Reality Experiences[M]. Handbook of Research on Emerging Technologies for Digital Preservation and Information Modeling. Hershey: IGI Global, 2017: 256-287.

图 30   比利时埃纳姆修道院遗址混合现实项目

通过三维、交互性和空间探索为虚拟修复提供了多种可能性。虚拟修复的场景无论是在以科学为目的专业传播中，还是在面向大众的普及传播中，对历史文化遗产的认识和认知都是有推动作用的。虚拟修复满足了不同的受众需求，这包括：严谨的数字复原、GIS 信息、数字图书馆、数字出版、交互式虚拟解决方案、社交媒体、移动旅游，以及更普遍的、创新的文化资源链接与传播方式。

比利时埃纳姆修道院遗址项目是由 Visual Dimension 工作室设计制作的虚拟 3D 重建和与数字遗产的互动项目，项目以时间轴的形式显示了修道院遗址的演变，展示了修道院 8 个不同时期的虚拟重建效果。项目使用固定位置的增强现实设计，将虚拟重建的结果予以展现。不同于虚拟现实的设备，这种设计模式适合于户外展示，以及多人参观，这也为虚拟修复内容的展示拓展了思路（图 30）。

第三节   虚拟空间知觉

虚拟修复的结果是由媒介引起的对远程呈现的感知。因此，数字感知模拟区别于纯粹的心理现象（如梦境或幻觉），因为这些经历不需要感知输入。我们是否能体验到一个环境的"存在"并不完全决定于这个环境是否是物理性的，而是体验的心理过程所导入的环境感知。虚拟环境中存在的概念和度量是通过计算机生成的内容（视觉、听觉、触觉和动觉）传递给参与者的感官。理想情况下，参与者感官的全部输入由计算机生成的内容持续提供，这提供了一种以自我为中心的参照系可能性，在这个参照系中，参与者的自我表现与虚拟世界的体验是一致的。[36] 虚拟修复的"现实"是基于个人从中介环境或记忆中积累

---

36.   Ellis S R. Nature and origins of virtual environments: A bibliographical essay[J]. Computing systems in engineering, 1991, 2(4): 321-347.

的数据而产生的，传统媒介信息传递的过程是连接发送方和接收方的过程，媒介只是一种渠道。相比之下，虚拟环境中的媒介关系是一种既是发送者又是接收者的个体之间的关系，以及个体互动的中介环境。信息不会从发送方传送到接收方，更确切地说，中介环境是被创建出来的。因此，从远程呈现的角度来看，虚拟现实提供了一个概念性的框架，在这个框架中，虚拟现实是一种体验，而不是硬件。因此，虚拟现实的现实性依赖个体体验的感受，感知过程和个体差异是影响结果的重要因素。

　　人类的知觉系统经过一个漫长的进化过程，在感知现实世界的环境时虽然某些方面不及某些动物的特定感知系统，但是综合感知系统中最为全面也是最为复杂的，虚拟现实的体验可以通过模拟感知机制来增强感知体验，同时媒介的情境与性质也会影响虚拟现实的感知，因此最终的结果是技术和感知者共同作用的结果。詹姆斯·吉布森（James Jerome Gibson）定义了 5 个不同的知觉系统：基本定向系统（负责维持身体平衡）、听觉系统、触觉系统、味觉与嗅觉系统和视觉系统。一个信息源输入其中几个系统可以被认为是信息等效，由于同时激活多重感知系统而产生的冗余减少了，可能导致这种感知组合的替代情况的数量，从而加强了对特定环境的感知。[37] 想象一下我们是如何感知到自己站在纽约曼哈顿街头的雨中，是哪一种感知系统支撑着这种存在感？是雨滴撞击身体的触觉系统？这样的感知洒水车也能达到，这种感知是一种综合的系统所造成的，包括雨滴落在建筑和过往的汽车上的环境图像，远处的高楼，潮湿的街道，匆忙的行人，汽车尾气的味道，这种生动的感知不是一种系统所造成的，而是所有感官同时输入时所产生的。而吉布森所指的冗余信息也是同时出现的，如警车车灯的闪光和警铃，旁边热狗摊贩发出的味道，正是这种冗余有助于进一步增强环境的生动。中介环境的生动程度也取决于每个感知通道中可用的感觉信息深度，就感知深度与广度的覆盖范围来说，传统媒介中并没有一种媒介可以与虚拟现实相比。在信息方面，深度直接取决于编码的数据量和

37. Gibson J J. The senses considered as perceptual systems[J]. 1966.

传输通道的数据带宽，在现实世界中，深度被认为是理所当然的，因为我们的感觉机制几乎总是在全带宽的模式下工作。在设计媒介系统时，我们必须牺牲带宽，这种牺牲大部分由于技术的限制，目前没有可用的听觉或视觉记录系统能与人类听觉和视觉系统相媲美，最为复杂的光学镜头也无法同时模拟出人类眼睛的对焦系统以及可视范围。

为了通过媒介准确地表达声音，所有这些特征都必须被精确地再现。然而，这并不总是必要的，这取决于媒介的预期目的。电话系统就是在尽可能小的带宽内传输可理解的语音，因此仅利用可理解的语音信号所需的最低声质水平，因为语音感知是一个直接的符号过程，低带宽的表示就足以表达内容。如果我们需要创建一个真实的环境，必须提供广泛的听觉带宽，这个听觉系统可以编码大量的数据，并提供更大的深度。这并不是编码环境和空间信息的全部范围，但这些信息对于呈现一个真实的空间听觉表示是至关重要的。扩展媒介系统的能力，以重新创造空间细节，这对于产生存在感是非常重要的。在视觉系统带宽的重要性则更为明显。广度和深度对存在感的相对贡献不是恒定的，部分系统的缺失也能造成其他系统的增强，多个感知系统的同时参与是产生存在感的一种极为有效的手段，即使某些刺激的深度相当低。很可能宽度和深度在产生存在感方面是乘法相关的，每一个维度都有助于增强对方，这种相互作用的确切性质显然值得进一步研究。[38, 39]新技术扩大了体验的感官广度和深度，媒介系统的虚拟世界与现实世界在感知上将难以区分，这些系统提供了体验遥远而不存在的世界的可能性。

感知的深度与广度的关键点在于交互性，即实时地参与虚拟环境中的形式和内容的程度。这种意义上的互动不同于接触或参与，因为交互性是一个由刺

---

38. Slater M, Steed A, Usoh M. The virtual treadmill: A naturalistic metaphor for navigation in immersive virtual environments[M]. Virtual Environments' 95. Vienna: Springer, 1995: 135-148.

39. 存在作为一种主观现象，在不同的形式中可能会有不同的体验。换句话说，一个人在虚拟环境中移动时，可能会体验到高度的视觉"在场感"，同时通过坐在真实椅子上的动觉和触觉信息，在物理现实中产生在场感。他们在物质现实中的存在可能会通过与他人交谈而在听觉上得到进一步加强。

激驱动的变量，由媒介的技术结构决定。如果根据媒介形式和内容的可延展性来定义交互性，这样的情况下如果阅读一本书随意地从一页跳到另一页，从一章跳到另一章，这样的形式不能称之为具有交互性。其实在某种程度上大部分的文化遗产数据库也只能达到这样的交互性，当进入一个文化遗产的多媒体系统中和看一本与之相关的百科全书并没有什么区别，大多数传统媒介系统在这个意义上并不是特别具有交互性，只有当媒介本身可以做出改变时，这样才能被认定具有交互性。交互性主要体现在三个方面：1. 速率，指进入中介环境的速率；2. 范围，指在中介环境中采取行动的可能性的数量；3. 映射，指的是系统以一种自然和可预测的方式将其控件映射到中介环境中的更改的能力，也就是日常行为与中介环境中行为的联系方式。[40] 交互速度或响应时间是交互媒介系统的一个重要特征，实时交互清楚地表示了这个变量所达到的最高可能值，新的媒体技术试图达到这种互动性的水平，从而使中介体验能够实时替代或放大对世界的感知。交互性的范围由可操纵的中介环境的属性数量和每个属性中可能的变化量决定，可以修改的参数越多，给定介质的交互性范围就越大。我们假设在虚拟环境中穿越一道星际之门，穿越的环境已经设定清楚了，但穿越的时间和所起到的作用决定权却在于个体。因此，在中介环境中的操作具有直接的现实世界对等物的情况下，映射内容需要更为接近所匹配的自然行为。例如大多数打字机和计算机键盘的布局，即使是一个任意但标准化的映射系统也比没有系统要好，因为这样的系统只需要学习一次即可。由于我们的感知系统是为与"真实世界"的交互而优化的，映射通常通过调整控制器以增加对人体的适应度，随着虚拟现实的技术发展，控制器操作到中介环境中的操作映射会变得越来越自然。

　　在过去的十年里，激光扫描、三维建模和摄影测量提供了惊人高度的几何逼真度。这种数字模拟机制破坏了与对象的索引关系，取而代之的是强调空间建模。与此同时，受众作为知识接收者的角色也受到了挑战，虚拟环境缺乏我

---

40. Bruckman A. Identity workshops: Emergent social and psychological phenomena in text-based virtual reality[D].1992.

们在电脑游戏中所发现的丰富的关联性和受众参与度。交互常常被用来表示一种"特定的"交互性，即用户在预先编程的菜单中只有有限的选项。在传统环境中，受众的参与常常被限制在一个干净的模拟过程中，没有人类居住和努力的痕迹。在接触有限的交互时，受众很少有目的性的行动，从而产生一种"在那里"的感觉。任何不把受众体验作为中心的方法都会产生不太吸引人的空间。[41]虽然在可视化方面达到了很高的质量，但是用户更像是一个观察者而不是主角。为了克服这方面的问题，需要寻求研究新的交互形式，如在敦煌的案例中使用Leap Motion 传感器模拟用户的手部动作。这些工具本质上允许增加用户的体验，使其成为场景的中心元素，而不具有入侵性。用这种方式，用户可以通过感知和影响环境，自由地与所处的环境进行交互。

虚拟修复所重构的环境是一个反映整体性文化遗产的场所，既是一个获取文化内容的界面，又是一个信息创造的场所。这种基于感官和情感参与的互动方式给交流增加了价值，有助于信息和内容的开发与处理。[42]无论基于哪一种类型的虚拟现实构建都在试图模拟出影响受众感知的环境，同样知觉现象学作为建筑领域研究的理论依据已经形成了较为成熟的研究模式，文化遗产的虚拟现实应用从更具实践性的角度对应知觉现象学内涵与外延进行了实验。斯蒂文·霍尔（Steven Holl）接受了现象学的理念，基于所处环境中的主体感受进行研究；[43]在梅洛·庞蒂（Maurice Merleau Ponty）的概念中，知觉研究要高于其他层次，作为载体身处于环境中的具体经验来源于知觉；在现象学考古学中，实体被作为分析人类参与文化世界的起点。物质空间内的身体活动可以作

---

41. DeLeon V, Berry R. Virtual Florida Everglades[J]. Proceedings of VSMM Virtual Systems and Multimedia, 1998.
42. Pierdicca R, Frontoni E, Zingaretti P, et al. Advanced Interaction with Paintings by Augmented Reality and High Resolution Visualization: A Real Case Exhibition.[C]. Augmented & Virtual Reality Salento Avr. 2015.
43. Holl S. Anchoring[M]. Princeton: Princeton Architectural Press，1991. "一幢有关物质和触觉的建筑志在诗的展示，无理念（with out idea）的建筑——没有建筑经历的意识，没有建筑中的材料、光、影、色、尺度和比例——就只不过仅为房屋而已。"

为理解过去的设备，也可以视为扩展表达的设备，在这个框架中，解释是一种以身体为基础的实践，而这种解释产生了考古学知识。对于文化遗产的研究如果从图纸或文献中进行感知，所得出的结论将是二维化和碎片性的。我们从知觉现象学的角度去研究文化遗产的虚拟环境，并不是在讨论哲学问题，而是从本源上去理解文化遗产的价值所在，通过感觉和反省去剖析模拟出的历史环境本身。在海德格尔现象学视域下，虚拟现实所模拟的环境仍是感知现实，虚拟性和真实性从本质上是一种建立在技术之上的知觉现象。虚拟修复所构建的环境并非对现实进行虚拟，而是一种思维的数字化表达，同时也可以通过一定手段延展或加强某一知觉系统的感知度。通过虚拟的方式感知文化遗产，在某种程度上是对于感官的一种超越，这是一种新的"存在"方式，由技术所带来的实践途径。虚拟现实中的文化遗产内容具有客观实在性，与现实中的环境和信息存在着关联，这基于主体对于客观的认知经验，增强现实与混合现实加强了主体对于信息和数据的处理能力，同时也超越了现实中的局限。

身体感知接触是产生空间化理解的途径，这些空间化的理解涉及身体和环境之间的一种积极的互惠关系，空间影响着身体而身体反过来影响感知。虚拟现实中的感知系统是由两个虚拟系统所组成的，首先是由计算机所模拟出的虚拟环境，其次是参照人类行为模拟的感知系统。当真实世界中的感官体验与虚拟世界中的感官体验相契合时，虚拟现实最具吸引力的部分就出现了。其中模拟出的感知系统对虚拟环境存在反馈，这几种系统之间叠加或平行地运行着，某些感知系统，如味觉、触觉等，并不能模拟出来，但在感知层面主体已经接受了虚拟实体的存在。虚拟环境需要刻意回避硬件系统所不能达到的知觉体验，有意淡化受众对于某种知觉的依赖，或者强化视觉所能带来的感官体验，可以有效地缓解这些由技术限制带来的不足。虚拟环境中要对人的知觉系统进行预判，避免产生合理的怀疑，这种预判依赖于现实，而虚拟体验是一种可识别性的自我重复。当进入虚拟的数字空间中，受众使用自身的感知系统来认知虚拟环境，同现实世界一样其实践的过程和现实世界的实践过程是一致的，一切被视作实体的对象都可以作为被感知的对象存在，沉浸带来的身体意象也纳入了对客观事物的感性认知上来，最终感知系统的缺失程度决定了认知与实践的效果。技术没有壁垒的情况下，混合现实理论上模拟出一切感知体验，所模拟的虚拟现实与客观世界存在着一个模糊的界限，环境存在于意识中，还是意识存在与环境中并没有清晰的界限。

一、虚拟空间中感官的构建

虚拟的文化遗产空间体验是一种参与性的学习方法，并带有一定意向性，在这个过程中视觉与理解是不可分割的，对于虚拟空间的解释是可以被创造、复制和转换的。空间体验可以提供一种具体的方式来访问过去，即从以身体为中心的虚拟世界交互经验中产生的知识。数字技术允许文化遗产在其结构和装饰的完整性上回到过去的状态，也有机会探索问题和测试现实空间中不允许的假设。我们可以借助建筑学范畴上的解释来理解虚拟修复的意义：建筑是一种氛围，一种思想，一种空间，一种时间，一种没有平面和立面、没有秩序或装饰元素的东西。建筑物必须在不同的时间、不同的时段，视乎光线情况、天气等而定；空间，或者说第三维度，需要时间，第四维度意味着对之前看到的东西的记忆和想象力，在某种程度上，在直接检查它之前，你会看到什么。[44、45]

虚拟修复所重构的虚拟环境是一种数字化的语言，同文学、电影和绘画等语言形式一样，为思维创造出一个空间，通过感官模拟出四维空间上的沉浸。不同于艺术的语言形式，虚拟现实作为数字语言具有一定局限性，这种语言形

---

44. Marotta A, Netti R, Vitali M. Palatium Vetus in Alessandria: From Tradition to Digital History[M].Virtual and Augmented Reality: Concepts, Methodologies, Tools, and Applications. Hershey: IGI Global, 2018: 1473-1499.

45. Architecture is a matter of atmosphere, of ideas, space, time, no in plan and elevation, orders or decorative elements. A building has to be traversed in different times, living in different parts of the day depending on the light conditions, weather etc.; the space, or rather the third dimension, needs time, the fourth, that implies the memory of what has been seen before and imagination to predict, in some way, before check it directly, what you will see immediately after.

式直接影响知觉层面，语言的"物质性"和"形体性"完整地塑造了虚拟的世界，其他的艺术语言形式不会产生这种差异，不认同即不接受，身心之间并不同步，知觉层面的反馈是无法避免的，分离感越不明显，重构的可能性就越大。这种重构不仅是对知觉内容的重构，也是对知觉结构的重构。我们在观看电影与绘画等视觉形式时，并不需要触觉的反馈，从而认定环境的真实性，我们接受了这种感知形式的存在，在整个认知过程中产生了一种自我麻痹，由于多重的视觉语言形式的组合，意识被很快地带入其中。相比之下，虚拟现实有着更为同步的感知系统，或者说这是一种"投影"，恩斯特·卡普（Ernst Kapp）提出的技术"器官投影说"，认为工具和机器作为器官的客体是形式和功能上的延伸和强化，这种带入感要优于其他视觉形式，但也正是这种主体的自我意识影响了虚拟环境的真实性。不同于其他视觉形式，感知被限定在一定范围之内，构建者带有主观的判定，引导着受众的情绪进程，感知被锁定在内容所带来的节奏中，而虚拟现实并不能限定主体的感知角度，这就使视觉语言原有的表达方式在虚拟环境中不能起到应有的作用。纯粹化和抽象化的语言可以扩展想象的空间，同时限制了沉浸的现实感，虚拟现实不再是那种模糊的主体意识的反应，而是"虚拟化"的现实。同样是视觉化的语言形式，电影更为接近虚拟现实，带有四维的时空性质，影像所构建的时空主体与环境存在着一定距离，但构建者带动时空的流向，引导观众的体验。而虚拟现实中的知觉体验，主体与环境是统一的整体，自我被大大地强调了，构建者不能左右主体的意识和行为，只能通过影像所构建出的内容进行引导。这种虚拟沉浸与感知审美有着十分接近的效果，同样会使感官引发身体意象，而引发这种意象需要虚拟空间的尺度关系与现实中的尺度关系达到预期，同时虚拟环境的组织方式必须符合这一预期，这也包括其中存在一些超出预期的情况，但最终的结果并不影响受众对于虚拟环境的认同。

伊恩·霍德（Ian Hodder）的后过程主义（Post-Processualism）考古学起源于 20 世纪 80 年代英国、斯堪的纳维亚和美国对考古学性质的批判性争论，是对过程主义考古学和比较考古学的一种回应，后来被用作一个涵盖了广泛方法的总称，这些方法涉及当代社会理论，承认知识生产的历史维度。脉络考古学（Contextual Archaeology）认为关于过去的知识是主观的，是由个体构成的，理解个体的主要方法是解释。[46] 在 20 世纪 80 年代至 90 年代引起诸多争议，许多考古学家试图将不同的观点整合到学科中，或者在它们之间进行选择。与过程主义的决定论观点不同，后过程主义认为空间总是以人类行为为中心，并提出了一种主观性与关系性的历史概念。因此后过程考古学的基本概念呈现出一种自我反思性的解释性语境。解释性的引入改变了受众理解世界的方式，并试图将历史带入人类文化的尺度，而不是以一种抽象方式来进行思考。这会形成一种潜在的假设，对过去的理解不仅与事物或类别有关，也与过程有关。从梅洛·庞蒂（Maurice Merleau-Ponty）到伊恩·霍德（Ian Hodder），现象学被引入的反思性解释的研究方法。[47] 对于历史的诠释，广义上可以描述为解释性考古学，但是解释学与现象学在文化遗产重建模型中普遍缺失。后过程主义支持了自我反身性现象学方法和叙事，将体验和理解环境作为学术可行手段。在虚拟环境中审美和个人体验是非理性的，是不可避免的，由体验引发的叙事不仅是故事，而且是一种交互行为，这是一种嵌入式的文化视角。主观性不应成为研究人员无法量化的障碍，而应作为解释过程和再现的核心维度。在虚拟修复的研究中尝试在模型中引入解释性，这种自我的反思可以将现象学的研究方法加进来。

现象学已经被用来批判传统考古学方法中固有的笛卡尔理性主义，鼓励对不同文化遗产与景观进行有价值的重新诠释，这一研究方法通过文化遗产或景观的接触，进行经验性和批判性的考虑[48]，同时也是对"主体意识结构"的研究，为文化遗产的分析、生产和表现以及与过去的意志提供了本体论基础。这种意

46. Hodder I . Postprocessual Archaeology[M]. Advances in Archaeological Method and Theory. New York: Springer New York, 1985.

47. Vanpool V P L . The Scientific Nature of Postprocessualism[J]. American Antiquity, 1999, 64(1):33-53.

48. Brück J. Experiencing the past? The development of a phenomenological archaeology in British prehistory[J]. Archaeological dialogues, 2005, 12(1): 45-72.

向性是关于体验和客体的描述，现象学考古学家认为："身体不是我们生活的容器，它是我们的生活中自我的一个方面。"[49] 它并不存在于空间中，而是存在于空间和时间中。[50] 现象学考古学使我们能够从人类知识的情感维度、物质维度和感官维度出发，用身体来说话。[51] 部分学者将这种现象学的方法运用到混合现实的项目中，将受众视为复杂动态环境中的具体居住者，构建一个体验空间，涉及触觉、运动美学和听觉的注意力记录，包括受众参与的状态，包括观看、再现、沉浸与运动感觉。体验空间也作为交互的一部分存在，与其他客体在虚拟世界进行互动，这些参与性的互动通过不同的多元文化关联，从而帮助现代思维的主体理解过去的文化内容。[52] 通过上述研究，现象学考古学的本质被理解为具有表现性和潜在变革性。解释位于身体中，并通过感觉和行动进行表达。在这种意向性的互动中，现象学考古学确立了主体对知识生产的影响，提供了一种开放的与过去文化视野的对话方式。

数字化的虚拟空间重建了身体活动的感知模拟，使其与生理上的感知同步，同时经验主体在数字系统的模拟下产生错觉，而由之产生的实践经验则与现实中得出的别无差异。计算机与人类行为方式产生了调度和动觉上的交互，这种契合关系同时具象化了虚拟现实。设备切断了身体对于周围环境的感知维度，但虚拟环境的实在性与数字所模拟出的感知维度相连接，错觉所产生的身体意象就是沉浸。现实环境中我们无法分离感知体验的统一性，也就是说触觉和视觉等体验是无法分离的，不同的感知结构被融合在一起，虚拟现实通过模拟替代原有感知系统，这种知觉的重构会带来身心的分离，感知系统没有作为一个

---

49. the body is not a container that we live in, it is an aspect of the self that we live through.

50. Tilley C Y. A phenomenology of landscape: places, paths, and monuments[M]. Oxford: Berg, 1994.

51. Flynn B. Somatic knowledge and simulated spaces[C]. 11th international Congress: Cultural Heritage and New Technologies, Vienna. 2006.

52. Tilley C. From Honey to Ochre: Maltese Temples, Stones, Substances and the Structuring of Experience[J]. the Materiality of Stone: Explanations in Landscape Phenomenology I. Christopher Tilley, with assistance of Wayne Bennett, 2004: 87-145.

整体赋予主体，错觉的产生正是对这一结果的体现，是一种结构性上的差异。身处虚拟现实模拟出的文化遗产场景，通过身体的视觉、听觉等感官捕捉信息，并将所有存储在记忆中的信息整合起来。当一个人思考一件事或激发出一个想法时，大脑会重新反应所有的知觉运动并进入一种内省的状态，这种状态是在身体感官与环境互动的过程中储存的。例如，抚摸一只猫，大脑会捕捉到一个多模态的情景，包括猫的样子和感觉、抚摸的动作，以及对快乐或舒适的感受。当信息激活身体在大脑中模拟出的系统时，就好像是身体在进行这种体验。[53] 全身感知系统（如 VICON 系统、KINECT 系统）使虚拟和现实之间的相互交互成为可能。从现象学的角度来看，虚拟现实和其他增强现实可以强化或唤起人们对这些特定状态和体验的关注，即一个人可以通过找到将外部感知与内部心理过程联系起来的方法来增强自己的思维过程。然而，知识是不可转移、揭示或感知的，而是通过动态的交互过程创造出来的。感知系统在与物质或虚拟世界的参与性关系中扩展受众对身体的思考，所以在现象学意义上的虚拟现实主要体现了这三个方面的优势：沉浸感、运动和表现。[54]

二、场所精神与整体性保护

进入 20 世纪，学界对于文化遗产的定义开始变得宽泛，也逐渐认识到保护的主体是受众对于古迹或古物的历史意识和认知，单单地将古迹本身保护起来而剥离其历史的情境会造成不可逆的结果。1975 年 10 月，荷兰阿姆斯特丹召开的欧洲建筑遗产大会上宣布的《建筑遗产欧洲宪章》（the European Charter of the Architectural Heritage），即《阿姆斯特丹宪章》中提出了"整体保护"（Integrated Preservation）的概念。[55] 早在《威尼斯宪章》中就提出了"完

---

53. Barsalou L W. Grounded cognition[J]. Annu. Rev. Psychol., 2008, 59: 617-645.
54. Forte M . Ecological Cybernetics, Virtual Reality, and Virtual Heritage[J]. 2007.
55. "不仅包含最重要的纪念性建筑，还包括那些位于古镇和特色村落中的次要建筑群，以及它们的自然环境和人工环境。"

整性"的保护理念，而面对历史街区这种问题较为复杂的保护综合体时，大部分的国际宪章都会被掣肘。2011 年，国际古迹遗址理事会（ICOMOS）第 17 届全体大会颁布了《瓦莱塔原则》[56]，原则中重视了历史城镇和城区在当代的意义，引入了《华盛顿宪章》中没有处理的新课题非物质价值、身份认同以及场所精神。[57]《华盛顿宪章》指出"精神元素才真正表现了一个场所的历史特征"。而"非物质元素"都是构成场所精神的内容，"精神创造了空间，同时空间又构成了精神，并为这一精神赋予结构"。《瓦莱塔原则》对这些问题进行了意义的修订，这对于各国制定历史街区保护法规给予了很好的参考。1962 年法国就颁布了《马尔罗法》即《历史街区保护法》，划出了"保护区"，确定了公众在旧城保护的权利与义务，这限制了个人对于历史建筑外观以及结构的改变。第二次世界大战以后针对保护的国际性法规和宪章逐渐地推动了保护思想的形成，而遗产保护的实践过程中也在进行着反思，对于历史城镇的保护，以及保护的主体性、多样性和可持续性也逐渐被展开讨论。纵观西方的保护运动，从 18 世纪开始就在不断地对保护的主体进行定义，200 多年来讨论的过程中所形成的观念可以让我们回头看到这些概念更迭过程中所出现的问题。定义过于宽泛还是过于狭隘，没有及时将其纳入保护的范畴之中所犯下的错误，又或者是错误本身也变成了保护的一部分，这种理性的思辨正是保护思想所追求的理性结果（图 31）。

　　克里斯蒂安·诺伯格·舒尔茨（Christian Norberg Schulz）提出了"场所精神"（Genius loci）这一概念，这是一个拉丁短语，意思是"一个地方的守护神"[58]，它的存在说明了这个地方的生活，并决定了它的性质或本质，这种

56. 《关于历史城镇和城区维护和管理的瓦莱塔原则》即《瓦莱塔原则》（The Valletta Principles For The Safeguarding and Management Of Historic Cities,Towns and Urban Areas），旨在取代《保护历史城镇与城区宪章》即《华盛顿宪章》（Charter For Conservation Of Historic Towns and Urban Areas）。

57. 陆地. 关于历史城镇和城区维护与管理的瓦莱塔原则（ICOMOS 第 17 届全体大会 2011 年 11 月 28 日通过）[J]. 建筑遗产, 2017(3).

58. 古罗马人认为，所有独立的本体，包括人与场所，都有其"守护神灵"陪伴其一生，

图 31　被拆除的马克·吐温故居（Mark Twain House）

古罗马的观念在世界各地的土著文化中是很普遍的。[59] 现象学视角为文化遗产的研究提供了一个本体论基础、一种方法和一种通过身体参与思考的方式。[60] 不同于梅洛·庞蒂基于身体互动的研究方式，存在主义现象学认为人类行为发生的"场所"不可或缺，这也影响了历史街区保护原则的发展进程。对于整体性的保护在《华盛顿宪章》（即《保护历史城镇与城区宪章》）已经进行了原则性的规范，针对不同的文化背景与保护标准，在保护的过程中逐渐达成一定的共识。2011 年的《瓦莱塔原则》是对《内罗毕建议》[61] 和《华盛顿宪章》的反思（同济大学陆地教授对《瓦莱塔原则》中文版进行了重译），这有时间上的因素，也有着社会发展与概念更迭的因素。可以看到对于城镇和社区的整

同时也决定其特性和本质。

59. 蔡国刚，彭小娟. 寻求意义——Norberg-schulz 场所理论的现象学分析 [J]. 华中建筑，2008, 26(2):132-133.

60. Ingold T. Comments on Christopher Tilley: The Materiality of Stone: Explorations in Landscape Phenomenology. Oxford: Berg, 2004[J]. Norwegian archaeological review, 2005, 38(2): 122-129.

61. 联合国教科文组织. 国际文化遗产保护文件选编 [M]. 北京：文物出版社，2007: 92—101.

体化保护的认知在不断被加强，早在 2008 年，《魁北克宣言》中就对"场所精神"概念进行了诠释 [62、63]，对于历史街区的保护关注点也从建筑本身上逐渐拓展到与之相关的生活情境与文化脉络中，身份的认同以及个体的精神体验逐渐成为保护所关注的内容。

　　整体性的保护模式对于浙江松阳 [64] 这样的偏远县市是可行的，居民不用迁出，生活情境得以保留，经济的发展依赖旅游延展出的相关产业，但这种模式并不适合所有的同规模社区（这种模式在过度开发的情况下也会适得其反）。城市居住性历史街区的保护想要保留其精神体验与身份认同是个悖论，纽约曼哈顿的历史街区建筑大多被保留下来，地狱厨房（Hell's Kitchen）街区早年是爱尔兰裔移民组成的贫民窟，如果现在再漫步这个街区，完全感受不到这是犯罪高发的区域。另一个纽约街区翠贝卡（Tribeca）是艺术家聚集的昔日廉价市场，时至今日，同样的建筑经过改造成为比邻华尔街的顶级公寓。在这种情景下"场所精神"该如何定义？上海所面临的问题也是如此，住在石库门的人群除了部分老的上海人，大部分都是在附近街区做小生意的外来人口，如同纽约一样，部分可以改造的石库门建筑也大都成为顶级公寓的所在。建筑用途的更迭无可厚非，刻意的保护也无法再现历史情境。诺伯格·舒尔茨对二战后的聚落重建持悲观态度 [65]，这种对于"场所"消失的迷思影响了现代保护原则的制定，而虚拟修复提供了一种数字化的可能，修复的内容也包括场景中的文化情景。建筑呈现了一种时间性的变化，从贫民窟到豪华公寓，变化本身也是城市文化价值的一部分，正是这种带有第四维度的变化使得受众对于文化价值的

---

62. "为一个地方赋予特定的身份认同、意义、情感和神秘性的物质和非物质、肌体和精神元素。精神创造了空间，空间与此同时也建构出了精神，并为其赋予结构。"

63. 陆地．关于历史城镇和城区维护与管理的瓦莱塔原则（ICOMOS 第 17 届全体大会 2011 年 11 月 28 日通过）[J]．建筑遗产，2017．

64. 由国家文物局支持、中国文物保护基金会发起的"拯救老屋行动"整县推进试点项目在浙江省松阳县开展，涉及松阳县 16 个乡镇（街道）35 个行政村的 142 幢老屋已经全部开工，近 120 幢老屋完成修缮。

65. 二战后大多数场所都经历了巨大的改变。"传统中区分人类聚落的特质已经堕落并不可挽回地迷失了。重建的和新建的城镇也不再像过去的场所了。"

理解趋于完整。[66] 视觉沉浸和互动是文化价值整合的重要方面，部分解释性考古学者已经意识到受众参与文化学习的价值，对过去的理解是通过具体的交流而不是通过经验来实现的。在数字文化遗产中，越来越多的人将过去的解释性或基于经验的账户与引人注目的受众体验结合在一起。该领域的一个关键争论是围绕如何在数字环境中可视化过去经验的人文维度。[67]

第四节   综合性描述解决方案

虚拟修复的最终目的就是在最大程度上消除我们与文化遗产间的距离感，视觉是大部分人接触事物的第一感官，如同我们参观博物馆，几乎所有展品都不能触碰，从某种程度上讲，参观者只是进入了一个环境体验感极为真实的虚拟空间。透过玻璃窗我们揣测着这件器物的材质、重量、温度和用途，而切实的触摸和操作是理解历史和文化的重要手段，这与简单的视觉体验是完全不同的。三维可视化技术提供了新的方式——全方位的感官体验。尽管虚拟现实技术可以模拟真实环境，在多感官上向公众展示文化遗产的价值，但对象的具体特征如重量、大小和密度，通过视觉和听觉是无法判断和体验的，只有添加了触觉才能模拟完整的感官。通过沉浸技术可以将纹理附着于三维打印的复制品之上，沉浸于文化遗产所在的时间和环境，这种全方位的交互体验可以向公众文化遗产的价值，增强公众参观的感官体验。

当我们在博物馆中看到一件器物时，我们会随着器物的物质形态进行思考，可以说物质是思维的载体，当我们触摸不到这件器物时，也可以通过大脑的思维对器物进行三维空间上的操作，譬如想象它拿在手里的感觉，这种心理意象

---

66. 何镜堂："建筑是一个系统工程，其中包含着整体的、系统的思维方法。从纵的方向看，建筑要考虑过去、现在和未来；从横的方向看，它与社会、经济、文化、哲学，还有科学技术都有密切的关联。"

67. Flynn B. Augmented Visualisation: Designing Experience for an Interpretative Cultural Heritage[C]. Information Visualisation, IV 08 International Conference. 2008.

可以进行相当复杂的操作，经过训练的大脑还可以完成诸如完形和装配这一类复杂的操作。当我们对其外部特征进行思考时，通过比较对象，或是在它们的基础上构建对象、拼合对象、重塑对象，并执行其他类型的操作，我们能够加深对物体的理解。[68] 然而，这些操作是建立在对物质有深入感官认知的基础之上的。例如：现代社会的你想象自己拿起一杯纸质的星巴克咖啡，对于纸杯的质感与轻重，你有着准确的感知预判，你完全可以想象到这样的操作会有什么样的物理结果，以及这些操作在哪些场景可以应用。如果让你拿起商代的"觚"，那种质感在心理意象中并没有可参照的经验，同样商代的人也无法想象纸这种材质触碰起来的感官体验。对真实物体的触觉感知通常是一种主动式的体验，包括通过与触觉有关的各种感官所收集的信息，如质地与温度，以及识别过程中手和手指的运动和位置。触觉提供了对形状、大小和重量的理解，正是通过这种感觉，人们对其他属性的理解也会进行预判，如密度。评估对象的权重对于确定其功能是非常重要的，人类正是通过手部运动来寻找"感知属性"的。[69]

然而，类似的研究表明对某些特征的感知不仅仅只有触觉。当两个同样重量而不同大小的物体被举起时，较小的物体会被认为较重，这表明视觉偏见影响了对物体的感知。一个物体的重量估计可能会受到呈现它所选择的媒介的影响，而且在计算机生成的环境中体验的存在越多，对于虚拟物体的感知就会越真实。[70] 对器物的触觉分析是对过去感官秩序进行考古解释的一种途径，触觉体验也被认为是解读古器物的最有效手段，这种分析在概念和功能上不同于使用静态视觉图像进行的分析。[71] 如何模拟触觉体验一直是计算机相关学科研究

68. Kirsh D. Thinking with external representations[J]. Ai & Society, 2010, 25(4):441-454.

69. Paola D G D F, Matthews J L, Matlock T . Framing the past: How virtual experience affects bodily description of artefacts[J]. Journal of Cultural Heritage, 2016, 17:179-187.

70. Heineken E, Schulte F P . Seeing Size and Feeling Weight: The Size-Weight Illusion in Natural and Virtual Reality[J]. Human Factors: The Journal of the Human Factors and Ergonomics Society, 2007, 49(1):136-144.

71. Franco P D G D . Talking about Things: A Cognitive Approach to Digital Heritage and Material Culture Studies in Archaeology[J]. Dissertations & Theses - Gradworks, 2014.

的重点,麻省理工学院的 Media Lab 基于形状输出呈现内容和用户界面元素,实验室的 inFORM 系统引入动态物理可视性和约束条件,通过直接触摸和有形交互提供了可变刚度的呈现和实时用户输入。这种触觉增强模式创建了一种新的交互可能性。[72]

逆向建模的数字扫描与三维打印技术的发展,使对古代文物进行实物复制成为可能,直接通过实体就可以实现对古代文物的触觉感知。通过动作捕捉系统可以在视觉上定位手的动作,在沉浸式的交互空间中赋予三维打印物体贴图,而三维打印的器物则只需要模拟器物的重量与质感[73],通过虚拟修复将会使器物原有的存在空间得以还原,虚拟的空间不仅仅是对象动作所在的框架,其框架建构主要是基于对现实世界的接受度和感知度,同时也是文化遗产价值的载体。然而,这个意义丰富的虚拟空间,不可能脱离用户对真实空间或想象空间的解读而独立存在。拥有、控制和进入一个身体是什么感觉?这种感官体验具有多层面性质。然而,沉浸式虚拟现实重新定义了这个问题,即是否有可能在沉浸式虚拟环境中对虚拟身体的感官体验与自身感官相匹配,如果可以,又能达到什么样的程度?在敦煌虚拟现实项目中,通过虚拟现实与 Leap Motion 技术的结合,尝试提供一种综合性描述解决方案。

一、敦煌158窟的实验

莫高窟第 158 窟(涅槃窟)是吐蕃时期开凿的,位于莫高窟南端,是莫高窟唐代中期最大的佛像雕塑作品,代表了唐代中期佛像雕塑作品的高超技艺。此窟平面横长方形,宽 1810 厘米,深 720 厘米,高 680 厘米,靠后壁(西壁)

---

72. Follmer S W, Leithinger D, Olwal A, et al. inFORM: Dynamic Physical Affordances and Constraints through Shape and Object Actuation[C]. Proceedings of the 26th annual ACM symposium on User interface software and technology. ACM, 2013.

73. Jung T H, tom Dieck M C. Augmented reality, virtual reality and 3D printing for the co-creation of value for the visitor experience at cultural heritage places[J]. Journal of Place Management and Development, 2017, 10(2): 140-151.

有 143 厘米高的通长大台，大台上又有较矮小形如睡榻的小台，佛像即卧其上。这尊涅槃像为石胎泥佛像，身长 1580 厘米。研究团队整个数据采集过程长达 70 余天，完成了涅槃像、涅槃像左侧过去世迦叶佛立像、涅槃像右侧未来世弥勒佛坐像及 158 整窟壁画……采集三维图像 1856 张；其中涅槃像佛像采集 710 张；过去世迦叶佛（立像）佛像 175 张；未来世弥勒佛（坐像）180 张；壁画及佛像连接部分三维图像 1132 张；采集的图像三维点间距均达到 0.1 毫米的精度。色彩方面，每天的采集数据中均对色彩进行标准颜色的色彩管理。其中壁画总点云数 5 亿，进行分块合并成型总三角面数 8 亿；涅槃佛总点云数 2 亿，进行分块合并成型总三角面数 4 亿；立佛总点云数 8000 万，整体合并成型三角面数为 8000 万；坐佛总点云数 8000 万，整体合并成型三角面数为 8000 万。整个采集过程十分困难，主要由于窟内可活动的进深空间太过狭小，研究团队通过两种采集方式进行模型与贴图的采集，将带有标注的两组数据进行拼合，最终得到了高分辨率的数字模型以及贴图。三维重建采用了"自适应多视点空间坐标转换"技术，依据多视点成像结果的共面关系标定成像设备的"成像后标定"的算法，对有共面图像的自动分析，能瞬间获得不同视点拍摄设备的相对坐标系参数和姿态角参数，解决了两个关键问题：1. 提高了获取二维图像的自由度。成像设备在拍摄前是无须机械标定的，重建佛像与成像设备之间不受、位置、距离、角度的限制，对于大型佛像或小型佛像，只要多视点的图像有共面存在，即可进行三维重建。2. 标定精度的提升。由于是成像后标定，避免了现有技术在拍摄过程中成像设备、机械固定设备容易受到外因影响，导致误差影响标定结果的情况，从而使标定结果达到像素级的精度，为像素级的三维重建解决了关键性的难题。结构光获取技术具有获取文物三维空间几何数据的同时同步得到文物表面纹理的优点。三维重建结构光获取技术，用投影仪投影一组进过计算机编码的扇形多线结构到佛像表面上形成多个光条纹，结构光受到佛像表面形状的调制而产生了变形，变形的程度反映了佛像表面的形状变化，因此变形的条纹包含了佛像表面形状的三维信息。用数码相机拍摄变形条纹的图像，经过计算机处理，即可得到佛像的三维信息。条纹的数量根据目

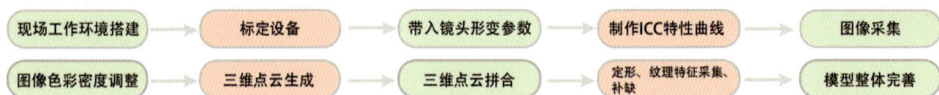

图 32 敦煌 158 窟技术流程

标空间分辨力的要求确定。条纹数量越多，得到佛像三维信息就越多越细，佛像形状重构就更加准确。单幅图形的左右相机获取的结构光（条纹）各 60 条，结构光能扫描到佛像表面的所有像素，条纹按照最小一个像素的间隔调节，这样就得到了可以调节的数字化的多条纹结构光，基于结构光技术重建的结果会具有很高的精度，三维重建技术是将二维图像的每个像素点到三维点云的像素级转换，重建佛像模型的分辨率和精度决定了单位面积像素点的多少，而不受拍摄距离，重建佛像几何形状、大小等因素限制，现场采集数据时严格逐条检查条纹的完整性，错位和重影的条纹会直接影响三维重建的准确性。投影仪是结构光技术的主要部件，佛像重建技术上选择投影仪有两个指标，投影仪体积小和亮度高。避免其他光线对光栅图条纹的干扰，洞窟内采集光栅图条纹是在全黑状态下进行的。高亮度的投影机投射到佛像上的条纹更清晰，完整准确的条纹对重建精度至关重要；小体积投影仪，在设备集成中占用的空间少，集成后的小型采集设备更适合于狭小空间内的数据采集（图 32）。

由于佛像数据采集受到窟内实际条件制约，空间干扰，与色彩环境信息相互影响，交换制约，难以准确客观地辨别佛像的真实色彩，因此必须依靠先进的拍摄理念与严格规范的科学技术、参照准确的数字化信息数据，为获得色彩逼真的数字影像显得尤为重要。在复杂多变的窟内拍摄空间为了得到准确的色温值，必须借助色温表和标准色卡，为图像拼接处理转换 RAW 图像文件[74] 提供一个准确的色温依据。因此，色彩管理对色卡拍摄环节至关重要，改变摄影采集相关因素，例如：被摄体、光圈、光源、镜头等，必须拍摄一张曝光准确

---

74. RAW 图像就是 CMOS 或者 CCD 图像感应器将捕捉到的光源信号转化为数字信号的原始数据。RAW 文件记录了数码相机传感器的原始信息，同时记录了由相机拍摄所产生的一些元数据（Metadata），如 ISO 的设置、快门速度、光圈值、白平衡等。

的标准色卡。狭小空间内拍摄色卡，尽可能降低和排除环境色对色卡的干扰。图像三维重建的三维点云数据是从像素点转换而来，所以重建后获取的点云数据中均包含了真实的 RGB 色彩属性，无须在重建后再根据原物体的色彩进行手工模拟贴图着色渲染。目前利用其他技术重建的文物，三维模型与色彩信息是分离的（不在一个坐标系，在渲染色彩时由于技术的高下、熟练程度的差别，色彩位置精度和整体性会受到很大的影响，一般做不到完美的程度）[75]，这个指标在文物领域的三维重建里将显得尤为关键。

　　莫高窟佛像的形态、尺寸、构造、色彩、装饰等信息非常复杂，重建的模型要高保真重现佛像的纹理、细节、层次、质感，是三维重建的基础和高精度三维重建的行业标准。三维重建获取佛像二维图像数据方法是利用光栅投影（普通可见光谱）同轴的高分辨率数码相机采集，其特点是非接触式、设备自由度高、稳定性好、可操作性强、自动化程度高、灵活方便、适用广泛，其设备适合于洞窟形制各异的数据获取，且不受佛像体积大小限制，既保证了不对重建文物进行干预和触碰又是降低盲区数据获取的有效方法。三维重建采集系统由支承架、整体移动和电控三轴拍摄云台等主要部分组成。Z 轴上下电动升降，佛像体积大小的数据采集不受限制；X 轴采集架左右整体移动，保证了与佛像和壁面的平行移动；Y 轴纵深电动进入，保证了佛龛内纵深的数据采集。电控三轴拍摄云台有 360 度旋转单元、左右旋转单元、上下旋转单元，确保了对佛像的正视角度、俯视角度、仰视角度等全方位视角的数据采集。拍摄莫高窟第 158 窟佛像需要上百个角度，首先要确保对佛像表面图像的全面覆盖拍摄，相邻图像的重叠区域为 50%，摄距运用自动测距仪和电动伸缩轴进行严格控制，采用最优光圈和适合采集空间的镜头，通过这几项措施来确保每张图像的景深，景深是保证转换点云的完整性和准确性。数据采集顺序是从佛像的下部开始，低处方便对图像的曝光、色彩管理、摄距、重合度、局部重建等数据进行验证，全面覆盖式拍摄确保相邻图片的重合度，拍摄投影区域的中心设有标识点，拍

---

75. 不在一个坐标系，在渲染色彩时根据技术和熟练程度的差别，色彩位置精度和整体性会受到很大的影响，一般做不到完美的程度。

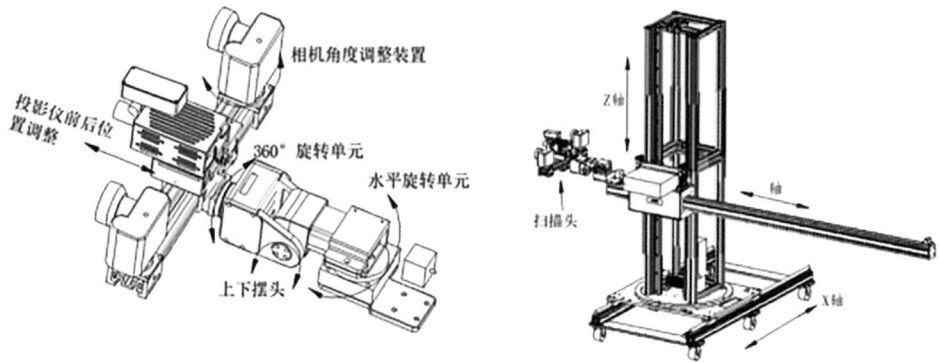

图 33 扫描装置结构

摄下一张图像移至标试点方可。拍摄距离由电子测距仪和电动伸缩轴控制，可精准到毫米级。佛像的靠壁面的肉髻、身躯靠壁面部位、双臂内侧等部位既细小又遮挡，利用采集架的灵活性，尽可能多角度拍摄确保全面覆盖（图33）。

　　三维重建采集图像的质量以曝光精确、光线均匀度、清晰度和融合度等参数为指标，来判定图像是否符合重建的标准。重建图像数据获取离不开光源，数据采集对光源的选取和测试非常重要，由于采集环境和摄影采集架等条件的限制，光源确定采用重复精度高的数码闪光系统，电子闪光灯具有体积小、重量轻、色温稳定、发光强、照度强弱易控制等特点，适合于佛像数据获取的基本要求。电子闪光灯与组装灵活的自制反光箱组合，通过使用过程中不断改进和完善，完全符合现阶段佛像数字化高品质图像采集。莫高窟佛像进行数据获取时会遇到难以拍摄的盲区（死角），造成盲区的主要原因是采集空间狭小、佛像分布密集和佛像紧贴壁面等，在保证文物安全的前提下，对三维重建采集系统不断地进行完善和改进，来降低可见区域盲区数据的产生，使可见区域的数据获取达到90％以上，使文物的信息数据更趋于完整。对于无法获取数据的盲区通过三维软件对死角空缺面进行修补。原始拼合得到的模型一定会存在多少不同的死角空缺面，以文物存档、研究和展示的要求，绝不能在扫描过程中通过扫描软件进行自动拟合，这样会出现非常多的虚假三维特征，甚至影响到正常数据表面的造型，要得到相对完整精确的三维模型，必须在空缺面附近采集特征纹理和色彩信息，利用三维软件，通过后期人工造型，细致修补缺损表面，保证正常扫描形体精确的前提下完善模型，使重建结果达到客观的程度。

莫高窟 158 窟项目通过模型数据拆分和分段三维打印将卧佛的实体进行一比一复制（项目中对前面章节提到的 AMF 三维打印格式也进行了测试研究），使用 HTC VIVE 虚拟头盔与 Leap Motion 设备采集手部动作，使虚拟环境中卧佛的贴图与三维打印模型进行匹配。由于 Leap Motion 控制器可以与 HTC VIVE 等虚拟现实设备进行同步，并直接嵌入到虚拟现实设备的耳机接口中，可以进行 180°×180° 的综合范围跟踪。项目研究不同介质状态下对佛像的具体特征感知，以及选择不同的实验介质，并通过不同的方式影响佛像的物理感知。通过 Leap Motion 控制器可以有效地捕捉手部动作，将实际触摸手势与虚拟手臂做视觉匹配，同时为虚拟环境中的三维模型提供贴图。

项目后期则参考文献以及前期科研积累，在虚拟环境中修复佛像色彩贴图信息，还原中唐时期佛像色彩，这提供了一种动态的修复模式，印证了前几个章节所提到的非线性的虚拟修复理念。因为计算能力以及贴图分辨率的影响，实验过程中出现了贴图匹配计算错误与更新延迟的 BUG，这些都是虚拟修复所面临的问题所在。最终的产品呈现将模拟洞窟外中唐时期的莫高窟环境，带给参与者更具说服力的沉浸感和存在感。（由于项目涉及版权，制作内容不能公开发表）

二、虚拟沉浸感与三维打印

许多在计算机和认知科学领域的研究都在探索受众如何通过虚拟视觉、触觉和体验感知对象的具体特征，但对象操作仍是理解和解释过去物质文化遗产的一个重要因素，身体的触觉感知是体验和理解古代文物的关键。敦煌项目解决了在虚拟环境中使用三维数字内容和真实三维打印物体相匹配的问题，提供了博物馆中保存和展示原始文物的替代解决方案，同时支持不可移动式文化遗产的远程异地展览的需求。在缺乏对原始器物的触觉体验的情况下，这种综合性描述解决方案加入了触觉体验（对三维打印物体的触觉或半触觉体验），而不是原有单一的对原始古代物品的视觉体验。后续的研究将关注在虚拟沉浸式系统中文物三维打印和数字重建内容的交互，以及原始文物的感官体验与三维打印的感官体验有何不同，并如何弥补。希望最终的产品可以通过三维打印物体引发类似对原始物品的感官震撼与共鸣，从而达到一种全面的沉浸感。

虚拟沉浸感如果被受众认同，必须达到全面性的"存在"认同，这种数字技术的描述主要指设备能够在多大程度上对用户的感官传递包容性（Inclusive）、广泛性（Extensive）、环绕性（Surrounding）和生动性（Vivid）的"现实"幻觉。包容性表明物理现实被排除在外的程度。广泛性表示所适应的感知方式的范围。环绕性表明虚拟场景是全景的，而不是局限在一个狭窄的范围。生动性表示在特定模式下模拟的逼真度，以及各种能量的真实程度。[76]原则上，每个沉浸的维度都有相关的尺度，用于表明它们的实现程度。例如，环绕性的实现有多种方式，包括 VR 眼镜和 CAVE 系统等。同时这些维度都存在于多个级别，最基本的水平可能与自主神经系统的反应相关，而较高的水平则可能与认知反应和行为有关。例如，系统能否呈现动态的变化阴影。（这也包括更为复杂的技术难题：混合现实中物体遮挡等一系列问题，许多混合现实的研究团队都在攻克这一问题[77]。虽然虚拟环境的感知通常是根据其沉浸感和用户的存在感来描述的，但虚拟现实的"真实性"很大程度上取决于在沉浸环境中选择性意图能否实现（即对于现实世界规律性的匹配），而真实性主要来源于两种思维，即期望和动机。实现这两种思维方式基于在虚拟环境中是否有意识或无意识地提供了用户期望的体验（不同的领域关注的真实性是不一样的），在感知和认知层面上采取行动时，本体感觉和感觉反馈之间的匹配要达到最大化。这其中也涉及交互性的问题，即参与者可以在多大程度上触发事件

76. Carrozzino M, Bergamasco M . Beyond virtual museums: Experiencing immersive virtual reality in real museums[J]. Journal of Cultural Heritage, 2010, 11(4):452-458.

77. Hough G, Williams I, Athwal C. Measurements of live actor motion in mixed reality interaction[C]. IEEE International Symposium on Mixed & Augmented Reality. IEEE, 2014.

的展开，并对虚拟环境的变化产生什么样的影响。通过对古代场景的还原，让受众切实地感受到，文化遗产存在的鼎盛年代是一种什么样的情境，这会使虚拟环境带有故事与情节，以求得参与者最大程度的环境认同。情节在特定的上下文中呈现了一个非线性的故事线，具有自己的动态，并呈现了一个交替展开的事件序列，这与当前在"真实世界"中发生的事件非常不同，这就是参与者的"自主性"概念（即虚拟环境中对象拥有其独立行为的程度）[78]，以及其他虚拟参与者对参与者行为的反应。认知科学的核心问题之一是我们如何在一个不断与环境相互作用的身体中体验自己，这是一种沉浸感和存在感的双重认同。沉浸感是客观的，以系统为中心的；而存在感是主观的，以用户为中心的。沉浸感可以是任何特定系统所提供的客观和可量化的描述。存在则是一种意识状态，一种在虚拟环境中的心理存在感。我们如何通过虚拟环境和三维打印物品来模拟这种存在感呢？首先是感知信息的范围，如参与者视野，或进行触觉搜索的能力；其次则是参与者具备一定的物理环境修改能力。最后则是，带有"自主性"的交互情节的推进。

　　通过敦煌项目我们可以重新审视博物馆展览模式，尽管数字技术还不能完全重现受众操纵原始文物的感觉，但这些技术会产生兴奋感和参与感，鼓励人们对过去文化遗产价值产生好奇心和求知欲。

---

78. Mckenna M, Zeltzer D. Three dimensional visual display systems for virtual environments[M]. Three Dimensional Visual Display Systems for Virtual Environments. 1992.

第六章

虚拟修复的
数字化国际框架

　　欧洲文化遗产机构的数字化调查报告中显示，大约47%的受访者还没有一个基于国际数字保存标准的长期保存方案。在受访机构中图书馆的数字化管理明显优于其他机构，但是仍有8%的受访者不知道这些问题意味着什么。[1] 这是在数字信息化高度发展的欧洲，如果将这一调查扩展到更大的范围，最终的结果将更加惊人，这不仅仅涉及经费的问题，而是数字化保护意识的建立。数字化保护在文化遗产领域的发展几乎和信息技术的发展同步，在计算机技术出现的伊始，考古与文化遗产保护的学者就将其应用到了该领域，随着数字化技术的普及，更多的学科涉及文化遗产保护领域，这不仅仅在数字保存的环节，更多的是在数字化展示的环节。不同于数字娱乐产业，对于传播信息的准确度方面文化遗产的传播需求有着本质的不同，而从业人员来自不同的领域，需要构建一套数字化的国际框架用于规范这一领域的数字化应用与保护实践，伦敦国王学院与剑桥大学在这一领域积极倡导，这并不是对每一类实践内容做出具体的操作规范，而是在大的框架范畴之上建立普遍认同的数字化理念，随着技术的发展，这些基本的规范与原则也将起到指导作用。建立一套这样的规范体系并不是一蹴而就的，不同的国家和不同的文化体系都会对具体的实施过程产生影响，这也为国际框架的形成

1. Nauta G J, van den Heuvel W. Survey Report on Digitisation in European Cultural Heritage Institutions 2015[J]. Mode of access. http://www. den. nl/art/uploads/files/Publicaties/ENUMERATE_Report_Core_Survey_3_2015. pdf.[In English], 2015: 2013-2015.

提出了要求。经过专家学者的积极推进,《伦敦宪章》与《塞维利亚原则》在小范围的国际会议通过,也在部分国际性项目中得以实施和推广,这都为数字化国际框架的形成起到了推动作用。

第一节 文化遗产数字化国际框架的形成

数字技术在艺术与人文学科的国际框架中扮演着越来越重要的角色,针对使用数字化工具和技术重新呈现文化遗产的研究在全球范围内继续发展,其应用的广度和深度都体现出这是一种完整的研究过程以及实用性的方法论。在艺术、人文和遗产保护领域研究创造的数据信息可以使我们更为深入地了解过去,最新可视化技术包括数据捕获、处理、分析、解释和交互等,文化遗产数字化保护学科研究的多样性和规模全面地展示了数字技术在艺术和人文领域的迭代研究中的作用。

美国国会于 1906 年通过并由西奥多·罗斯福(Theodore Roosevelt)总统签署的《古物法案》(The Antiquities Act)是第一批为现代考古和文化遗产管理奠定基础的法律文件之一。自 20 世纪中期以来,在建立与文化遗产有关的各种国际组织的同时,通过了一系列宪章、公约、原则、建议、议定书、标准。第一次世界大战结束十年后,一份真正意义上的国际文件才诞生:《雅典宪章》。由于在一战期间欧洲各地的许多历史遗迹遭到破坏,宪章提出了修复历史遗迹的想法。修复或重建这些古迹引起了专家们的激烈争论:什么样的重建工作是最适当的方法和技术?正是在这种背景下,宪章于 1931 年在雅典举行的首届历史遗迹建筑师和技术人员国际大会(The First International Congress of Architects and Technicians of Historic Monuments)上起草并获得批准,其主要目标是统一对建筑遗产的干预标准。虽然对历史建筑遗产进行了讨论,但考古学遗产才是关注的重点,这一点后来在《威尼斯宪章》中变得更加明显。虽然最终版本的文件没有获得任何国家的批准,但为国际保护运动的发展和文化遗产保护的国家和国际文件随后出现奠定了基础,如 1932 年的《意大利修复宪章》(Carta italiana del restauro）。《雅典宪章》的影响如此之大，以至于即使在 90 多年后的今天，文化遗产领域的许多专业人员仍然通过参考《雅典宪章》的原则来指导他们的实践工作。

雅典会议的成功召开促使许多传统专业人士组织了第二届历史遗迹建筑师和技术人员国际大会。第二届会议更新《雅典宪章》并起草了一个新的文件，为现代文化遗产保护实践奠定了基础，这就是《威尼斯宪章》。正如起草者之一皮耶罗·加佐拉（Piero Gazzola）在 1971 年所预言的那样，宪章的原则在今天仍然非常有效："《威尼斯宪章》是一部未来无人会忽视的文件，所有专家如果不想被视为文化的亡命之徒，就必须遵循它的精神。"宪章强调了尊重古迹和遗迹的必要性，并重申了对任何物理性重建的反对精神，文件中也描述了修复古迹的详细指导方针。

20 世纪 60 至 70 年代，人们对于世界文化遗产的认知产生了巨大的变化，来自不同地区（这包括地理和文化上）的研究人员和专家的工作实践导致了新文件的起草，这些文件比《威尼斯宪章》更具有创新性。1979 年，ICOMOS 澳大利亚全国委员会（The Australian National Committee of ICOMOS）在巴拉镇（Burra）的一次会议上批准了具有文化意义的地方性 ICOMOS 宪章：《巴拉宪章》，其全称为"澳大利亚国际古迹遗址委员会具有文化意义场所保护宪章"（The Australia ICOMOS Charter for the Conservation of Place of Cultural Significance）。宪章中"文物遗址"（Monument and Site）被一个新的概念所取代，即"场所"（Place）。[2] "场所"的概念包含地区、景观、建筑，同时包括其构成的空间、景致以及相关元素，这扩展了《威尼斯宪章》关于历史纪念物的内涵。《巴拉宪章》推翻了迄今为止盛行的以欧洲为中心的文化遗产研究方法，引入了一个全新的理念：意义比实物更重要。换句话说，一个历史遗迹之所以具有历史意义，并不仅仅是因为它所保存的材料，还因为它所承载的意义和它所保存的历史，也因为其背后隐藏着的非物质文化遗产。《巴拉宪章》还对一系列的定义作出解释，这是

---

2. 张松.城市文化遗产保护国际宪章与国内法规选编 [M]. 上海：同济大学出版社,2007: 12.

一个非常有趣的发展，因为有些词的意思在不同的国家之间甚至在不同的职业之间会有所不同，这样的解释有助于创造一个更加客观和明确的理解。文化意义的概念提出意味着宪章对物质重建的问题更加宽容。1945 年，联合国教科文组织（The United Nations Organization for Education, Science and Culture，UNESCO）成立，1972 年 11 月 16 日，教科文组织大会通过了《关于保护世界文化和自然遗产的公约》（Convention Concerning the Protection of the World Cultural and Natural Heritage），公约促进了对于"文化多样性"（Cultural Diversity）尊重，以及国际间的合作与理解。

二战后，文化遗产保护所产生了一系列国际法规与宪章，同时人们也开始反思保护的内涵以及外延，对于保护的主体性、多样性和可持续性给予了更多的关注，不再是单一的对建筑遗产的关注。保护也不仅仅是政府和保护团体的行为，更多的公众参与也使保护的价值得以深化。对于保护的主体，我们总是在与历史的对话中找到答案，时间所带来的改变不仅仅影响到遗产的物理性，技术进步也会改变我们看待事物的方式。随着第三次工业革命的进程，可以看到文化遗产保护并没有衰落，而是出现了前所未有的热潮，同时说明无论从数量上还是范围上所面临的保护相关的问题更多了。[3] 文化遗产保护的并不是过去的价值与功能，而是现在的人所赋予其的历史意义，文化性则成为体现历史意义的关键，也是受众意识的集中体现。

2000 年颁布的《克拉科夫宪章》（The Charter of Krakow）和《保护和修复建筑遗产原则》（Principles for the Conservation and Restoration of Built Heritage），虽然两份文件没有得到 ICOMOS 的支持，但通过《威尼斯宪章》对后者进行了更新。由于计算机技术的发展，在文化遗产和信息与通信技术（Cultural Heritage

---

3. 这包括了 1981 年的《佛罗伦萨宪章》、1987 年的《华盛顿宪章》、1990 年的《考古遗产宪章》，在这个过程中有着争论也达成过共识。1994 年 11 月 1 日至 5 日，日本在奈良镇召集了来自 28 个不同国家的 45 名专家，根据文化多样性和遗产多样性深入分析"原真性"的概念，会议起草了《关于真实性的奈良文件》（The Nara Document on Authenticity）。2005 年的《西安宣言》将历史环境界定为直接环境和扩展环境，包含了除实体外过去与现在的社会与精神活动、习俗、传统认知和创造所形成环境空间中的无形文化遗产。

and Information and Communication Technologies）领域的交叉研究普遍开展起来。值得注意的是在《克拉科夫宪章》第 5 条，关于在考古遗产领域使用新技术的具体建议时，宪章中提到："在保护和公开展示考古遗址时，应促进使用现代技术、数据库、信息系统和虚拟展示技术。"（In the protection and public presentation of archaeological sites, the use of modern technologies, databanks, information system and virtual presentation techniques should be promoted）这一条对于数字化技术描述的增补，在以前的其他文件中前所未有，标志着利用信息技术作为保护和展示考古遗产的常规工具的一个重要转折点，这是虚拟考古史上的一个重要里程碑。事实上《克拉科夫宪章》的编写旨在为文化遗产领域使用新技术铺平道路。2003年的《数字遗产保护宪章》正是在面临着大量电子形式文化遗产流失的危险情况下提出的，包括虚拟重建、三维数字化和从虚拟考古实践中衍生出来的数字文件。2008 年 10 月 4 日，在加拿大魁北克举行的第 16 届国际古迹遗址理事会大会上正式批准了《艾兰姆宪章》[4]，宪章中强调了公众沟通（Public Communication）的重要性，以及对于"诠释"（Interpretation）和"展示"（Presentation）两个概念的详细阐述。[5]《克拉科夫宪章》《数字遗产保护宪章》和《艾兰姆宪章》构成文化遗产和信息与通信技术领域的最重要理论文件的基础，这就是《伦敦宪章》和《塞维利亚原则》。《伦敦宪章》的主要目标是推翻在创建虚拟可视化内容时的权威原则，取而代之的是所有的可视化内容都必须具有一组数据和信息，包括元数据与交互元数据（Metadata and Paradata），以方便专家对其进行验证和评估。重要的是《伦敦宪章》并不局限于一个特定的学科，而是旨在指导一系列的学科和分支的知识，包括艺术、人文和文化遗产领域的可视化项目。《伦敦宪章》采用的格式和风格与《艾兰姆宪章》有着相似的内部结构和维度，广泛地定义了"文化遗产"的概念，包括了与人类活动的所有领域的相关诠释与展示的物质和非物

---

4. 《文化遗产地诠释与展示宪章》（ICOMOS Charter for the Interpretation and Presentation of Cultural Heritage Sites）即《艾兰姆宪章》（Ename Charter）。

5. 孙燕. 文化遗产诠释与展示的国际理念和规范——从"适用于考古发掘"到"遗产地诠释与展示"[J]. 东南文化，2010（6）：23-26.

质文化遗产。

第二节　重建的批判性实践

　　面对文化遗产的保护争论最多的就是"重建"（Reconstruction）。有时，我们谨慎地看待这种方式方法的正确性，但有时却急于做出判断。"重建"到什么程度？是"重建"被破坏的部分还是全部？"重建"的部分应该与其他部分保持一致吗？如果全部"重建"那该如何定义其历史的意义？如果不具有这些历史意义，"重建"的遗产又算是什么呢？1964年《威尼斯宪章》中建议，对于每一处文化遗产需要进行必要的分析与审查，需要区别对待每一个修复的个案，这为我们的修复工作提供了可靠的指导性原则。在其第15条"发掘"（EXCAVATIONS）中提到：所有的重建工作都应该"先验地"排除（All reconstruction work should however be ruled out "a priori."），后面的句子定义了"重建"工作的条件，"只允许原物归位"（Only anastylosis）。可以看到在宪章中是不允许任何意义上的"重建"的，而在执行的过程中，许多项目并没有遵循这样的原则。在《威尼斯宪章》颁布的次年，国际古迹遗址理事会（International Council on Monuments and Sites，ICOMOS）在波兰华沙成立，华沙城正是在废墟上"重建"的。部分学者认为在战争破坏的情况下，不需要那么严格地执行"重建"的原则，二战正是执行这一原则的转折点。[6] ICOMOS在关于古迹和遗址重建的允许性和标准的辩论中将遗产领域的"重建"定义为在其特定的历史时间段内对缺失的形式、特征、细节，有时甚至是非幸存地点、纪念碑、景观、建筑物、结构或物体（或其部分）描述的行为或过程。值得注意的是，今天的"重建"可以是数字化的，也可以是物理性的，这是1964年颁布《威尼斯宪章》时尚未设想的。因为物理性的"重建"可能更具"侵害性"，并且对考古或历史遗址的原始结构造成损害，但物理和数字的"重建"都会引起严重的历史有效性问题，因为两者都可以产生用于教育和

6. Román A. Reconstruction-from the Venice Charter to the Charter of Cracow 2000[J]. 2002.

诠释的有说服力的图像。"重建"与"修复"（Restoration）的不同之处在于，前者包括了对文化遗产的各种缺失部分所进行的新的构建。《威尼斯宪章》在第9条中也定义了"修复"（Restoration）的行动概念，[7] 宪章认为即使"修复"也不需要"重建"，但在文献缺失的情况下进行不可避免的创造性解释时，我们该如何确定其时间的界限？

在 2011 年第 17 届国际古迹遗址理事会大会上，专家学者对于由于战争、宗教和政治原因被破坏的文化遗产进行"重建"时的一些原则进行了必要的讨论。这种情况包括了很多的案例：比利时的伊珀尔城、巴尔干战争中被故意炸毁的莫斯塔尔桥、巴米扬的佛像和乌干达卡苏比墓葬等。"重建"不得不被重提。1982年 11 月 15 日至 19 日在德累斯顿举行了一次关于"重建被战争摧毁的古迹"的专题讨论会，并通过了《德累斯顿关于"重建被战争摧毁的纪念碑"的宣言》，即《德累斯顿重建宣言》（The Dresden Declaration on Reconstruction）。"重建为基础研究和考古学的深入研究注入了新的动力，为纪念碑保护成果的记录提供了新的模式。"但是由于时代的限制，宣言主要侧重于物理性"重建"和"修复"。

2000 年，《克拉科夫宪章》，即《保护和修复建筑遗产的原则》（The Charter of Krakow, Principles for the Conservation and Restoration of Built Heritage）在第 4 条中重新修订了"重建"的概念。

> 应避免以整个建筑风格重建。基于精确并无可争议的文献，重建具有建筑意义的非常小的部件是可以接受的。如有必要，为了建筑的合理使用，更广泛的空间和功能部分的完成应该反映当代建筑。对于因武装冲突或自然灾害破坏的建筑物而言，只有在其具备与整个社区的特性有关的特殊的社会或文化动机时，才可以被重建。[8]

---

7. "它的目的是完全保护和再现文物建筑的审美和历史价值，它必须尊重原始资料和确凿的文献，它不能有丝毫臆测。"

8. Cristinelli G. The Krakow Charter 2000[J]. Principles for the conservation and restoration of built heritage, Marsilio, Venice, 2002, 182.

　　重新的定义比《威尼斯宣言》的原则要宽泛一些，但也只能在准确的文献以及被不可抗力破坏了的情况之下实现。大足石刻千手观音抢救性维修保护修复工程 9 被公众诟病"太新"，工程主持人也在修复后的论文中"太新了，某国修复就不是如此"一节中提到：文物修复效果也并非只有唯一的"外观标准"。10 诚然就最后效果而言几乎重建了整座造像，以《威尼斯宣言》中对于重建的定义 11，而延伸到了《克拉科夫宪章》针对的是建筑物，并且是在不可抗力的破坏之下才能进行重建。修复好的千手观音造像并不能区别出修复材料和原始材料的界限，工程主持人也曾经翻译过布兰迪的文物修复理论一书，应该对《威尼斯宪章》有过深入研究，但到了实际执行层面时也会面临诸多困难，可见在两者之间找寻平衡并非易事。物理性修复的风险性和可逆性都有较多的不可控因素，文献的准确性有待考证的时候却又不得不去进行判断，这样的境遇会经常出现。在技术发展的过程中，这些问题也被逐渐地认识到。

　　2008 年 10 月 4 日，在加拿大魁北克举行的第 16 届国际古迹遗址理事会大会上正式批准了《文化遗产地诠释与展示宪章》（ICOMOS Charter for the Interpretation and Presentation of Cultural Heritage Sites），也被称为《艾兰姆宪章》（Ename Charter）。宪章是国际古迹遗址理事会批准的第一份国际文本，旨在解释考古遗产领域中虚拟重建的重要性。宪章中提出了三个问题：

　　　　——文化遗产的诠释和展示有哪些可接受和能接受的目标？

---

9. 2008 年，国家文物局启动了石质文物修复的一号工程：大足石刻千手观音造像抢救性保护工程。宝顶千手观音造像雕凿于南宋淳熙至淳祐（1174-1252）年间，石龛高 7.7 米、宽 12.5 米，造像雕刻于 15 米至 30 米高的崖壁上，有 1007 只手臂，为我国最大的集雕刻、彩绘、贴金于一体的摩崖石刻造像。修复过程中使用了大量的古法，意在恢复南宋的工艺。历史上千手观音造像经历过 4 次修缮，分别为明隆庆四年（1570）、清乾隆十三年（1748）、乾隆四十五年（1780）、光绪十五年（1889），1940 年梁思成也对宝顶山进行了考察。

10. 詹长法，徐琪歆．现代文物修复的思考——以千手观音造像保护修复为例 [J]．遗产与保护研究，2016, 1(4):54-62.

11. "只允许把还存在的但已散开的部分重新组合起来。黏合材料必须是可以识别的，而且要尽可能地少用，只要能保护文物和再现它的形状就足够了。"

——哪些原则有助于确定对于特定的文化和遗产环境使用何种技术手段和方法？

——基于其广泛多样的具体形式和技术，什么样的道德准则和专业考量有助于诠释和展示？

诠释和展示的接受度需要准则来衡量，《文化遗产地诠释与展示宪章》中对于与文化遗产相关的形式和技术都做出了详细的规范，特别是第2.4条建议如下：

无论是艺术家、建筑师还是计算机建模师，视觉重建都应该基于对环境、考古、建筑和历史数据的详细系统分析，包括对书面、口头和图像来源的分析，以及摄影。基于视觉渲染的信息源应被清楚地加以记录，在有相同证据的情况下的选择性重建应提供比较的方案。

视觉重建所涉及的人员学科开始变得广泛，但对于文献的准确性要求是一致的，可以看到可视化重建已经作为一种被国际宪章所接受的方法与技术逐渐地走向成熟，学界也逐渐地意识到信息时代对于文化遗产的影响，这不仅仅在技术层面，而是在最终的与公众接触的层面。布兰迪在《纪念物的修复原则》（Principi per il restauro dei monumenti）[12]一文中将重建视为不合法的。[13]视觉重建的过程在某种程度上就是一种抽离，对于原有情景的抽离，我们需要做的就是尽量消减这种"抽离"感。从考古发掘到数据分析，从逆向修复到视觉展示，数字化技术都在改变着文化遗产的相关内容的发展与整合，这不仅仅是一种技术手段上的转变，而是产业模式上的转型。

---

12. Giovannoni G. Il restauro dei monumenti[M]. Roma: Cremonese，1945.
13. "将纪念建筑拆卸重组于原建地之外的别处是绝对不具合法性的，并且相较于其历史存在性来说，这种不合法性更多的与美学要素相关，因为当纪念建筑的空间特性被改变，那么它也将沦为仅是一件艺术作品。"

第三节　《伦敦宪章》

　　将计算工具引入人文科学研究，使相关学者的工作方式发生了重大的转变，21 世纪伊始计算机可视化技术有了跨越式的发展，这主要依赖于硬件计算能力的提升，可视化技术从根本上改变了研究成果呈现与记录的方式。2005 年，隶属于伦敦国王学院的视觉实验室（The King's Visualisation Lab，KVL）启动了一个名为"制造空间"（Making Space）的项目，其目的是"研究一种基于三维视觉化的研究认知过程的记录方法"。2006 年 2 月 23 日至 25 日，在伦敦大学国王学院举办了三维视觉研究成果透明化研讨会（Making 3D Visual Research Outcomes Transparent），主办单位为伦敦大学国王学院可视化实验室。研讨会着重讨论了可视化方法的理解与实施的基础，特别是在艺术和人文学科以及文化遗产领域的研究中三维可视化最具挑战性，三维视觉的科研人员在数据收集与评估的过程中如何去理解和执行技术准则，如果需要保持这种后续性的信息，需要合理地对假设内容进行判断。尽管可视化的技术已经应用在了文化遗产领域很多年，但是并没有就可视化项目和文件性质等方面达成广泛的共识或广泛接受的标准，并使其研究成果"透明"。这种缺失无疑促成了基于可视化的研究过程和产出的可变质，并继续损害业内外对于此类项目的评估。随着可视化技术的逐渐普及，从业人员也并没有在文化遗产领域接收严格的培训，所以在研讨会上讨论建立一套三维可视化研究的文档标准。

　　研讨会中三维可视化研究中跟踪和记录认知过程的方法论项目小组提出了"交互元数据"（Paradata）这一术语来表示记录这些累积信息，专家研讨会就交互元数据的可用定义达成一致，并评估了其在透明度和易受度，以及影响决策评估中的价值和有可能起到的作用。与会专家简要介绍了《伦敦宪章》的起源和基本原理，通过与专家的广泛协商以及随后出版的连续草案，旨在跨学科遗产可视化的最佳实践提供信息的原则上达成国际共识。2006 年 3 月，休·德纳尔（Hugh Denard）制作并分发了"伦敦文化遗产研究和传播中使用三维可视化宪章"的第 1 号文件。该草案涵盖了研讨会和研讨会上商定的核心原则，并增加了关于可持续性发展的新原则。2005 年 5 月，欧洲开放文化遗产卓越网络（European Network of Excellence in Open Cultural Heritage，EPOCH）发布了《伦敦宪章》的 1 号草案。2009 年 2 月最终定名为《伦敦基于计算机的文化遗产可视化宪章》（The London Charter for the Computer-based Visualisation of Cultural Heritage）。2012 年 10 月 18 日在北京第二届文化遗产保护与数字化国际研讨会（The 2nd International Symposium on Cultural Heritage Conservation and Digitization, Beijing）上正式启动《伦敦宪章》的中文译本。

《伦敦宪章》被设想为一种确保计算机可视化方法论严谨性的手段，同时也是研究和传播文化遗产的手段，就考古诠释、展示和重建中使用三维可视化而言，《伦敦宪章》是一个非常必要的里程碑。经过几年关于这个问题的理论辩论，最终为这一重要的跨学科主题提出了强有力和权威的指导方针。宪章现在被广泛认为是遗产可视化过程和输出中应遵循的原则和事实基准。[14]

早在 1992 年联合国教科文组织 UNESCO 就开始使用计算机辅助技术来帮助保护吴哥窟，也是地理空间技术在文化遗产中的成功应用案例。今天世界遗产提名申请必须采用电子格式，以便为定期监测以及创建统一的遗产档案。数字化参与文化遗产项目不仅仅是对内容的展示，还有着隐喻和象征，以及对于受众社会行为规则和互动形式的解释。20 世纪的最后 20 年以来，数字手段带来的变化如此激进，以至于很大程度上永远改变了某些领域进行研究或交流的工作方式。在新技术的改革压力下，文化遗产传播本身也在转变。对于任何参与诠释数字化的"隐藏的架构"的学者来说，当前的挑战在于利用最为合适的技术建立新的认识论模型，并赋予新的研究视角。对于那些参与传播历史学家和考古学家研究成果的人员来说，最重要的就是虚拟的沟通手段如何能让大众理解。这意味着，即使是没有专业经验的普通人也能接触到专业的文化遗产领域，了解博物馆、网上展览或专门展览所传达的信息，这种面向大众非传统方式的文化传播是可视化手段探索出的新路径。

---

14. Denard H. A new introduction to the London Charter[M]. Paradata and transparency in virtual heritage. New York: Routledge, 2016: 83-98.

对历史和文化数据的关注是虚拟环境和虚拟遗产领域的基础。为了避免肤浅的，或者说是不准确的，甚至是错误的传播与交流，可视化的内容需要建立在精确信息的基础之上，这些信息来源于对历史文献或考古发掘的仔细分析。在数字可视化研究领域，为了得到科学界的认可，必须采用严格的技术方法，编制详细的规范文件，并最终在报告结果时追求完全"透明"。利用数字技术研究、保存和促进文化遗产的目的和目标也各不相同，所涉及的主题也不同于其他类型的学术机构，面向的受众也并没有专业的背景知识。而正是传播对象知识储备的不平衡，对于认知的历史信息会第一时间被接受，而细小的错误都会在二次传播中被放大或者产生本质上的谬误。因此，在文化遗产可视化研究领域需要制定标准、规则和普遍接受的原则，使虚拟重建在文化内容的真实性和准确性上执行更为严格的实践标准。

基于计算机的可视化方法虽然已经被广泛地应用于文化遗产保护的各个环节，但什么样的标准能使数字化的信息在记录、传播、保护等各个方面保证技术性、一致性和准确性上的严谨，同样这些准则也必须要反映出数字化技术的特性？在《伦敦宪章》中明确了以科学的方法面对虚拟重建的必要性。因此，在必须确定文化遗产的数字化表达内容是基于专业考古学家和历史学家认可的信息和实践的情况下，宪章所建立的原则规定了在每个阶段都有明确的文化交流的义务，以及可以进行内容的理解和评估。在三维可视化的虚拟环境中，有必要指出哪些技术被用于所代表的数据，哪些方法被用于解释这些数据，当然还有基于这些模拟数据的历史与文化的准确性。在《伦敦宪章》序言中提到：

大量的文献[包括艺术和人文学科数据服务（AHDS）的《CAD最佳实践指南》（2002）和《虚拟现实》（2002）]和倡议者[包括虚拟考古学兴趣小组（VASIG）和文化虚拟现实组织（CVRO）]等都强调了两个重点：一是要将学术严谨性用于基于计算机的可视化方法中；二是基于计算机的可视化的研究成果应向用户准确传达其所要传达的知识，比如实据与假设之间以及各级可能性之间的区别。

在专业人士和学者间已经达成了一定的共识就是对于可视化应用的必要性，在宪章中可以看到多个描述提到关于数字化的原则、标准以及方法。虚拟重建的方法为历史资源和考古证据提供了最为安全与可逆性的保障，但如果没有建立一定的原则这种保障将不复存在。在进行数字可视化的重建时，充分的记录与规划显得十分必要，文献与档案的研究在重建活动之前，以及在采集数据之前就要展开，数据采集时需要准确识别内容并进行编目，建立数据库，这是任何虚拟遗产项目的基本要素。采集的数据不仅仅要保证实时的可用性，也需要留给后人加以比对的标准，所收集的数据通过创建元数据和准数据标准，只有这样作为研究对象的数据才能成为分析的对象。我们反思在虚拟重建过程中的各个环节，同时也需要考虑到这些标准对于技术发展的适应性。

宪章中提到"先验"的方式并不一定是最佳的方法，但：

> 基于计算机的可视化方法的选择（如：写实性是强还是弱，是印象式还是图像式；是展现各种假设还是现有证据；是动态还是静态）或决定采用新的方法，都应以每种方法成功解决各个问题的可能性评估为基础。

可以看到对于数字化技术的信息内容如何处理，不同的研究人员有着自己的方式方法，在文化遗产数字化技术领域，过去 20 多年也积累了很多成熟的经验，有必要引用信息系统产生的原则和最佳实践来研究、保存、管理和交流文化遗产的信息内容，ICOMOS 对于"展示"（Presentation）和"诠释"（Interpretation）两个概念有着清晰的定义。[15] "展示"表示精心策划的信息展示和文化遗产的实际参与，通常由学者、设计公司和遗产专业人员进行。因此，它主要是一种沟通方式。"诠释"表示文化遗产所激发的活动、反思、研究和创造力的总体。包括不同年龄以及学历背景的各种类型参与者对将文化遗产遗址转变为了解和反思

---

15. SITES O F C H. The ICOMOS Charter for the Interpretation and Presentation of Cultural Heritage Sites[J]. International Journal of Cultural Property, 2008, 15: 377-383.

过去的场所和来源，以及对于可持续学科发展，跨文化和跨代对话至关重要的宝贵资源。[16] 可以看出针对受众的不同，可视化技术的参与范围也有所调整，但对于信息的真实性原则是不变的。对于我们保护的主体文化遗产不仅仅具有有形性和物质性，还包括与之相关的文化和社会属性，这是文化遗产的内在意义，对文化遗产的体验和解释很大程度上取决于我们自身的主观性和文化定位。然而，在大多数情况下，数字遗产项目是在一些研究或展示新技术后才开发出来的，内容通常以"描述性"的方式构建，而不是"诠释性"的。多年来文化遗产传播领域都致力于不同文化形式和语言表达的数字化沟通方式，数字化的技术增加了大众接触文化遗产信息内容的机会，这主要是由于数字技术对于文化遗产的重建替代了对于物理性本体的影响，三维数字化扫描等技术的实现促进了文化遗产的传播效率，并在此过程中保持了真实性的一面。

一、三维可视化

三维可视化（3D visualisation）是一个广泛的术语，主要用来定义计算机生成的物体的三维表现。在文化遗产的应用领域，它通常被分为"三维建模"（3D modeling）和"三维成像"（3D imaging），前者为计算机设计生成内容，而后者为对现有物体的信息进行数字化记录。由于三维可视化的研究大多限制于专业机构，我们也在博物馆或相关研究机构经常见到这种展示手段，但具体到质量与准确性时，不同的机构对其的要求是不一致的。数字化信息内容已经在博物馆被广泛使用，三维可视化更多地被视为交流和传播工具，使用这些技术也只是为了吸引公众的注意。然而作为一种技术手段，视觉化类型的技术大都具有主观性，如同摄影一样。《伦敦宪章》中将可视化方法的一致性和清晰性加以严谨的规范，建立可供计算机可视化技术与方法应用的准则："《宪章》制定了计算机可视化

---

16. Alerno R. Digital technologies for "minor" cultural landscapes knowledge: sharing values in heritage and tourism perspective[M]. Handbook of Research on Emerging Technologies for Digital Preservation and Information Modeling. Hershey: IGI Global, 2017: 510-535.

方法的使用准则。这些准则涉及一致性、清晰性、可靠性、材料记录、可持续性和易及性等几个方面"，以确保可视化应用的过程和结果都可以被准确地评估，同时也将文化遗产领域的可视化应用与娱乐产业的可视化应用加以区分。

二、不同学科领域的应用性

正如《伦敦宪章》多次指出的那样，文化遗产领域本身就涉及了多学科的交叉。分别在序言和记录方法 4.9 中提到"研究社区"（Subject Communities）的内容，主要涉及不同研究领域：

> 《伦敦宪章》试图寻找并建立在相关问题上的共识，同时期待获得广泛的认可并希望相关专业团体能遵守这些共识。《宪章》的这种要求旨在提高在文化遗产相关工作中使用和评估基于计算机的可视化方法和成果的严谨性，并促使此类方法和成果获得更广泛的理解和认可。
>
> 4.9 当基于计算机的可视化方法用于跨学科的环境，并缺少对研究问题、方法和结果的共同认识时，项目中记录的材料应有助于明确此类隐含信息，并识别出参与成员与各个专业团体之间不同的术语。

文化遗产的可视化内容反映了人文、社会科学和技术研究在研究社区层面的共生关系。数字化采集的信息内容可能会被应用于不同的学科领域，"研究社区"本身就是一个动态的概念，这取决于应用的语境范围。采集数据时模型作为考古领域的研究活动，在精确性上有着更为苛刻的要求。作为三维产品在被应用于博物馆展示阶段的应用时，过多的细节并不利于引擎的计算，这会影响最终的受众体验感。从这个意义上说，宪章标准中涉及基础的方法、需求和规范都已经建立，而其他的规范则是在项目期间开发建立的。考古学家使用这些模型来提取他们感兴趣的特征，而设计师则提取记录材料中较为概括的数字模型应用于展示。动态的三维模型系统是数字采集时必要的内容，在应用层面可以保证不同学科应用的准确性。

可以看出《伦敦宪章》的原则很容易应用于旨在解决单一技术问题的项目中，在涉及多学科交叉的项目时，数据共享会变得十分困难，因为每个学科都有自己的认识论和方法论，而且很难在理论和方法层面实现一致性的整合，而动态的信息源由加大了原始数据采集的工作量。

三、信息透明

传统上博物馆或文化机构给公众看到的数字对象，很少分享相关信息的特定解释。在这种情况下，三维视觉化经常被用作交流工具，更多的是为了吸引公众对其技术或美学价值的关注，而不是为了增加对文化遗产的研究调查。由于对三维视觉化及其解释的构建过程了解不足，公众唯一的选择就是相信博物馆或文化机构的权威。尽管这种情况很常见，也促进了对文化遗产的统一、权威和扁平的可传播性，但同时削弱了文化遗产的丰富性，阻碍了公众的参与。此外，当文化机构依靠其权威性来保证三维视觉的质量和表现力时，同时也会强化了这样一种误解，即这是唯一可能的或唯一正确的三维可视化图像，但事实上并非如此。

计算机可视化信息透明旨在提供多种解决方案，以满足更多的可访问、开放和共享信息的需求。《伦敦宪章》最开始就在于对于成果"透明"（Transparency）进行讨论，提出了将开源方法作为文化遗产可视化研究的主题，数据的透明在于其主体的交互性和开放性，使信息呈一种有效的方式进行转换、共享和访问。文化遗产的相关原始数据将作为一种动态的访问格式加以呈现，并对制作出的三维数据的可靠性进行评估，将"事实"与"虚构"在三维中进行可视化呈现，从而促进"透明"的概念。

在《伦敦宪章》中对"信息透明"（Intellectual Transparency）的概念进行了解释：为了让用户理解基于计算机可视化成果的"信息声明"的性质和范围而提供的、以任何媒介或格式表达的信息。信息的可视化是一个动态的过程，虚拟重建是在研究、阐释和管理过程中建立起来的。虚拟的"原物归位"可以建立自下而上的建模与数据捕捉模式，如果将这些规则在虚拟环境中实现，动态的交互将成为基础，因此"重建"的过程也是个动态的过程。在人文学科中，"透明"意味着沟通性和可靠性，而在数字领域，"透明"意味着交互性和开放性。三维可视化研究的成果不仅是视觉上的，而且是多模态和多感官动态交互作用的结果。这种交互是一种内外之间的沟通，外部可视化通过提供信息并加以阐释来增强内部可视化，这些信息是可以从内部可视化中推演出来的。在这种情况下，内部可视化和外部可视化之间是具有连续性的，有效的外部可视化设计基于"内部可视化理解能力"，特别是通过人工环境的动态导航，具有提示心理路径的特性。[17]在虚拟环境中，我们体验到的是数据和信息的完全整合，整合的内容具有可比性、动态性和相关性，受众被三维信息所包围，而空间信息可以与元数据进行连接。可以说虚拟现实的形式是可视化实现"透明"交互的最好平台，身在其中的受众可以与模型进行交互，也可以解构模型，从而激活模型的可视性。混合现实等模式中，真实和虚拟环境的不断交替，通过信息的冗余和空间语境的增加，用户通过交互信息的过程，逐步增加对于内容的理解。

　　"透明"的过程是一种交互行为，常规的信息渠道是一种被动地接受，如果对数据和信息共享、技能和经验交流持开放态度，互动可能会更有效。这是一种科学对待信息的态度，数据是可以被验证，结果是可以被检验、透明和记录的。进行可视化研究就需要保持开放的态度，就必须通过数据共享和信息传播来实现。如果没有持有开放的格式、源代码和网络系统，这很难实现。在信息技术时代开始的时候，程序员自由地共享他们的代码是一个很普遍的习惯，其结果是行业的快速发展和用户的积极改进。随着软件专利和版权的引入，商业策略发生了变化，但对于文化遗产研究领域来说，保持开放的态度有利于整个产业的发展。在逆向建模领域，大部分高效的算法都是开放的，根据数据复杂程度提供商业化服务。当我们谈到开源方法时，不仅仅是在讨论免费使用软件，而是在文化项目和应用

17. Paradata and transparency in virtual heritage[M]. Hampshire: Ashgate Publishing, Ltd., 2012.

程序上使用相同的方法和操作，以实现信息和数据的透明性。采用这样一种技术方法意味着"重构"（Reframe）文化遗产的现实，创造新的关系，创造新的工具和隐喻并建立联系。[18]

　　虚拟地形项目（Virtual Terrain Project，VTP）[19]是一个基于虚拟的创建型WEB平台，基于操作系统工具的分享考古数据和元数据的平台，利用地形发生器对GIS数据进行处理，建立低多边形版本模型的三维页面和平铺地形。通过PHP编程，该系统还添加了一些交互内容，以允许动态构建和解构考古环境，切换不同的地形模型，以及加载三维模型、植被、标签、矢量层、视点注册等元素。虚拟重建的验证与"透明"问题在虚拟考古学的项目中并不是都能做到的，信息的质量取决于用户与数字生态系统之间的交互，在交互过程中，用户可以创建新的附加信息，因此信息是根据参与生态系统的可承受性而增长的。"透明"不仅是一种科学的验证方法，更是一个动态的过程，将信息的理论中立性提升到更高的知识层次。"透明"需要与知识交流的方法过程相联系，是在同一个虚拟环境中不断累积的。

四、交互元数据

　　在文化遗产领域大部分学术和专业的注意力都集中在如何记录文物以及如何描述它们的物质和非物质属性上，同样也密切关注其视觉化内容，展示文物及其文化和历史背景。在《伦敦宪章》中将交互元数据（Paradata）定义为：

　　　　人类理解和阐释数据对象过程的信息。交互元数据的实例包括
　　存储在结构化数据组中、以说明实据是如何用于解释人工制品的描

---

18. Hermon S. Scientific Method, chaîne opératoire and Visualization: 3D Modelling as a Research Tool in Archaeology[M]//Paradata and transparency in virtual heritage. New York: Routledge, 2016: 39-48.

19　www.vterrain.org.

述，或研究出版物中对方法论基础的讨论。它与"背景元数据"关系密切，但重点略有不同；前者倾向于交流对人工制品或收藏品的阐释，而不是处理或阐释一个或多个人工制品的过程。

简而言之，"数据对象"指的是人们理解和解释"数据对象"的过程，包括文化遗产、结构、环境和不同形式的相关数据。《伦敦宪章》在确立原则和承认交互元数据的重要性方面迈出了重要的一步，但《伦敦宪章》需要通过实用的指导方针和技术来实现其潜力。在过程的记录（管理资料）部分可以看到宪章将可视化过程作为描述元数据和交互元数据的文档过程，而不是三维呈现的技术标准，但在其适用性上并没有做具体的描述。

交互元数据与透明是相互关联的，在文化遗产领域中架构和构件的虚拟重建经过初步探索和发展，学者们逐渐认识到虚拟重建过程透明化的重要性。虚拟重建的几个关键因素应该是透明的，包括：上下文信息、解决方案、信息来源、不确定性评估和重建的备选方案等，这都涉及或部分涉及元数据的内容。交互元数据具有过程性的因素，因为元数据不太适合描述虚拟修复的分析或解释过程，因为元数据是绝对静态的，而且元数据只是详细描述数据片段。交互元数据是对过程、变化、操作和重构的解释。如果虚拟修复项目本身可以看作是一项研究，那么交互元数据作为透明信息会呈现研究叙事的特性，它记录了研究是如何通过研究者的行动和决定而发展的。

五、可持续性

在《伦敦宪章》中，可持续性（Sustainability）作为一种准则被加以确认：

　　计划的设计和实施应保证与文化遗产相关的、基于计算机的可视化成果和材料记录的长期可持续性，以避免这部分不断增长的人类智力、社会、经济和文化遗产的损失。

这主要针对数字内容的保存，以及数字内容本身是否具有可用性，这种可用性无论是在当下还是在未来。数字技术的发展速度和传统的学科领域是不能比拟的，设备的更新可以颠覆某一学科研究内容的平台，而研究内容也会随着技术的更新而发生巨大的转变，宪章中也对这一问题进行了预判。面对技术的发展带来的研究范围的拓展，宪章中并没有规定具体的目标或者方法，而是基于数字化技术而言最广泛的准则，保证研究结果的一致性和准确性。也考虑到了可视化应用领域的广泛性，涉及学术、教育、展览展示等多个学科，但对于准确传达文化遗产相关的信息内容标准是一致的，并不因为应用的商业性或娱乐性而降低这一标准。《伦敦宪章》并不是为了提出更为激进的建议，而是为了巩固某些重要的基本原则，这种可持续性对于数据本身也需要保持这一原则，最大程度上保证数据可以被后人所利用。

就《伦敦宪章》本身而言，在文化遗产领域仍有项目操作时尚未完全吸收这些原则，宪章是保证在研究工作中使用三维可视化技术时确保其准确性和一致性的基本条件。事实上，《伦敦宪章》是一份具有远见的文件，也是一份超前的文件，因为在文化遗产领域使用新技术仍然被许多人认为是有关这一领域的传统讨论中的一个次要问题。以伦敦国王学院数字人文系为首的研究机构极力地推动联合国教科文组织 ICOMOS 批准该文件或非常类似的文件，同时由于技术的发展三维可视化技术要远比《伦敦宪章》被提出时应用得更为广泛，国际上有必要对这一新的知识领域提出统一的建议和指导方针。

所有基于计算机的可视化实践本质上必须是透明的，元数据和交互元数据的结合对于确保任何虚拟文化遗产项目的科学透明性都是至关重要的，只有这样才能保持所产生的结论的有效性。元数据和交互元数据的标准化系统还未建立，不同国家和国际组织都在进行着不断的尝试，最终的目的在于建立一个可在全球使用的大型数据库，同时也不阻碍建立这种类型的区域数据库。数据库储存的内容应为全面的、以三维可视化为基础的信息模型，同时模型也具有数据的成长性，以及对原始数据的保护，这样才能促进数据的扩展性增长与交互访问的便利。

第四节　《塞维利亚原则》

　　《伦敦宪章》确立计算机可视化在文化遗产领域应用的一般性原则和建议，提高了世界范围内在文化遗产领域应用新技术的科学性，计算机可视化应用是一种工具或辅助技术，但将计算机可视化应用于文化遗产领域的主题概念则过于宽泛，需要更精确的规范。西班牙虚拟考古学会（The Spanish Society of Virtual Archaeology，SEAV）开始酝酿创建一个国际虚拟考古学宪章的想法。自 2008 年成立以来，西班牙虚拟考古协会成立了国际虚拟考古论坛，旨在为国际虚拟考古学的未来奠定理论基础。SEAV 于 2009 年举办了国际考古学与图形信息学、遗产与创新会议（The International meeting of archaeology and graphic informatics, heritage and innovation ，ARQUEOLOGICA）。来自伦敦国王学院可视化实验室的理查德·比切姆（Richard Beacham）、塞浦路斯数字文化遗产和考古科学所的索林·赫蒙（Sorin Hermon）以及巴塞罗那自治大学的胡安·巴瑟罗（Juan A. Barcelo）依据广泛的国际协议，经过与会专家的讨论起草了一份特别适用于虚拟考古学的国际文件，即《塞维利亚原则》（Seville Charter）。国际论坛第一次会议起草了《虚拟考古学国际宪章》的初稿，草案于 2010 年 6 月在塞维利亚举行的第二届考古学与图形信息学、遗产与创新国际会议（ARQUEOLOGICA 2.0）上被提交。《塞维利亚原则》遵循《伦敦宪章》，增加了《伦敦宪章》适用的条件，改进其具体在考古遗产领域的执行内容与程序，原则也提供了建议和指导，但重点是考古遗产与文化遗产之间的具体需求。塞维利亚原则的理论框架是《伦敦宪章》，但《塞维利亚原则》只把注意力集中在考古遗产上，作为文化遗产的特定部分。《伦敦宪章》保持其"宪章"的称号，《塞维利亚原则》属于"原则"的范畴，比《宪章》低一级，采用的是联合国教科文组织 ICOMOS 常用的术语。尽管遵循了 ICOMOS 使用的结构和通用术语，但迄今为止尽管作为该领域国际层面上仅有的建议，ICOMOS 既没有批准《伦敦宪章》，也没有批准《塞维利亚原则》。《塞维利亚原则》与《伦敦宪章》的相同结构有 4 个主要部分：序言、目标、原则和定义。这份文件的核心由原则组成，这些原则是一套旨在提高《伦敦宪章》在考古遗产领域的适用性的建议。根据虚拟考古学项目的开发和实施阶段，总共有 8 条遵循逻辑顺序的原则，这一结构旨在促进原则在实际项目中的实施。

经过 30 多年的发展，计算机技术已经被广泛地应用到了考古研究的各个领域，可以看到原则的序言中，对于《伦敦宪章》的先进性给予了充分的肯定，由于可视化方法在不同领域之间存在着巨大的差异，鉴于"每个从业团体，无论是学术的、教育的、展览的，还是商业的，都应制定与其目的、目标和方法一致的《伦敦宪章实施细则》"，在考古遗产领域进行了必要的针对性调整。对于"虚拟考古"原则也给出了定义：旨在研究和开发使用基于计算机的可视化方法来综合管理考古遗产的科学学科。综合管理的内容也做了详细的分析。原则中第三项互补性（Complementarity）提到：必须将基于计算机的可视化应用于考古遗产的综合管理，作为其他更传统但同等有效的管理手段的补充而非替代。虚拟修复不应该取代真正的修复，作为一种可视化的技术手段对于真正的修复是具有互补性的，考虑到计算机技术的发展速度，虽然是 8 年前确立的原则，但由于终端运算能力的发展，受众接收信息的方式已经有了很大的转变。

结　语

　　从虚拟考古学创造性地将数字化技术引入考古研究中，该领域发展至今，我们已经身处于数字应用无处不在的时代，但在文化遗产领域对于数字技术的应用还远远地滞后于社会信息技术的发展，三维打印、逆向建模、影像扫描和混合现实等前沿技术为这一领域的研究带来了更多的可能性。与之相比更为重要的是该领域数字化的思维模式与研究方法还没有规范化与标准化，三维可视化还被视作一种带有娱乐色彩的展示技术。与文化遗产相关的数字化技术往往被视为一种交流手段，通常被认为是吸引公众视觉的辅助工具，在新技术应用的支持者和反对者之间有时会产生冲突和争议，其根源就在于此。反对者认为新的技术必须经过时间的考验，但数字技术的发展速率并不与传统技术一样，其是以裂变的形式在发展。

　　数字技术迅速弥补了传统技术的不足，三维可视化应用寻求与其他不同性质的方法和技术合作，以协助改善现有文化遗产研究、保存和传播的过程。本书并不是倡导使用虚拟修复取代真实修复，就像虚拟参观不应期望取代真实参观一样，对于文化遗产的近距离接触带来的对于文化价值的认知与理解是任何现有数字技术无法模拟的，并且按现有的发展规律也无法在短时间取代。虚拟修复等相关数字技术应朝着更加专业的学术研究发展，以促进文化遗产的信息模型成为一个数据开放与协作，并不断发展的有机生态体系。虚拟修复的概念还存在着许多技术性、规范性和操作性的难题，但数字化的思维模式必须在文化遗产领域得到加强。在这一语境下，该学科应该认识并承认基于实践的发展模式，并将研究成果带到该领域批评话语的前沿，促进创造性的数字实践朝着积极和迭代的路径迈进。

　　在数字技术改革的影响下，文化的传播方式也做出了根本性的转变，这些变革在以往的技术改革历史上看从未如此彻底与激进，在某种程度上改变了人类的交流方式与信息总量。当信息技术成为通用的社会工具时，与之相关的研究也会进行相应的改变，这种改变面临着风险。艾伯特·博格曼（Albert Borgmann）指出：

　　　　技术化的意外后果和危险是真实存在的，它们值得反思和回应。与此同时，文化和道德破坏的更深层次危险并没有引起注意，而且在某种程度上由于对公开危险的关注而黯然失色。[1]

　　信息技术通过使用计算机技术记录、传播和组织信息，而信息本身可以是任何有用的数据，指令或有意义的消息内容。约翰·塞尔（John Searle）的"中国房间（Chinese Room）"的争论[2]使我们认识到信息技术突出了语法和语义之间的区别，这意味着虽然信息技术可能擅长操纵语法，但其无法理解它们所使用的信息的语义或含义。在文化遗产领域应用数字可视化技术时也存在着对信息的二次编译，信息技术也对逻辑和信息的哲学研究产生了持久的影响。在这个领域中，逻辑被用作理解信息的方式，以及使用信息科学作为构建逻辑本身基础的一种方式。

　　数字化的传播意味着大众接触文化遗产的方式更为便捷，但同时信息被篡改的概率也大大增加，文化价值传承的有效性和信息传递的有效性息息相关，数字化的传播方式的效率要远远高于传统的传播模式，让我们不得不思考文化遗产的信息化问题。让我们以听音乐为例，从物理学和生理学的角度来看，音

---

1. The unintended consequences and dangers of technologization are real, and they deserve reflections and replies. Meanwhile the deeper danger of cultural and moral devastation goes unnoticed and is to some extent eclipsed by attention to the overt dangers (which, to repeat, need to be addressed forthwith).

2. Damper R I. The logic of Searle's Chinese room argument[J]. Minds & Machines, 2006, 16(2):163-183.

乐是由内耳特定的频率波流组成的。事实上，一旦进行了这样的分析，就有可能制造出一种对这些声音敏感的数字技术设备。在听音乐时，受众把声音当作音乐意味着对音乐有一种已经存在的感觉，这是一种持续的感觉运动。从现象学的角度分析，是什么先验条件使得人类能够听音乐，而不仅仅是记录声音？如果先验条件改变，被记录的声音在理解时是存在障碍的，这种改变对听觉有效，对视觉也是一样。技术描述性理论试图解释技术的定义和实质，以及技术产生与改变的方式。更具体地说，描述性理论论述了技术在多大程度上是自主的，以及它在决定人类实践或社会结构方面具有多大的力量。技术的批评理论通常以描述性理论为基础，并阐明关注的问题，研究如何改变这种关系。马丁·海德格尔（Martin Heidegger）认为"技术的本质不是技术"。[3] 举例来说，虚拟修复中经常使用的一种技术是增强现实技术，是一种对现实环境的直接或间接的实时视图，其元素通过计算机生成的感官输入（如声音、视频、图形或 GPS 数据）进行增强。这种技术的应用并没有改变保护的本质，而是在技术上予以增强。正是这样的技术如：数字建模、图形、可视化平台和虚拟现实的发展推动了新的理论和实证方法的发展，以解决考古学和遗产保护的问题。早期的数字考古学或考古学计算方法被视为使用定量计算来阐述考古学数据的方法，后来的技术则有助于用认知考古数据。[4] 但尤卡·约基莱赫托（Jukka Jokilehto）认为："文化遗产的保护从本质上是一个文化问题。"[5] 文化在信息时代被赋予新的概念，与之相关的文化遗产不再是只在理想主义意义上所指的范畴，其外延更为宽泛，这也包括文化的原创性和同质性，以及作为这些核心特征的相关价值。新信息技术的引进迅速改变了我们理解和处理问题的方式，尽管现有规程的基础没有改变，但是它们已经与新工具和应用程序交互了很长时间。与必须应用这些方法和技术的过程的复杂性相比，今天所使用的基于数字信息的方法和技术还过

3. Heidegger M. The question concerning technology, and other essays[J]. 1977.
4. Filippo Stanco, Sebastiano Battiato. Digital imaging for cultural heritage preservation: Analysis, restoration, and reconstruction of ancient artworks[M].Boca Raton: CRC Press, 2011.
5. 尤卡·约基莱赫托,陈曦.保护纲领的当代挑战及其教育对策 [J]. 建筑遗产, 2016(1).

于稚嫩。文化遗产保护中的相关数字技术只是被用作物理过程的数字替代品。因此，我们正在目睹一个非常奇怪的现象。一方面，我们的技术在这一点上是成熟的，经常是创新的，通常具有巨大的潜力。另一方面，我们需要执行非常复杂的任务和技术流程。

在虚拟环境中，互动可能性是提升场所感和体验感的核心。环境中的交互作用为用户构建了"意义"，而"意义"依赖于情境行为和交互内容，以及基于受众的文化与社会背景的认知过程，因此虚拟的存在感可以支持知识的获取。受众沉浸于一个虚拟的环境中，如同建立一套虚拟的框架，可以在一定程度上再现过去的生活情景。萨里大学环境心理学教授大卫·乌泽尔（David Uzzell）认为，两种主导诠释理论的方法即重新创造（Re-Creation）和重建（Reconstruction）。[6] 重新创造的方法试图把过去的生活完整再现，例如在一个文物遗址，重新创造一个固定时期的所有方面，包括穿着制服的导游对话。这就要求受众暂时不要怀疑，因为他们实际上是在与另一个时代的事物和人物进行交互。美国底特律的绿野村（Greenfield Village）正是以这种方式与受众进行交流，导游坐在棉花作坊中等待观众，一旦观众进入该区域，导游主动与之交流（这些导游经过培训，以至于使用的俚语也都符合所模拟年代的特征）。笔者在参观时本以为这些相关的处理棉花操作都是模拟的，而在进入纺线作坊时，棉花作坊的导游提着处理好的棉花送到纺线作坊，这一系列的工作是具有现实性与关联性的。参观过程中几处细节可以看出主题公园的用心之处，不同经济基础的家庭挑选的导游也都符合其特征，在笔者没有按照路线从后面进入一所典型的美式家庭时，坐在门口的导游会结合不同的情景进行随机性的调整，如果不是其他游客的现代着装，这种虚拟性还是起到一定作用的，至少对历史情景进行了一定程度的还原。大卫·乌泽尔认为这种方法的缺点根本在于受众的参与就干扰了真实性。没有对周围的社会和政治问题进行批判性分析，而是对过去进行了一种浪漫化的主观建构。"诠释"在某种程度上是一种"重建"，是对历史记忆的解释以及与现在的关系和背景的阐述。

---

6. Uzzell D. Heritage interpretation in Britain four decades after Tilden[J]. Manual of heritage management, 1994: 293-302.

在多元解释和多角度审视过去，背离了西方关于存在科学证明的"绝对真理"的观点。《圣经》被每一代人从新的角度重新解释，这种解读方法并不能用于在文化遗产地和博物馆解读过程中加以应用。在文化遗产保护实践中，越来越多的人倾向于关注娱乐价值，而不是试图以一种有意义的方式与过去进行互动。公众在参观文物古迹时希望获得真实的体验，这与以休闲为基础的景点（如主题公园）有所不同，但同时也希望在闲暇时间得到参与和娱乐。

　　文化遗产与信息技术的结合项目，以及在考古学实践操作项目中也带有一定的虚拟性，主要涉及使用到了远程连接访问移动机器人的项目，科研人员控制移动机器人（包括传感器、倾角仪、相机、指南针和天线）在狭小或危险区域进行考古或探索研究。博物馆也推出了替身化的参观模式，英国泰特美术馆推出了"AFTER DARK"活动项目，参观者可以通过控制机器人在博物馆闭馆后参观美术馆。项目在于引导参与者通过计算机或者智能终端链接机器人，访问博物馆以及查询并获得各种作品的多媒体信息。整个展线可以自主移动，也可以通过主题或作品预定行程。泰特美术馆选择了无须特殊处理就可以容纳机器人移动的展厅，在夜间访问也是考虑到白天客流对于机器人识别的影响。参观过程在确定了行程后，相关的数字化信息也会被绑定在行程中，加入的多媒体信息可以完善参观者对于作品本身的认知，并且对于其背后所承载的历史背景有更深一步的了解。项目的操作模式和管理成本与最终的参与人数不成正比，只有极个别的幸运观众被允许使用这一平台，但项目的社会效应要远大于此。该项目获得了第一届 IK 奖，该奖项旨在奖励能够利用数字技术并在泰特美术馆与公众之间建立联系的创意。博物馆机器人项目针对客流与地形等不利因素展开设计，在操作与管理模式上进行优化，针对不同的内容建立具体的相关数据库，这包括极具创意的数字内容，展示的实体作品如果不完整（如仅仅一部分被展示出来，或者缺少某一部分的雕塑或建筑作品），则可以通过计算机完整地欣赏，这种数字化的修复模式提供了无限的可能。[7] 这一项目提供了极大的便捷性，虽然加大了博物馆的展示成本，

7. 这种参与模式类似于"混合现实"的模式，终端不同最终的信息处理方式也不同，机器人更容易控制参与者的可视角度，以及正确匹配原始数据。

但大大减少了参观者的时间成本。也可以通过开放闭馆后的时间段，增加潜在参观者可以投入体验和享受博物馆的时间。时间灵活性和可用性对从专家到普通公众都有着潜在的需求，更为重要的是，在知识形成和积累方面也存在有益效果，这将影响那些以前完全不受此类型消费影响的人，从而扩大博物馆参观活动的整体需求。博物馆现在所拥有的馆藏类型已经大大扩展，远远超出传统艺术和雕塑等传统范畴，包括自然科学、民俗等相关专业馆藏，其中增长最快的是当代艺术博物馆，也受到艺术市场极度热情的推动，数字技术所带来的视觉感知和操作要优先印刷文本和静态的信息接收，进一步完善和丰富了视觉技术在博物馆体验中的应用。今天的博物馆可视化设计倾向于提供混合了视觉语言的多元文化体验，展馆设计创造了动态的叙事模式，打破了空间、时间以及文化的界限。

参与是虚拟性的主要特点，其是否实现主要体现在三个方面：1. 社交和情感联系的可能性；2. 自由探索和操控的可能性；3. 通过可视化形象来了解过去的可能性。虚拟修复使我们能够体验到，难以接近的文化遗产的历史环境，有时这些环境甚至不再存在。文化遗产的重建是一个智力的博弈过程，从各种各样的来源和数据中提取，信息并不总是完整的。重要的是要讨论和强调解释的过程，而不是以绝对真理的形式呈现结果。数字化技术被用于学术目的时，这些数据通常被尽可能准确地呈现和描述，可视化设计打破了传统的线性描述性表示，允许操纵数据流程。因此，设计的内容必须物有所值，并扩展传统媒体的特性。虚拟现实技术扩展了感官，如视觉和声音，使用户能够看到和听见现实中不存在的东西。未来的技术有潜力实现从"图像捕捉到模型捕捉"的转变，用户可以根据自己的需求来改变视角、材料和光照条件，这类似于文本到超文本的发展正是虚拟性允许内容由用户而不是设计人员驱动的。

新加坡国立大学建筑系 Tan Beng Kiang 在《虚拟遗产：现实与批评》一文中对于文化遗产的虚拟性所面临的问题做出了总结。[8] 1. 缺乏具有文化意义的内容：这涉及参与性与现实性，内容中缺乏动态元素，如对于天气的模拟或者动态

---

8. Tan B K, Rahaman H. Virtual heritage: Reality and criticism[C]. CAAD Futures. 2009: 143-156.

的文化构建。2.如何呈现时间性：针对建筑遗产，选择什么样的时间点作为呈现的内容，不能将其看作孤立的结构表现，不能只创建内省性和封闭性的项目。3.缺乏交互：第一人称视角的交互太少，大部分项目按照既定轨道运行，受众的可控范围太小，参与性不够。4.缺乏个性表现：受众对于虚拟空间的认同度太低，学者专注于细节的正确表现，而忽略了受众的感受以及在这个空间中的存在感。5.技术限制造成了现实感不强：由于计算机的实时渲染能力的问题，造成了虚拟空间的现实感不强，影响受众的体验。6.沉浸式设备会造成较差的受众感官体验：设备会造成用户的感官不适。7.缺乏积极的传播态度：设备的传输带宽影响了体验。文章同时也提到受众认知和接受度与年龄、性别、社会背景、感知、技术知识、意识形态、学习能力、兴趣等文化方面的因素直接相关，这些都会直接影响受众对内容的反应和解读。因此，在文化遗产虚拟现实领域关于受众交互和遗产诠释的理论和方法的文献比较匮乏，这意味着大多数设计师都以直观性和物理的数字形式描述文化遗产的具体内容。可以看出在这一领域诞生的伊始，研究者就注意到这些有传播和文化相关的问题，但仔细分析这些问题会发现，部分问题不仅仅是虚拟遗产所需要面对的，对于文化遗产本身而言也是不可避免的。

　　虚拟修复中文化语境的建立需要根据受众需求建立多样化的文化体验，针对不同的用户群（大众或专家）对于文化遗产进行不同层面的"诠释"与"展示"。其中也提到使用"建构主义方法"来解释考古遗址，即个人通过自己的思想、情感、行动、判断和与世界进行沟通与学习，通过帮助受众学习来建构具有自身特性的文化意义。直观的互动是提升空间感和体验感的核心，它依赖于受众行为所产生的交互内容被认知的过程，这种构建文化意义的方式是开放性的，从某种程度上可以促进对于内容的理解。这些问题在十年前被提出，可以看到十年间随着技术的发展，部分问题已经迎刃而解，创建虚拟场景的成本已经大大降低，并且这种新的传播手段已经开始民用化，在你的客厅里就可以进行体验。同时由于计算机运算与实时渲染能力的增强，这些原来只在高计算性能实验室能体验到的内容可以在个人终端上运行。包括佩戴设备的不适感，多数是由于设备的硬件问题以及分辨率太低造成的，随着技术的发展这些问题都会被一一解决。虚拟场景中交互可以通过社会交流增强，受众参与学习过程以增强存在感，这种存在不是个人的而是一种社会现象，是通过观察、交流、模仿、游戏、学习等方法进行理解的。其中提到时间性的问题，特别是建筑遗产虚拟修复的时间点问题，也由于技术的发展得到解决，可以将文化遗产进行多重重建，以交互的形式由受众决定呈现出的时间节点，这也完美地解决了文化多样性的问题，根据受众需求以及个体认知背景提供多元化的虚拟遗产信息内容。

文化遗产的史实性（Historical）和历史性（Historic）是两个完全不同的概念[9]，史实性是指文献所反映出的历史信息，带有时间属性，而历史性则是时间所展现出的综合内容。在文化遗产的保护过程中，我们使用最先进的科技主要是为了干预或者延缓文化遗产自然衰败的过程，首先需要认识到被干预的对象过去与未来的文化价值，这需要具备专业知识的建筑师、历史学家、人类学家、社会学家、考古学家和工程师等，不同专业进行交叉研究才能得出相对被接受的保护措施。文化遗产的保护正是这样一种记录、保存、修复、研究文化遗产所体现出的外在表象与内在结构的行动，旨在在最低程度的干预下为后代传承其文化价值。而正是这样的保护行为会在一定程度上改变文化遗产史实性，密歇根州的绿野村（Greenfield Village）作为私人基金运作的保护项目将一座富有特色的美国小镇保护起来，福特坚持对自己生活的小镇进行原貌恢复，作为绿野村的规划者，福特把绿野村塑造成为心中的美国小镇。由于福特和爱迪生的私人关系，他将其在门罗公园的实验室，也就是发明电灯的那个实验室搬到了这个小镇，同样搬到小镇的也包括怀特兄弟在俄亥俄州的家与自行车商店。与其说绿野村是一个室外博物馆，不如说是福特个人收藏的集中展示（在福特汽车博物馆可见一斑）。这些本不属于密歇根州历史特色的建筑都被生硬地合并在一起。如同中国富商买下整栋徽式建筑，为每一块砖都做了编号，搬到一个完全不属于它的位置，恢复其外观。如果是完全恢复也就罢了，再附加上物业主的个人审美情趣，或者将个人藏品混入其中，参观者便以为这就是它原有的样子。这种案例也不只是中国才有，

9. 陆地 . "古锈"及其对建筑遗产的价值 [J]. 城市建筑，2015, 10: 004.

维奥莱·勒·杜克负责修复时所使用的材料不止一次地被 19 世纪的建筑师当作中世纪的原材料，这一问题在前面几个章节也有所涉及。这个小节所反思的并不只是保护意义上的"真实性"（Authenticity），而且是对于数字化保护的真实性进行反思。我们一直在探讨文化遗产保护的真实性，什么是真实的？[10] 数字化的内容是真实的吗？ 0、1 符号组成的代码是真实的吗？日本的伊势神宫每隔 20 年就要重新修建一次，这种东方的奇特建筑类型对于现代保护观念的"真实性"提供了概念性的延展，正是建筑蕴含的文化价值提供了这延续千年的真实。文化遗产信息模型的真实恰恰是保留了文化遗产历史性（Historic）的真实。

这种真实反映在两个层面上的真实：首先是物理层面，文化遗产的逆向建模技术基本可分为：数字摄影测量、结构光获取和三维激光三大类。扫描技术所获取的数据在细节上完全模拟了被测物体的物理外形与颜色。在科学可视化的总体背景下，可视化的可靠性取决于支持它的数据的准确性以及将数据转换为可视化形式的保真度。其次是文献层面，我们以艺术作品的修复与保护为切入点，海德格尔认为："作品本身越本质性的开放，事实的独特性就变得越明亮。"[11] 换句话说，艺术作品的创造性和创新性贡献越多，它就越真实，越原真。艺术作品的保存是通过了解它的真理而发生的，它可以在不同的范围性、恒常性和明确性的状态中发生。即使作品失去了它原来的功能，它仍然可以唤起人们对这一点的记忆，这有助于确定它现在的意义。因此，艺术作品的保存是一个需要理解和欣赏意义世界的过程，而不仅仅局限于材料。布兰迪指的艺术作品是作为一个整体或"一体"（Oneness）。一件艺术作品是创作过程的结果，在这个过程中，艺

10. 《世界遗产公约实施指南》评定真实性的指标包括以下 8 个有形及无形方面："形式与设计（form and design）""材料与物质（materials and substance）""使用与功能（use and function）""各种传统、技术与管理体系（traditions, techniques and management systems）""基址与环境（location and setting）""语言及其他形式的非物质遗产（language, and other forms of intangible heritage）""精神与感受（spirit and feeling）"以及"其他各种内部与外部因素（other internal and external factors）""精神与感受（spirit and feeling）"。
11. "The more essentially the work opens itself, the more luminous becomes the uniqueness of the fact that it is rather than is not."

术家在自己头脑中"纯粹的现实"（Pure Reality）所赋予的形式的基础上，"创造"（Creates）出作品的物质现实。艺术方面的工作仍然是"无形的"（Intangible），是有经验的物质现实的工作。这样的作品一旦创作出来，就有了独立的存在；然而，对它的欣赏和保存，取决于对它的艺术意义的认知。一件作品的修复必须以这种承认为基础，注意到它的历史和美学价值。对于布兰迪，对于海德格尔，对李格尔来说，艺术作品的艺术层面是在当下，即在认识它的人的头脑中。艺术作品的这一艺术方面从根本上来说是无形的，它可以通过对其物质现实的批判性观察和理解来体验。切换到文化遗产的层面，《奈良真实性文件》指出：

> 　　保护各种形式和历史时期的文化遗产，根源在于赋予文化遗产的价值。我们理解这些价值的能力，在某种程度上取决于有关这些价值的信息源被理解为可信或真实的程度。对这些信息来源的知识和理解，以及与文化遗产的原始和后续特征及其意义的关系，是评估真实性的所有方面的必要基础。

　　奈良会议的基础就是认同文化与遗产的多样性是无可替代的。前面的章节提到的《克拉科夫宪章》也将真实定义为不断变化的历史特征的总和，这种价值判断不仅仅涉及物质范畴，更重要的是涉及历史与文献价值判断等主观因素。

　　虚拟修复过程是一个决策过程，这些决策是根据各种可以获得的证据做出的。当提出一个视觉假设时，证据就从可靠与准确的某个实体转换为集成到虚拟空间中的解释内容。这种转换和集成是主观的，因为它是由人类决策而促成的。不可避免的是，这种主观性在虚拟修复中注入了一定程度的不可靠性和不确定性。[12]当做出这些决策的过程是不透明的，这些主观性变量就是未知的，因此虚拟修复的整体可信度就会受到损害，所以缺乏透明度会阻碍科学可视化进程。透明性也保证了文化遗产信息模型在视觉与结构层面，以及文献价值层面上的真实

12.　Cameron F, Kenderdine S. Theorizing digital cultural heritage: A critical discourse[M]. 2007.

性。可视化设计在数字重建的辅助下，促进了文化遗产的数据记录和知识融合。数字重建应该建立在不同来源广泛研究的基础之上，而文化遗产数字化重建往往忽视现有的文献标准，信息模型经常与所使用的数据脱节。[13]《保护数字遗产宪章》《伦敦宪章》《塞维利亚宪章》等国际性原则文件规范了基于计算机的文化遗产三维重建方法，确保了数据的互操作性和信息的长期保存。真实性在任何虚拟文化遗产项目中都必须是一个永久性的原则，这一原则不仅影响虚拟修复，而且影响三维可视化的发展进程。在敦煌项目中，部分彩塑缺失的部分必须经过人工算法进行弥补，然而在最终的展示中受众很难区分这些数字信息是数字修补的还是人工修补的，这些信息是确定三维模型真实性的关键。在进行虚拟修复时，必须明确或通过附加解释，以表明修复或重建所依据准确性的不同级别。由于虚拟修复的复杂性，其并不是精确而又无可辩驳的科学方法，因此它必须明确假设的内容，同时可视化中不确定性的特征也是虚拟修复面临的巨大挑战之一。

　　虚拟修复是一种可以直接描述过去或解读未来的复杂语境，尽管虚拟修复并不会在物理维度影响文化遗产，却在其传播中发挥着巨大的影响力。信息社会的大众是生活在视觉的"专制"之下[14]，一个失败的娱乐性描述可以完胜深入的考古学研究成果。认知本身具有阶段性，当设计一个可视化图像时，研究人员应该描绘的文化遗产的哪个时刻？传统的视觉表现形式倾向于呈现文化遗产的某一个单一时刻[15]，这种例子在修复史上比比皆是，笔者在参观赖特的建筑时总是能看到某一个房间（马棚或餐厅）改变了其原有的用途，原来投喂马料的窗口成了采光天窗。19 世纪的英国对中世纪时期的崇拜引发了一波修复的浪潮，旨在将所有古老的教堂恢复到它们真正的（即中世纪）状态，包括 15 世纪的壁画和建筑特征，而后续的涂层被认定为没有价值，剥夺了这些建筑的历史过程与身

---

13. Bradley, Rachael. Digital Authenticity and Integrity: Digital Cultural Heritage Documents as Research Resources[J]. portal: Libraries and the Academy, 2005, 5(2):165-175.

14. Grande A, Lopez-Menchero V M. The implementation of an international charter in the field of virtual archaeology[C]. XXIII CIPA Symposium. 2011.

15. Felicetti A, Niccolucci F . Validating the digital documentation of cultural objects.[J]. 2013.

图 34 数字视频投影技术（Mapping）

份。其实修复过程中即使使用与过去相同的材料，这些修复结果通常也是人为的，与他们想要提升的真实性的想法相去甚远。而虚拟修复的过程表达出了一种非线性的数据结构，重建始终围绕数据的"认证"进行，再现阶段以"准确性"为目标，传播阶段以"对技术的掌握"为重点。虚拟修复项目允许以后进行重新解释或更新，[16] 项目的模型可以进行解释性重构，解释性的阶段包括那些被假定重建的研究结果。解释性重建的范围将取决于现有证据的范围和有关历史文献的分析深度，解释阶段不会以完全形成的虚拟修复结束。具有完整性的重建证据都是不存在的，假设几乎不可避免。尽管重建基于文献，但文献的不确定性使假设重建具有更高的不确定性。因此，这些假设除了导致其自身形成的解释所固有的不确定性和主观性之外，还具有在整个重建过程中不断增加的不确定性。部分学者通过 Micro Paradata 的文档方案保持揭示这种不确定性和主观性的能力。交互元数据是流程数据，虚拟修复的过程是一系列决策的过程，重大决策作为 Macro Paradata 记录，而 Micro Paradata 关注的是更小的或逐个案例的决策。与元数据相比，Micro Paradata 是关于数据更改的数据，这些数据包括轮廓、操作、放大、加减等。

意大利卡米诺大学建筑与设计学院丹尼尔·罗西（Daniele Rossi）通过在建筑上使用数字视频投影技术（Mapping）（图 34）进行了一系列的实验，[17] 虽然实验主要解决的是投影过程中不同的位置和方向所产生的不同的空间条件和射影几何问题，但是这种方式也为可逆性提供了一种思路，即通过投影的方式将三维可视化的研究结果投射到实体上去，这种视觉化的表达是可逆的，同时对建筑的

16. Tan B K, Rahaman H. Virtual heritage: Reality and criticism[C]. CAAD futures. Les Presses de l'Université de Montréal, 2009: 143-156.

17. Rossi D. Smart architectural models: Spatial projection-based augmented mock-up[C]. Digital Heritage International Congress. 2014.

物理性质并没有做出改变。

历史并不是在二维环境中发生的，因此不能把其作为一系列不连贯的、选择性的静态图像来进行记录，图像只能展示一个连贯而缺失的内容。交互式的三维可视化内容使人们能够在虚拟的环境中重新体验历史，这是参与和理解历史文化如何存在与如何生活的关键。历史毕竟是一个主观的问题，重建的环境将会饱受争议，这些争议也推进了与历史真相的距离。虚拟修复不仅支持对历史的物理记录，而且将提供在虚拟环境中测试理论与发现问题的机会。

我们不能满足于使用几千年前的方法来记录我们的历史，相比于把字刻在甲骨上，现今的大部分研究只是在效率上有了提升，文本依旧是最终的记录模式，其传播效率几千年间并没有增长多少。《伦敦宪章》为新的传播与思维模式开辟了道路，为记录真实数字可视化档案的有效性和规范性提供了原则依据，本质上促进了数据知识的透明框架。虚拟修复需要在一个通用的方法框架中进行开发，以便对不同的研究形式进行比较，最终的研究结果应该是易于认知、应用与维护的，最终将注意力从信息的收集转移到对文化遗产的多元化解释的层面上来。虚拟修复将在文化遗产领域体现出一种新的学术模式，即创造一个由信息组成的研究、模拟与测试的虚拟空间，而不仅仅是对文化遗产的再现。

征引文献

一、专著

1. 尤基莱托 . 建筑保护史 [M]. 北京 : 中华书局 , 2011.

2. Marcuse H. Some social implications of modern technology[M]//Technology, war and fascism.New York: Routledge, 2004.

3. 联合国教科文组织 . 国际文化遗产保护文件选编 [M]. 北京 : 文物出版社 , 2007.

4. 约翰·H. 斯塔布斯 . 永垂不朽 : 全球建筑保护概观 [M]. 北京 : 电子工业出版社 , 2016.

5. 约翰 . 罗斯金 . 建筑的七盏明灯 [M]. 济南 : 山东画报出版社 , 2006.

6. 约翰·H. 斯塔布斯 , 艾米丽·G. 马卡斯 . 欧美建筑保护 : 经验与实践 [M]. 北京 : 电子工业出版社 , 2015.

7. 联合国教科文组织 . 国际文化遗产保护文件选编 [M]. 北京 : 文物出版社 , 2007.

8. 切萨雷·布兰迪 . 修复理论 [M]. 陆地 , 译 , 上海 : 同济大学出版社 , 2016.

9. 张松 . 城市文化遗产保护国际宪章与国内法规选编 [M]. 上海 : 同济大学出版社 , 2007.

10. 梁思成 . 修理故宫景山万寿亭计划 . 梁思成文集 [M]. 北京 : 中国建筑工业出版社 , 1984.

11. Arnold C, Huggett J, Reilly P, et al. Mathrafal: a case study in the application of computer graphics[M]. IBM UK Scientific Centre, 1989.

12. Coles J M. Experimental archaeology[M]. London: Academic Pr, 1993.

13. Tilden F. Interpreting our heritage[M]. Huxley: Univ of North Carolina Press, 2009.

14. Riegl A. The modern cult of monuments: its character and its origin[M]. Cambridge: MIT Press, 1982.

15. Lowenthal D. The past is a foreign country-revisited[M]. Cambridge: Cambridge University Press, 2015.

16. Ippolito A, Cigola M. Handbook of Research on Emerging Technologies for Digital Preservation and Information Modeling[M]. Hershey: IGI Global, 2017.

17. Holl S. Anchoring[M]. New York: Princeton Architectural Press, 1991.

18. Zucconi G, Calabi D. Venice: an architectural guide[M]. Arsenale, 1993.

19. Kosch H. Distributed multimedia database technologies supported by MPEG-7 and MPEG-21[M]. Boca Raton: CRC Press, 2003.

20. Guidi G, Barsanti S G, Micoli L L, et al. Massive 3D Digitization of Museum Contents[M]. Built Heritage: Monitoring Conservation Management. Berlin: Springer International Publishing, 2015.

21. Adkins L, Adkins R. Archaeological illustration[M]. Cambridge: Cambridge University Press, 1989.

22. Heritage building information modelling[M]. London: Taylor & Francis, 2017.

23. 雷德侯. 万物：中国艺术中的模件化和规模化生产 :module and mass production in Chinese art. 第 2 版 [M]. 上海：三联书店 , 2012.

24. Dore C, Murphy M. Historic building information modelling (H-BIM)[M]// Handbook of Research on Emerging Digital Tools for Architectural Surveying, Modeling, and Representation. Hershey: IGI Global, 2015.

25.Càndito C. Representation and Elaboration of Architectural Perspectives[M].

Handbook of Research on Emerging Technologies for Digital Preservation and Information Modeling. Hershey: IGI Global, 2017.

26. Gombrich, E. H. (1960). Art and illusion. A study in the Psychology of Pictorial Representation. Washington, DC: Pantheon Books.

27. Antonin Artaud. "The Alchemical Theater", in The Theater and its Double. trans. Mary Caroline Richards. New York: Grove Press, 1958：49, emphasis in original. See also Samuel WEBer, "'The Virtual Reality of Theater': Antonin Artaud", in Theatricality as Medium. New York: Fordham University Press, 2004.

28. Weinbaum S G. Pygmalion's Spectacles[M]. Booklassic, 2015.

29. Reeves B, Nass C I. The media equation: How people treat computers, television, and new media like real people and places[M]. Cambridge: Cambridge university press, 1996.

30. Pine B J, Gilmore J H. The experience economy[M]. Cambridge: Harvard Business Press, 2011.

31. Laurel B. Computers as theatre[M]. New Jersey: Addison-Wesley, 2013.

32. Heim M. The metaphysics of virtual reality[M]. Oxford:Oxford University Press, 1994.

33. Cigola M. Digital tools for Urban and Architectural heritage[M].Geospatial Research: Concepts, Methodologies, Tools, and Applications. Hershey: IGI Global, 2016.

34. Incerti M, Iurilli S. Virtuality and multimedia for digital heritage: Schifanoia Palace and its hall of months[M]//Handbook of Research on Emerging Technologies for Digital Preservation and Information Modeling. Hershey: IGI Global, 2017.

35. Meschini A, Rossi D, Petrucci E, et al. Expanded Cultural Heritage Representation: Digital Applications for Mixed-Reality Experiences[M]//Handbook of Research on Emerging Technologies for Digital Preservation and Information Modeling. Hershey: IGI Global, 2017.

36. Holl S. Anchoring[M]. Princeton: Princeton Architectural Press，1991.

37. Marotta A, Netti R, Vitali M. Palatium Vetus in Alessandria: From Tradition to Digital History[M].Virtual and Augmented Reality: Concepts, Methodologies, Tools, and Applications. Hershey: IGI Global, 2018.

38. Hodder I . Postprocessual Archaeology[M]. Advances in Archaeological Method and Theory. New York: Springer New York, 1985.

39. Tilley C Y. A phenomenology of landscape: places, paths, and monuments[M]. Oxford: Berg, 1994.

40. 联合国教科文组织 . 国际文化遗产保护文件选编 [M]. 北京：文物出版社，2007: 92-101.

41. Hough G, Williams I, Athwal C . Measurements of live actor motion in mixed reality interaction[C]. IEEE International Symposium on Mixed & Augmented Reality. IEEE, 2014.

42. Mckenna M, Zeltzer D. Three dimensional visual display systems for virtual environments[M]. Three Dimensional Visual Display Systems for Virtual Environments. 1992.

43. 张松 . 城市文化遗产保护国际宪章与国内法规选编 [M]. 上海: 同济大学出版社，2007.

44. Giovannoni G. Il restauro dei monumenti[M]. Roma: Cremonese，1945.

45. Denard H. A new introduction to the London Charter[M]//Paradata and transparency in virtual heritage. New York: Routledge, 2016.

46. alerno R. Digital technologies for "minor" cultural landscapes knowledge: sharing values in heritage and tourism perspective[M]. Handbook of Research on Emerging Technologies for Digital Preservation and Information Modeling. Hershey: IGI Global, 2017.

47. Paradata and transparency in virtual heritage[M]. Hampshire:Ashgate Publishing, Ltd., 2012.

48. Hermon S. Scientific Method, chaîne opératoire and Visualization: 3D Modelling as a Research Tool in Archaeology[M]. Paradata and transparency in virtual heritage. New York: Routledge, 2016.

49. Digital imaging for cultural heritage preservation: Analysis, restoration, and reconstruction of ancient artworks[M]. Boca Raton: CRC Press, 2011.

50. Slater M, Steed A, Usoh M. The virtual treadmill: A naturalistic metaphor for navigation in immersive virtual environments[M]. Virtual Environments'95. Vienna: Springer, 1995.

51. Cameron F, Kenderdine S. Theorizing digital cultural heritage: A critical discourse[M]. Cambridge: The MIT Pess, 2007.

52. Flynn B. The morphology of space in virtual heritage[M]. na, 2007.

二、期刊

1. Garduño Freeman C. Photosharing on Flickr: Intangible heritage and emergent publics[J]. International Journal of Heritage Studies, 2010, 16(4-5): 352-368.

2. Pietrobruno S. YouTube and the social archiving of intangible heritage[J]. new media & society, 2013, 15(8): 1259-1276.

3. 李军. 文化遗产保护与修复：理论模式的比较研究 [J]. 文艺研究，2006(2):102-117.

4. 刘爱河. 欧洲三大建筑修复流派思想述评 [J]. 古建园林技术，2009(3):52-55.

5. 陆地. "古锈"及其对建筑遗产的价值 [J]. 城市建筑, 2015, 10: 004.

6. 林佳，张凤梧. 国家建筑遗产保护体系的先声——中国营造学社文物建筑保护理念及实践的影响 [J]. 建筑学报，2012(s1):92-95.

7. 常青，Jiang Tianyi，Chen Chenand，等. 对建筑遗产基本问题的认知 [J]. 建筑遗产，2016(1).

8. 陈志华. 介绍几份关于文物建筑和历史性城市保护的国际性文件 (二)[J]. 世界

建筑，1989(4).

9. 陈志华. 我国文物建筑和历史地段保护的先驱 [J]. 建筑学报，1986(9):23-27+85.

10. Nauta G J, van den Heuvel W. Survey Report on Digitisation in European Cultural Heritage Institutions 2015[J]. Mode of access http://www. den. nl/art/uploads/files/Publicaties/ENUMERATE_Report_Core_Survey_3_2015. pdf.[In English], 2015: 2013-2015.

11. Sutherland I E. The Ultimate Display[J]. Proceedings of the Ifip Congress, 1965, 10(2):506-508.

12. Wilcock J D. A general survey of computer applications in archaeology[J]. Science, 1973: 17.

13. Reilly P. Data visualization in archaeology[J]. IBM systems journal, 1989, 28(4): 569-579.

14. Stoddart S, Chalmers A, Tidmus J, et al. INSITE: an interactive visualisation system for archaeological sites[J]. Computer Applications & Quantitative Methods in Archaeology, 1995: 225-228.

15. Broucke P B F J, Forte M, Siliotti A, et al. Virtual Archaeology: Re-Creating Ancient Worlds[J]. American Journal of Archaeology, 1997, 103(3):539.

16. Ryan N S, Frischer B, Niccolucci F, et al. From CVR to CVRO: the past, present, and future of Cultural Virtual Reality[J]. Prostate, 2000, 12(2): 7-18.

17. Zubrow E B W, Evans T L, Daly P. Digital archaeology[J]. Digital Archaeology. Bridging method and theory, London, 2006: 10-31.

18. HuGGETT J. The past in bits: towards an archaeology of information technology[J]. Internet Archaeology, 2004: 15.

19. Huggett J. Core or periphery? Digital Humanities from an archaeological perspective[J]. Historical Social Research/Historische Sozialforschung, 2012: 86-105.

20. Refsland S T, Ojika T, Addison A C, et al. Virtual heritage: breathing new life into our ancient past[J]. IEEE MultiMedia, 2000, 7(2): 20-21.

21. Chan M J. Lost worlds become virtual heritage[J]. Science and Space, 2007.

22. Nauta G J, van den Heuvel W. Survey Report on Digitisation in European Cultural Heritage Institutions 2015[J]. Mode of access http://www. den. nl/art/uploads/files/ Publicaties/ENUMERATE_Report_Core_Survey_3_2015. pdf.[In English], 2015: 2013-2015.

23. Stone R, Ojika T. Virtual heritage: what next?[J]. IEEE multimedia, 2000, 7(2): 73-74.

24. 张成渝. 遗产解说与展示：对《艾兰姆宪章》的释读 [J]. 同济大学学报 (社会科学版), 2012(3):31-41.

25. 倪梁康. 胡塞尔与海德格尔的历史问题——历史哲学的现象学——存在论向度 [J]. 西南政法大学学报 , 2016(1):52-63.

26. Philippot P. The Phenomenology of Artistic Creation According to Cesare Brandi[J]. Cesare Brandi, Theory of Restoration, 2005: 27-41.

27. Dee R H. Magnetic tape for data storage: an enduring technology[J]. Proceedings of the IEEE, 2008, 96(11): 1775-1785.

28. Doerr M, Lagoze C, Hunter J, et al. Building Core Ontologies: a White Paper of the DELOS Working Group on Ontology Harmonization[J]. White paper, DELOS Network of Excellence on Digital Libraries, 2002: 128-139.

29. Cassani A G. La Scarzuola 1956-2004 L'Autobiografia in pietra di Tomaso Buzzi[J]. CASABELLA-MILAN-, 2004: 62-66.

30. Cassani A G. Tomaso Buzzi[J]. Il principe degli architetti, 1981.

31. Remondino F, Campana S. 3D recording and modelling in archaeology and cultural heritage[J]. BAR International Series, 2014: 111-127.

32. 郭俊纶. 袁江《东园胜概图 》卷 [J]. 文物 , 1973(1):12-14.

33. 卞孝萱. 袁江《东园图 》考 [J]. 文物 , 1973(11):70-72.

34. Feng J. Wonders of the Eastern Garden: A study of architectural accuracy and the rule of axonometric projection[J]. Orientations, 2002, 33(3): 76-83.

35. 陆金霞，傅凡，张勃. 扬州乔氏东园复原设计初探 [J]. 古建园林技术，2014(2):40-44.

36. Isaac A. Europeana data model primer[J]. 2013.

37. D'Andrea A, Fernie K. 3DICONS Metadata Schema for 3D Objects[J]. Newsletter di Archeologia CISA, 2013, 4: 159-181.

38. Kohl K. CDWA and VRA Metadata Standards and Interoperability for Museum Collections[J]. Louisiana State University, 2010.

39. Crofts N, Doerr M, Gill T, et al. Definition of the CIDOC conceptual reference model[J]. ICOM/CIDOC Documentation Standards Group. CIDOC CRM Special Interest Group, 2008, 5.

40. Doerr M, Hiebel G, Eide Ø. CRMgeo: Linking the CIDOC CRM to GeoSPARQL through a spatiotemporal refinement[J]. Institute of Computer Science FORTH, Tech. Rep. GR70013, 2013.

41. Noardo F. Architectural heritage semantic 3D documentation in multi-scale standard maps[J]. Journal of Cultural Heritage, 2018.

42. Naudet Y, Deladiennee L, Manessi D, et al. Upper-level Cultural Heritage Ontology[J]. 2016.

43. Felicetti A, Scarselli T, Mancinelli M L, et al. Mapping ICCD archaeological data to CIDOC-CRM: the RA schema[J]. A Mapping of CIDOC CRM Events to German Wordnet for Event Detection in Texts, 2013, 11.

44. Doerr M . The CIDOC Conceptual Reference Module - An ontological approach to semantic interoperability of metadata[J]. Ai Magazine, 2003, 24(3):75—92.

45. Doerr M, Hunter J, Lagoze C. Towards a core ontology for information integration[J]. Journal of Digital information, 2003, 4(1).

46. HAUCK O, KUROCZY SKI P. Cultural Heritage Markup Language[J]. 2014.

47. McHenry K, Bajcsy P. An overview of 3d data content, file formats and viewers[J]. National Center for Supercomputing Applications, 2008, 1205: 22.

48. Lipson H. Standard specification for additive manufacturing file format (AMF) version 1.1[J]. ASTM International, 2013, 10.

49. Maietti F, Giulio R D, Balzani M, et al. 3D Data Acquisition and Modelling of Complex Heritage Buildings[J]. 2018.

50. Hall S. Encoding/decoding[J]. Media and cultural studies: Keyworks, 2001.

51. Van Nederveen G A, Tolman F P. Modelling multiple views on buildings[J]. Automation in Construction, 1992, 1(3): 215-224.

52. Eastman C. The use of computers instead of drawings in building design[J]. AIA Journal, 1975, 63(3): 46-50.

53. Murphy M, McGovern E, Pavia S. Historic building information modelling (H-BIM) [J]. Structural Survey, 2009, 27(4): 311-327.

54. 王茹, 孙卫新, 张祥. 明清古建筑构件参数化信息模型实现技术研究 [J]. 西安建筑科技大学学报 (自然科学版), 2013, 45(4)：479-486.

55. 张育南, 常磊. 中国大木建筑遗产 BIM 模型的应用系统集成研究 [J]. 华中建筑, 2017(2):37-41.

56. 王茹, 朱旭, 黄鑫. 基于 Revit 的古建筑构件信息模型研究 [J]. 图学学报, 2016, 37(6):822-825.

57. Maietti F, Ferrari F, Medici M. An inclusive approach to Digital Heritage for knowledge and conservation of European assets: the INCEPTION project[J]. ARCHITETTURA, URBANISTICA, AMBIENTE, 2018: 446-455.

58. Wilson L, Rawlinson A, Frost A, et al. 3D digital documentation for disaster management in historic buildings: Applications following fire damage at the Mackintosh building, The Glasgow School of Art[J]. Journal of Cultural Heritage,

2018, 31: 24-32.

59. Mancini A, Clini P, Bozzi C A, et al. Remote Touch Interaction with High Quality Models Using an Autostereoscopic 3D Display[J]. 2017.

60. Càndito C. Dynamic images of true, painted and reflected architecture[J]. Geometrias & Graphica 2015. Proceedings. Porto: Aproged, 2016.

61. Hermon S, Kalisperis L. Between the Real and the Virtual: 3D visualization in the Cultural Heritage domain-expectations and prospects[J]. Virtual Archaeology Review, 2011, 2(4): 59-63.

62. Ouzzani M, Bouguettaya A. Efficient access to WEB services[J]. Internet Computing IEEE, 2004, 8(2):34-44.

63. Gibson J J. The senses considered as perceptual systems[J]. 1966.

64. Mantovani G, Riva G. "Real" presence: how different ontologies generate different criteria for presence, telepresence, and virtual presence[J]. Presence, 1999, 8(5): 540-550.

65. Minsky M. Telepresence[J]. 1980.

66. Sheridan T B. Musings on telepresence and virtual presence[J]. Presence: Teleoperators & Virtual Environments, 1992, 1(1): 120-126.

67. Hermon S, Kalisperis L. Between the Real and the Virtual: 3D visualization in the Cultural Heritage domain-expectations and prospects[J]. Virtual Archaeology Review, 2011, 2(4): 59-63.

68. Niccolucci F. Virtual Archaeology[J]. Proc. VAST Arezzo, Oxford, BAR International Series, 2002.

69. Niccolucci F, Hermon S. A fuzzy logic approach to reliability in archaeological virtual reconstruction[J]. Proceedings of CAA2004 Budapest, Archaeolingua, 2004.

70. Zyda M. From visual simulation to virtual reality to games[J]. Computer, 2005, 38(9): 25-32.

71. Bertuzzi J, Zreik K . Mixed Reality Games - Augmented Cultural Heritage[J]. SIGraDi 2011 [Proceedings of the 15th Iberoamerican Congress of Digital Graphics] Argentina - Santa Fe 16—18 November 2011, 2011: 304-307 .

72. Ippoliti E, Calvano M, Mores L. 2.5 D/3D MODELS FOR THE ENHANCEMENT OF ARCHITECTURAL-URBAN HERITAGE. AN VIRTUAL TOUR OF DESIGN OF THE FASCIST HEADQUARTERS IN LITTORIA[J]. ISPRS Annals of Photogrammetry, Remote Sensing & Spatial Information Sciences, 2014, 2(5).

73. Vanpool V P L . The Scientific Nature of Postprocessualism[J]. American Antiquity, 1999, 64(1):33-53.

74. Brück J. Experiencing the past? The development of a phenomenological archaeology in British prehistory[J]. Archaeological dialogues, 2005, 12(1): 45-72.

75. Tilley C. From Honey to Ochre: Maltese Temples, Stones, Substances and the Structuring of Experience[J]. the Materiality of Stone: Explanations in Landscape Phenomenology I. Christopher Tilley, with assistance of Wayne Bennett, 2004: 87-145.

76. Barsalou L W. Grounded cognition[J]. Annu. Rev. Psychol., 2008, 59: 617-645.

77. Forte M . Ecological Cybernetics, Virtual Reality, and Virtual Heritage[J]. 2007.

78. 陆地 . 关于历史城镇和城区维护与管理的瓦莱塔原则 (ICOMOS 第 17 届全体大会 2011 年 11 月 28 日通过)[J]. 建筑遗产 , 2017(3).

79. 蔡国刚 , 彭小娟 . 寻求意义——Norberg-schulz 场所理论的现象学分析 [J]. 华中建筑 , 2008, 26(2):132-133.

80. Ingold T. Comments on Christopher Tilley: The Materiality of Stone: Explorations in Landscape Phenomenology. Oxford: Berg, 2004[J]. Norwegian archaeological review, 2005, 38(2): 122-129.

81. Kirsh D. Thinking with external representations[J]. Ai & Society, 2010, 25(4):441-454.

82. Paola D G D F, Matthews J L, Matlock T . Framing the past: How virtual experience affects bodily description of artefacts[J]. Journal of Cultural Heritage, 2016, 17:179-187.

83. Heineken E, Schulte F P . Seeing Size and Feeling Weight: The Size-Weight Illusion in Natural and Virtual Reality[J]. Human Factors: The Journal of the Human Factors and Ergonomics Society, 2007, 49(1):136-144.

84. Franco P D G D . Talking about Things: A Cognitive Approach to Digital Heritage and Material Culture Studies in Archaeology[J]. Dissertations & Theses - Gradworks, 2014.

85. Jung T H, tom Dieck M C. Augmented reality, virtual reality and 3D printing for the co-creation of value for the visitor experience at cultural heritage places[J]. Journal of Place Management and Development, 2017, 10(2): 140-151.

86. Carrozzino M, Bergamasco M . Beyond virtual museums: Experiencing immersive virtual reality in real museums[J]. Journal of Cultural Heritage, 2010, 11(4):452-458.

87. Nauta G J, van den Heuvel W. Survey Report on Digitisation in European Cultural Heritage Institutions 2015[J]. Mode of access http://www. den. nl/art/uploads/files/Publicaties/ ENUMERATE_Report_Core_Survey_3_2015. pdf.[In English], 2015: 2013-2015.

88. 孙燕 . 文化遗产诠释与展示的国际理念和规范——从“适用于考古发掘”到“遗产地诠释与展示”[J]. 东南文化 , 2010(6):23-26.

89. Román A. Reconstruction-from the Venice Charter to the Charter of Cracow 2000[J]. 2002.

90. Cristinelli G. The Krakow Charter 2000[J]. Principles for the conservation and restoration of built heritage, Marsilio, Venice, 2002: 182.

91. 詹长法 , 徐琪歆 . 现代文物修复的思考——以千手观音造像保护修复为例 [J]. 遗产与保护研究 , 2016, 1(4)：54-62.

92. SITES O F C H. The ICOMOS Charter for the Interpretation and Presentation of Cultural Heritage Sites[J]. International Journal of Cultural Property, 2008, 15: 377-383.

93. Damper R I. The logic of Searle's Chinese room argument[J]. Minds & Machines, 2006, 16(2):163-183.

94. Heidegger M. The question concerning technology, and other essays[J]. 1977.

95. 尤卡·约基莱赫托, 陈曦. 保护纲领的当代挑战及其教育对策 [J]. 建筑遗产, 2016(1).

96. Ellis S R. Nature and origins of virtual environments: A bibliographical essay[J]. Computing systems in engineering, 1991, 2(4): 321-347.

97. Gibson J J. The senses considered as perceptual systems[J]. 1966.

98. DeLeon V, Berry R. Virtual Florida Everglades[J]. Proceedings of VSMM Virtual Systems and Multimedia, 1998.

99. Uzzell D. Heritage interpretation in Britain four decades after Tilden[J]. Manual of heritage management, 1994: 293-302.

100. 陆地. "古锈" 及其对建筑遗产的价值 [J]. 城市建筑, 2015, 10：004.

101. Bradley, Rachael. Digital Authenticity and Integrity: Digital Cultural Heritage Documents as Research Resources[J]. portal: Libraries and the Academy, 2005, 5(2):165-175.

102. Felicetti A, Niccolucci F . Validating the digital documentation of cultural objects. [J]. 2013.

103. Jessop M. Digital visualization as a scholarly activity[J]. Literary and Linguistic Computing, 2008, 23(3): 281-293.

104. 童茵, 张彬. 董其昌数字人文项目的探索与实践 [J]. 中国博物馆, 2018(04):114-118.

105. Heeter C. Being there: The subjective experience of presence[J]. Presence: Teleoperators & Virtual Environments, 1992, 1(2): 262-271.

三、学位论文

Bruckman A. Identity workshops: Emergent social and psychological phenomena in text-based virtual reality[D], 1992.

四、会议录

1. Lambert S. Italy and the history of preventive conservation[C]. CeROArt. Conservation, exposition, Restauration d'Objets d'Art. Association CeROArt asbl, 2010 (EGG 1).

2. Flynn B. v-cultural for cultural heritage [C]. Digital Heritage International Congress （DigitalHeritage）, 2013.IEEE, 2013,1：347-354.

3. Reilly P. Towards a virtual archaeology[C].Computer Applications in Archaeology. Oxford: British Archaeological Reports, 1990: 133-139.

4. Sanders D H. Advances in virtual heritage: Conditions and caveats[C].Digital Heritage, 2015. IEEE, 2015, 2: 643-646.

5. Presner T, Schnapp J, Lunenfeld P. The digital humanities manifesto 2.0[C].UCLA Mellon Seminar in Digital Humanities. Disponible en: http://www. humanitiesblast. com/manifesto/Manifesto_V2. pdf (c onsultado el 4 de marzo de 2014). 2009.

6. Tost L P, Champion E M. A critical examination of presence applied to cultural heritage[C]. The 10th annual international workshop on presence. 2007: 245-256.

7. Roussou M. Virtual Heritage: From the Research Lab to the Broad Public[C]. 2002: 93-100.

8. Tan B K, Rahaman H. Virtual heritage: Reality and criticism[C]. CAAD Futures. 2009: 143-156.

9. Bernardini A, Delogu C, Pallotti E, et al. Living the Past: Augmented Reality and Archeology[C]. IEEE International Conference on Multimedia & Expo Workshops. IEEE Computer Society, 2012.

10. Böhler W, Heinz G. Documentation, surveying, photogrammetry[C]. XVII CIPA Symposium. Recife, Olinda. Brazil. 1999.

11. Ciula A, Eide Ø. Reflections on cultural heritage and digital humanities: modelling

in practice and theory[C]. Proceedings of the first international conference on digital access to textual cultural heritage. ACM, 2014: 35-41.

12. Guillem A, Zarnic R, Bruseker G. Building an argumentation platform for 3D reconstruction using CIDOC-CRM and Drupal[C]. Digital Heritage. 2015: 383-386.

13. Rodriguez-Echavarria K, Morris D, Arnold D. Enabling users to create and document 3D content for heritage[C]. Future Computing, Service Computation, Cognitive, Adaptive, Content, Patterns, 2009. COMPUTATIONWORLD'09. Computation World:. IEEE, 2009: 620-625.

14. Kuroczyński P, Hauck O B, Dworak D. Digital reconstruction of cultural heritage– questions of documentation and visualisation standards for 3D content[C]. Digital Heritage. Progress in Cultural Heritage: Documentation, Preservation and Protection. 5th International Conference, EuroMed. 2014: 3-8.

15. D'Andrea A, Niccolucci F, Bassett S, et al. 3D-ICONS: World Heritage sites for Europeana: Making complex 3D models available to everyone[C]. Virtual Systems and Multimedia (VSMM), 2012 18th International Conference on. IEEE, 2012: 517-520.

16. Stasinopoulou T, Bountouri L, Kakali C, et al. Ontology-based metadata integration in the cultural heritage domain[C]. International Conference on Asian Digital Libraries. Springer, Berlin, Heidelberg, 2007: 165-175.

17. Münster S, Kröber C, Hegel W, et al. First experiences of applying a model classification for digital 3D reconstruction in the context of humanities research[C]. Euro-Mediterranean Conference. Springer, Cham, 2016: 477-490.

18. Hervy B, Laroche F, Kerouanton J L, et al. Advanced virtual reality visualization systems based on a meta-model dedicated to historical knowledge[C]. Cognitive Infocommunications (CogInfoCom), 2012 IEEE 3rd International Conference on. IEEE, 2012: 225-230.

19. Pierdicca R, Frontoni E, Zingaretti P, et al. Advanced Interaction with Paintings by

Augmented Reality and High Resolution Visualization: A Real Case Exhibition.[C]. Augmented & Virtual Reality Salento Avr. 2015.

20. Kuroczyński P, Hauck O, Dworak D, et al. Virtual museum of destroyed culturalheritage-3D documentation, reconstruction and visualisation in the semantic WEB[C]. Proceedings of the 2nd International Conference on Virtual Archeology, The State Hermitage, St. Petersburg/Russia. 2015: 54-61.

21. Scheuren F. Macro and micro paradata for survey assessment[C]. a satellite meeting to the UN/ECE Work Session on Statistical Metadata (Washington DC. 2000.

22. Murphy M, McGovern E, Pavia S. Parametric Vector Modelling of Laser and Image Surveys of 17th Century Classical Architecture in Dublin[C]. VAST. 2007: 27-29.

23. Manuel A, Véron P, De Luca L. 2D/3D semantic annotation of spatialized images for the documentation and analysis of cultural heritage[C]. Proceedings of the 14th Eurographics Workshop on Graphics and Cultural Heritage. Eurographics Association, 2016: 101-104.

24. Càndito C. Architectural Perspective in Two Seventeenth-Century Galleries in Genoa[C]. INTBAU International Annual Event. Springer, Cham, 2017: 331-341.

25. Hermon S, Niccolucci F, D'ANDREA A. Some evaluations on the potential impact of virtual reality on the archaeological scientific research[C]. Proc. VSMM. 2005: 105-14.

26. Hermon S, Nikodem J, Perlingieri C. Deconstructing the VR - Data Transparency, Quantified Uncertainty and Reliability of 3D Models[C]// Vast: the International Symposium on Virtual Reality. DBLP, 2006.

27. Leclet-Groux D, Caron G, Mouaddib E, et al. A Serious Game for 3D cultural heritage[C]. Digital Heritage International Congress (DigitalHeritage), 2013. IEEE, 2013, 1: 409-412.

28. Pierdicca R, Frontoni E, Zingaretti P, et al. Advanced Interaction with Paintings by Augmented Reality and High Resolution Visualization: A Real Case Exhibition.[C]. Augmented & Virtual Reality Salento Avr. 2015.

29. Flynn B. Somatic knowledge and simulated spaces[C]. 11th international Congress: Cultural Heritage and New Technologies, Vienna. 2006.

30. Flynn B. Augmented Visualisation: Designing Experience for an Interpretative Cultural Heritage[C]. Information Visualisation, IV 08 International Conference. 2008.

31. Follmer S W, Leithinger D, Olwal A, et al. inFORM: Dynamic Physical Affordances and Constraints through Shape and Object Actuation[C]. Proceedings of the 26th annual ACM symposium on User interface software and technology. ACM, 2013.

32. Tan B K, Rahaman H. Virtual heritage: Reality and criticism[C]. CAAD Futures. 2009: 143-156.

33. Grande A, Lopez-Menchero V M. The implementation of an international charter in the field of virtual archaeology[C]. XXIII CIPA Symposium. 2011.

34. Tan B K, Rahaman H. Virtual heritage: Reality and criticism[C]//CAAD futures. Les Presses de l'Université de Montréal, 2009: 143-156.

35. Rossi D. Smart architectural models: Spatial projection-based augmented mock-up[C]. Digital Heritage International Congress. 2014.

五、科技报告

Durkheim E. De la división del trabajo social[R]. 1967.

六、其他

1. https://www.europeana.eu/portal/en（工程英文版信息网站）

2. http://www.cnrtl.fr/etymologie/monument

3. http://www.vterrain.org

后 记

　　论文最终完成时法国巴黎圣母院发生火灾，尽管教堂的结构、正面及两处塔楼得以保全，但中殿、祭坛和耳堂的屋顶及尖塔被大火吞噬。人们无法接受这样保护级别的文化遗产遭到破坏的事实，但似乎这样的灾难不可避免。今天的我们无法想象几百年后技术所能呈现出的历史信息，亦如古人不能想象今人的生活情境。如果现在不使用合适的技术记录这些带有历史价值的情境，当有一天人们意识到这些文化遗产的重要性，会因信息的缺失而无法复原与传承。数字化改变了我们记录历史的方式，当美好的事物消失的时候，未来的人们至少可以通过可视化的模拟来一睹其消失前的样子。

　　"大抵学问文章，须成家数，博以聚之，约以收之。"论文的写作过程中我阅读了大量的文献资料，虽然过程艰难竭蹶，但受益良多，可以说刚刚对于"研究"这件事情入了门，但是论文里还存在着诸多的问题，直至编写完成之际还有些案例想加进去以支撑论点，这也促使我不断地将相关的研究继续推进下去。感谢我的导师郑巨欣教授多年来的谆谆教导，正是他的指引才让我没有走太多的弯路。同时，感谢冯晋教授和吕江教授给予我专业上的帮助，感谢在美国学习期间 Steven Rost 教授提供的实验场地与设备的支持，正是这些老师的热心帮助，使我的研究能顺利展开。

附　录

伦敦宪章
THE LONDON CHARTER
（中英文版）

DRAFT 2.1

草案 2.1

7 February 2009

2009 年 02 月 07 日

THE LONDON CHARTER
伦敦宪章

FOR THE COMPUTER-BASED VISUALISATION OF CULTURAL HERITAGE
关于基于计算机的文化遗产可视化

PREAMBLE 序言

While computer-based visualisation methods are now employed in a wide range of contexts to assist in the research, communication and preservation of cultural heritage, a set of principles is needed that will ensure that digital heritage visualisation is, and is seen to be, at least as intellectually and technically rigorous as longer established cultural heritage research and communication methods. At the same time, such principles must reflect the distinctive properties of computer-based visualisation technologies and methods.

基于计算机的可视化方法虽然现已广泛用于各大领域来辅助文化遗产的研究、交流和保护，但仍需一套准则来保证数字遗产可视化至少在一致性、清晰性以及技术上与长足发展的文化遗产研究和交流方法是、且能看出是同样严谨的。同时，这些准则必须反映出基于计算机的可视化技术与方法的独特性质。

Numerous articles, documents, including the AHDS Guides to Good Practice for CAD (2002) and Virtual Reality (2002) and initiatives, including the Virtual Archaeology Special Interest Group (VASIG) and the Cultural Virtual Reality Organisation (CVRO) and others have underlined the importance of ensuring both that computer-based visualisation methods are applied with scholarly rigour, and that the outcomes of research that include computer-based visualisation should accurately convey to users the status of the knowledge that they represent, such as distinctions between evidence and hypothesis, and between different levels of probability.

大量的文献（包括艺术和人文学科数据服务（AHDS）的《CAD 最佳实践指南》（2002）和《虚拟现实》（2002））和倡议者（包括虚拟考古学兴趣小组（VASIG）和文化虚拟现实组织（CVRO））等都强调了两个重点：

一是要将学术严谨性用于基于计算机的可视化方法中；二是基于计算机的可
视化的研究成果应向用户准确传达其所要传达的知识，比如实据与假设之间
以及各级可能性之间的区别。

The London Charter seeks to capture, and to build, a consensus on these
and related issues in a way that demands wide recognition and an expectation
of compliance within relevant subject communities. In doing so, the Charter
aims to enhance the rigour with which computer-based visualisation methods
and outcomes are used and evaluated in heritage contexts, thereby promoting
understanding and recognition of such methods and outcomes.

《伦敦宪章》试图寻找并建立在相关问题上的共识，同时期待获得广泛
的认可并希望相关专业团体能遵守这些共识。《宪章》的这种要求旨在提高
在文化遗产相关工作中使用和评估基于计算机的可视化方法和成果的严谨性，
并促使此类方法和成果获得更广泛的理解和认可。

The Charter defines principles for the use of computer-based visualisation
methods in relation to intellectual integrity, reliability, documentation,
sustainability and access.

《宪章》制定了计算机可视化方法的使用准则。这些准则涉及一致性、
清晰性、可靠性、材料记录、可持续性和易及性等几个方面。

The Charter recognises that the range of available computer-based
visualisation methods is constantly increasing, and that these methods can be
applied to address an equally expanding range of research aims. The Charter
therefore does not seek to prescribe specific aims or methods, but rather
establishes those broad principles for the use, in research and communication of
cultural heritage, of computer-based visualisation upon which the intellectual
integrity of such methods and outcomes depend.

《宪章》意识到可选的基于计算机的可视化方法在不断增加，而这些方
法能够用于处理范围也在不断扩大的研究目标。因此《宪章》不会规定具体

的目标或方法，而是为文化遗产的研究和交流中使用基于计算机的可视化应用建立宽泛的准则，以保证其方法与成果的一致性和清晰性。

The Charter is concerned with the research and dissemination of cultural heritage across academic, educational, curatorial and commercial domains. It has relevance, therefore, for those aspects of the entertainment industry involving the reconstruction or evocation of cultural heritage, but not for the use of computer-based visualisation in, for example, contemporary art, fashion, or design. As the aims that motivate the use of visualisation methods vary widely from domain to domain, Principle 1: "Implementation", signals the importance of devising detailed guidelines appropriate to each community of practice.

《宪章》关注文化遗产在学术界、教育界、展览界和商业界之间的研究和传播。因此，它同娱乐产业中文化遗产的复原或重现是相关的，但与基于计算机的可视化在当代艺术、时尚或设计等方面的应用无关。由于选用可视化方法的目的在各个领域之间差别很大，准则1"实施"表明了制定适于各个从业团体的具体细则的重要性。

OBJECTIVES 目标

The London Charter seeks to establish principles for the use of computer-based visualisation methods and outcomes in the research and communication of cultural heritage in order to:

《伦敦宪章》力求为文化遗产研究与交流中使用的基于计算机的可视化方法和成果建立准则，以期：

Provide a benchmark having widespread recognition among stakeholders.

提供一个利益相关者普遍认可接受的基准。

Promote intellectual and technical rigour in digital heritage visualisation.

提高数字遗产可视化的一致性和清晰性以及技术上的严谨性。

Ensure that computer-based visualisation processes and outcomes can be properly understood and evaluated by users.

保证基于计算机的可视化过程和结果能够被用户准确地理解和评估。

Enable computer-based visualisation authoritatively to contribute to the study, interpretation and management of cultural heritage assets.

使基于计算机的可视化以权威的方式辅助文化遗产的研究、阐释和管理。

Ensure access and sustainability strategies are determined and applied.

确保制定并采取了易及性和可持续性策略。

Offer a robust foundation upon which communities of practice can build detailed London Charter Implementation Guidelines.

提供一个坚实的基础，使从业团体能够在此之上建立详细的《伦敦宪章实施细则》。

PRINCIPLES 准则

Principle 1: Implementation 准则 1：实施

The principles of the London Charter are valid wherever computer-based visualisation is applied to the research or dissemination of cultural heritage.

《伦敦宪章》的准则对任何应用基于计算机的可视化进行文化遗产研究和传播的情况都是适用的。

1.1 Each community of practice, whether academic, educational, curatorial or commercial, should develop London Charter Implementation Guidelines that cohere with its own aims, objectives and methods.

1.1 每个从业团体，无论是学术的、教育的、展览的，还是商业的，都应制定与其目的、目标和方法一致的《伦敦宪章实施细则》。

1.2 Every computer-based visualisation heritage activity should develop, and monitor the application of, a London Charter Implementation Strategy.

1.2 每项在文化遗产领域运用计算机可视化的活动都应制定一份《伦敦宪章实施策略》，并监督其应用。

1.3 In collaborative activities, all participants whose role involves either directly or indirectly contributing to the visualisation process should be made aware of the principles of the London Charter, together with relevant Charter Implementation Guidelines, and to assess their implications for the planning, documentation and dissemination of the project as a whole.

1.4 在合作活动中，所有直接或间接参与可视化活动过程的参与者都应知晓《伦敦宪章》的准则以及相关的《宪章实施细则》，并评估其对项目的计划、材料记录和传播的整体影响。

1.5

1.4 The costs of implementing such a strategy should be considered in relation to the added intellectual, explanatory and/or economic value of producing outputs that demonstrate a high level of intellectual integrity.

1.4 执行此类策略的成本应当考虑到制作能够体现高水平的一致性和清晰性的成果所增加的脑力、解释和 / 或经济价值。

Principle 2: Aims and Methods
准则 2：目的与方法

A computer-based visualisation method should normally be used only when it is the most appropriate available method for that purpose.

基于计算机的可视化方法一般应在它是针对特定目标最适当的可选方法时才予以使用。

2.1 It should not be assumed that computer-based visualisation is the most appropriate means of addressing all cultural heritage research or communication aims.

2.1 不应认为基于计算机的可视化是处理所有文化遗产研究或交流问题的最佳手段。

2.2 A systematic, documented evaluation of the suitability of each method to each aim should be carried out, in order to ascertain what, if any, type of computer-based visualisation is likely to prove most appropriate.

2.2 针对每个问题的每种方法的适用性都应进行记录和系统评估，以确定某种基于计算机的可视化方法是否可能被证明是最适当的方法。

2.3 While it is recognised that, particularly in innovative or complex activities, it may not always be possible to determine, a priori, the most appropriate method, the choice of computer-based visualisation method (e.g. more or less photo-realistic, impressionistic or schematic; representation of hypotheses or of the available evidence; dynamic or static) or the decision to develop a new method, should be based on an evaluation of the likely success of each approach in addressing each aim.

2.3 尽管要承认不可能总是以"先验"的方式确定最佳方法，特别是在创新或复杂的活动中，基于计算机的可视化方法的选择（如：写实性是强还是弱，是印象式还是图像式；是展现各种假设还是现有证据；是动态还是静态）或决定采用新的方法，都应以每种方法成功解决各个问题的可能性评估为基础。

Principle 3: Research Sources
准则 3：研究资料

In order to ensure the intellectual integrity of computer-based visualisation methods and outcomes, relevant research sources should be identified and evaluated in a structured and documented way.

为保证基于计算机的可视化方法和成果的一致性和清晰性，应以某种结构清晰的记录方式鉴别和评估相关的研究资料。

3.1 In the context of the Charter, research sources are defined as all information, digital and non-digital, considered during, or directly influencing, the creation of computer-based visualisation outcomes.

3.1 在《宪章》的文本中，研究资料的定义是：在制作基于计算机的可视化成果中考虑到、或对其有直接影响的所有数字与非数字信息。

3.2 Research sources should be selected, analysed and evaluated with reference to current understandings and best practice within communities of practice.

3.2 研究资料应参照目前的认识和从业团体中的最佳实践进行选择、分析和评估。

3.3 Particular attention should be given to the way in which visual sources may be affected by ideological, historical, social, religious and aesthetic and other such factors.

3.3 应特别注意视觉资料所受到的观念、历史、社会、宗教和审美等因素的影响。

Principle 4: Documentation
准则 4：材料记录

Sufficient information should be documented and disseminated to allow computer-based visualisation methods and outcomes to be understood and evaluated in relation to the contexts and purposes for which they are deployed.

应记录并发布足够的信息，使基于计算机的可视化方法和成果能在联系其应用的环境和针对的目标进行理解和评估。

Enhancing Practice 改进实践

4.1 Documentation strategies should be designed and resourced in such a way that they actively enhance the visualisation activity by encouraging, and helping to structure, thoughtful practice.

4.1 应设计某种材料记录的策略，使记录的材料变为可用资源，以帮助改进可视化工作。其方式包括鼓励和促使实践活动结构化和成熟化。

4.2 Documentation strategies should be designed to enable rigorous, comparative analysis and evaluation of computer-based visualisations, and to facilitate the recognition and addressing of issues that visualisation activities reveal.

4.2 材料记录的策略应使对计算机可视化成果进行严格的对比分析和评估成为可能，并促进认识和解决可视化工作所揭露出的问题。

4.3 Documentation strategies may assist in the management of Intellectual Property Rights or privileged information.

4.3 材料记录的策略要有助于知识产权或保密信息的管理。

Documentation of Knowledge Claims 信息声明的记录

4.4 It should be made clear to users what a computer-based visualisation seeks to represent, for example the existing state, an evidence-based restoration or an hypothetical reconstruction of a cultural heritage object or site, and the extent and nature of any factual uncertainty.

4.4 应让用户清楚基于计算机的可视化要表现的是什么，如：文物或遗址的现状、基于实据的复原或假设的复原，以及未详情况的程度和性质。

Documentation of Research Sources 研究资料的记录

4.5 A complete list of research sources used and their provenance should be disseminated.

4.5 应公开研究资料的完整列表及其来源。

Documentation of Process (Paradata) 过程的记录（管理资料）

4.6 Documentation of the evaluative, analytical, deductive, interpretative and creative decisions made in the course of computer-based visualisation should be disseminated in such a way that the relationship between research sources, implicit knowledge, explicit reasoning, and visualisation-based outcomes can be understood.

4.6 应公开基于计算机的可视化过程中进行的评估、分析、演绎、阐释和创造性的决策，使研究来源、隐含信息、清晰推理和基于可视化的成果能够得到理解。

Documentation of Methods 方法的记录

4.7 The rationale for choosing a computer-based visualisation method, and for rejecting other methods, should be documented and disseminated to allow the activity's methodology to be evaluated and to inform subsequent activities.

4.7 选择某种电脑可视化方法并放弃其他方法的基本原则应进行记录和公开，使工作的方法体系得到评估，供后续工作借鉴。

4.8 A description of the visualisation methods should be disseminated if these are not likely to be widely understood within relevant communities of practice.

4.8 如果可视化方法不大可能被相关从业团体理解，应发布相应的说明。

4.9 Where computer-based visualisation methods are used in interdisciplinary contexts that lack a common set of understandings about the nature of research questions, methods and outcomes, project documentation should be undertaken in such a way that it assists in articulating such implicit knowledge and in identifying the different lexica of participating members from diverse subject communities.

4.9 当基于计算机的可视化方法用于跨学科的环境，并缺少对研究问题、方法和结果的共同认识时，项目中记录的材料应有助于明确此类隐含信息，并识别出参与成员与各个专业团体之间不同的术语。

Documentation of Dependency Relationships 依赖关系的记录

4.10 Computer-based visualisation outcomes should be disseminated in such a way that the nature and importance of significant, hypothetical dependency relationships between elements can be clearly identified by users and the reasoning underlying such hypotheses understood.

4.10 基于计算机的可视化成果的发布方式应让用户能够明确看出各要素之间重要的、假设的依赖关系的特征和重要性，并理解这些假设的推理基础。

Documentation Formats and Standards 材料记录的格式与标准

4.11 Documentation should be disseminated using the most effective available media, including graphical, textual, video, audio, numerical or combinations of the above.

4.11 发布记录的材料应采用最有效的可选媒介，包括图像、文字、视频、音频、数字，或其多种组合。

4.12 Documentation should be disseminated sustainably with reference to relevant standards and ontologies according to best practice in relevant communities of practice and in such a way that facilitates its inclusion in relevant citation indexes.

4.12 发布记录的材料方式应是可持续的，并根据相关从业团体的最佳实践参考相关标准和体系，将其纳入相关索引。

Principle 5: Sustainability
准则 5：可持续性

Strategies should be planned and implemented to ensure the long-term sustainability of cultural heritage-related computer-based visualisation outcomes and documentation, in order to avoid loss of this growing part of human intellectual, social, economic and cultural heritage.

计划的设计和实施应保证与文化遗产相关的、基于计算机的可视化成果和材料记录的长期可持续性，以避免这部分不断增长的人类智力、社会、经济和文化遗产的损失。

5.1 The most reliable and sustainable available form of archiving computer-based visualisation outcomes, whether analogue or digital, should be identified and implemented.

5.1 应确定并采用最可靠和最具可持续性的方式（不论是模拟的还是数字的）来存储电脑可视化的成果。

5.2 Digital preservation strategies should aim to preserve the computer-based visualisation data, rather than the medium on which they were originally stored, and also information sufficient to enable their use in the future, for example through migration to different formats or software emulation.

5.2 数字存储策略应以保存基于计算机的可视化数据为目标（而不是存储它们的原始媒介）并保证有足够的信息使它们能够在未来使用，例如能进行格式转换或采用软件模拟。

5.3 Where digital archiving is not the most reliable means of ensuring the long-term survival of a computer-based visualisation outcome, a partial, two-dimensional record of a computer-based visualisation output, evoking as far as possible the scope and properties of the original output, should be preferred to the absence of a record.

5.3 若数字存档不是保证基于计算机的可视化成果长期存储的最可靠手段，应选择基于计算机的可视化成品中最能反映原成果范围和性质的局部或二维记录，尽量避免缺失记录。

5.4 Documentation strategies should be designed to be sustainable in relation to available resources and prevailing working practices.

5.4 在考虑到可选资源和主要工作方式的情况下，材料记录的策略应设计为可持续的。

Principle 6:Access
准则 6: 易及性

The creation and dissemination of computer-based visualisation should be planned in such a way as to ensure that maximum possible benefits are achieved for the study, understanding, interpretation, preservation and management of cultural heritage.

基于计算机的可视化的制作和传播计划应保证文化遗产的研究、理解、阐释、保存和管理取得最佳成效。

6.1 The aims, methods and dissemination plans of computer-based visualisation should reflect consideration of how such work can enhance access to cultural heritage that is otherwise inaccessible due to health and safety, disability, economic, political, or environmental reasons, or because the object of the visualisation is lost, endangered, dispersed, or has been destroyed, restored or reconstructed.

6.1 基于计算机的可视化的目标、方法和传播计划应反映出此类工作如何能够提高某些文化遗产的易及性：它们由于健康和安全、残疾、经济、政治或环境原因，或由于可视化的原物已经遗失、濒危、分散，或被摧毁、恢复或重建已不可及。

6.2 Projects should take cognizance of the types and degrees of access that computer-based visualisation can uniquely provide to cultural heritage stakeholders, including the study of change over time, magnification, modification, manipulation of virtual objects, embedding of datasets, instantaneous global distribution.

6.2 各个项目应明确基于计算机的可视化能够专门为文化遗产的利益相关者提供易及性的类型和程度，包括对象随时间变化的研究、放大、修正、虚拟物体的操作、信息的内嵌、即时全球发布。

APPENDIX – Glossary 附录：术语表

The following definitions explain how terms are used within this document. They are not intended to be prescriptive beyond that function.

下列定义解释了本文件内所使用的词语。在此用法之外无其他含义。

Computer-based visualisation 基于计算机的可视化

The process of representing information visually with the aid of computer technologies.

在电脑技术的辅助下以可视化的方式表达信息的过程。

Computer-based visualisation method 基于计算机的可视化方法

The systematic application, usually in a research context, of computer-based visualisation in order to address identified aims.

系统地运用基于计算机的可视化解决特定的问题，通常是在研究环境下。

Computer-based visualisation outcome 基于计算机的可视化成果

An outcome of computer-based visualisation, including but not limited to digital models, still images, animations and physical models.

基于计算机的可视化的成果，包括但不限于数字模型、静态图像、动画和实体模型。

Cultural heritage 文化遗产

The Charter adopts a wide definition of this term, encompassing all domains of human activity which are concerned with the understanding of communication of the material and intellectual culture. Such domains include, but are not limited to, museums, art galleries, heritage sites, interpretative centres, cultural heritage research institutes, arts and humanities subjects within higher education institutions, the broader educational sector, and tourism.

本词在《宪章》中的定义很广泛，它包括了人类活动中与理解和交流物质和精神文化相关的所有领域。这些领域包括但不限于博物馆、画廊、遗产地、讲解中心、文化遗产研究机构、高等教育机构内的艺术与人文学科、广义的教育部门，以及旅游业。

Dependency relationship 依赖关系

A dependent relationship between the properties of elements within digital models, such that a change in one property will necessitate change in the dependent properties. (For instance, a change in the height of a door will necessitate a corresponding change in the height of the doorframe.)

数字模型内各要素特性之间的依赖关系，其中一种特性的变化必将导致依赖特性的变化（例如，改变一扇门的高度必将导致对应门框高度的改变）。

Intellectual integrity 信息的一致性与清晰性

中文版《伦敦宪章》对基于计算机的可视化应用的特别要求，即可视化成果应当具有完整、统一的体系和明确的表达形式。

Intellectual transparency 信息透明

The provision of information, presented in any medium or format, to allow users to understand the nature and scope of "knowledge claim" made by a computer-based visualisation outcome.

为了让用户理解基于计算机的可视化成果的"信息声明"的性质和范围

而提供的、以任何媒介或格式表达的信息。

Paradata 交互元数据

Information about human processes of understanding and interpretation of data objects. Examples of paradata include descriptions stored within a structured dataset of how evidence was used to interpret an artefact, or a comment on methodological premises within a research publication. It is closely related, but somewhat different in emphasis, to "contextual metadata", which tend to communicate interpretations of an artefact or collection, rather than the process through which one or more artefacts were processed or interpreted.

人类理解和阐释数据对象的过程的信息。交互元数据的实例包括存储在结构化数据组中、以说明实据是如何用于解释人工制品的描述，或研究出版物中对方法论基础的讨论。它与"背景元数据"关系密切，但重点略有不同；前者倾向于交流对人工制品或收藏品的阐释，而不是处理或阐释一个或多个人工制品的过程。

Research sources 研究资料

All information, digital and non-digital, considered during, or directly influencing, the creation of the computer-based visualisation outcomes.

在制作基于计算机的可视化成果中考虑到、或有直接影响的所有数字或非数字信息。

Subject community 专业团体

A group of researchers generally defined by a discipline (e.g. Archaeology, Classics, Sinology, Egyptology) and sharing a broadly-defined understanding of what constitute valid research questions, methods and outputs within their subject area.

一般是由学科（如考古学、古希腊古罗马文学、汉学、埃及学）所定义的一群研究人员，并且他们对其研究领域内的研究问题、方法和成果有着广泛的共识。

Sustainability strategy 可持续策略

A strategy to ensure that some meaningful record of computer-based visualisation processes and outcomes is preserved for future generations.

为保证给后世留下一些基于计算机可视化的过程和成果的记录而采取的一项策略。

Editor: Hugh Denard, King's College London, 7 February 2009

伦敦国王学院 国王可视化实验室 2009 年 2 月 7 日

北京清华城市规划设计院 建筑与城市遗产研究所 2012 年 7 月 3 日

责任编辑：刘翠云
装帧设计：涓滴意念
责任校对：杨轩飞
责任印制：张荣胜

图书在版编目（ＣＩＰ）数据

文化遗产信息模型的虚拟修复研究 / 铁钟著 . -- 杭
州：中国美术学院出版社 , 2023.12
（视觉艺术东方学 / 许江主编）
ISBN 978-7-5503-2185-4

Ⅰ . ①文… Ⅱ . ①铁… Ⅲ . ①文化遗产- 修复- 数字
化- 研究- 中国 Ⅳ . ① G112

中国版本图书馆 CIP 数据核字 (2021) 第 198487 号

文化遗产信息模型的虚拟修复研究

铁　钟　著

出 品 人：祝平凡
出版发行：中国美术学院出版社
地　　址：中国·杭州南山路 218 号　邮政编码：310002
网　　址：http:// www.caapress.com
经　　销：全国新华书店
印　　刷：浙江省邮电印刷股份有限公司
版　　次：2023 年 12 月第 1 版
印　　次：2023 年 12 月第 1 次印刷
印　　张：17
开　　本：710mm×1000mm　1/16
字　　数：450 千
图　　数：38 幅
印　　数：0001—2000
书　　号：ISBN 978-7-5503-2185-4
定　　价：86.00 元